이 책에 쏟아진 찬사!

MALCOLM GLADWELL

★ 대단히 흥미로운 책이다. 《티핑 포인트》는 유행병학, 심리학, 집단역학에서 이루어져 온 과학적 연구를 대중화시킨 책이며, 이 지식들을 종합적으로 다루어 상이한 분야들로부터 얻은 통찰력을 결합시키고 당대의 인상적인 사회적 행위들과 문화적 트렌드에 적용시킨다는 점에서 가치가 높다. 그러한 지식은 적절하게 적용되면 엄청난 잠재력을 발휘할 수 있다. _〈시카고 트리뷴〉

★ 이 책의 주제는 겉으로는 사소해 보이는 제스처가 엄청나게 크고 신속한 결과를 불러올 수 있다는 데 있다. 《티핑 포인트》는 정치 활동가들에게 영향력 있는 책이 될 수도 있다. _〈워싱턴 먼슬리〉

★ 글래드웰은 과학적 분석과 문화적 분석을 설득력 있게 조합하여 패션, 예술, 정치 분야의 트렌드가 병원균처럼 확산된다고 주장한다. 글래드웰의 스타일에서 가장 눈에 띄는 점은 글에서나 개인적으로나 주제에 대해 흥미롭게 접근한다는 점이다. _〈뉴스데이〉

★ 정말로 매혹적이고 깜짝깜짝 놀라게 만드는 책이다. 《티핑 포인트》는 확산시킬 아이디어나 촉진할 캠페인을 가진 누구에게나 강력하고 실용적인 도구가 될 수 있다. 그뿐만 아니라 이 책을 읽은 당신은 앞으로 몇 주 동안 흥미로운 정보들로 친구들을 즐겁게 해줄 수 있을 것이다. _〈스코틀랜드 온 선데이〉(영국)

★ 글래드웰의 이론에 설득당하지 않기는 힘들다. 그는 폴 리비어가 미친 영향부터 미크로네시아에서 기승을 부린 자살 문제에 이르기까지 자신의 이론을 뒷받침할 사실들을 흥미롭게 조합할 뿐 아니라 모든 사실을 인간 행동에 대한 일관성 있는 설명으로 엮어낸다. _〈비즈니스 위크〉

KB015012

티핑 포인트

티핑 포인트

1판 1쇄 발행 2020. 9. 1.
1판 5쇄 발행 2023. 4. 26.

지은이 말콤 글래드웰
옮긴이 김규태

발행인 고세규
편집 심성미 디자인 윤석진 마케팅 백선미 홍보 박은경
발행처 김영사
등록 1979년 5월 17일(제406-2003-036호)
주소 경기도 파주시 문발로 197(문발동) 우편번호 10881
전화 마케팅부 031)955-3100, 편집부 031)955-3200 | 팩스 031)955-3111

값은 뒤표지에 있습니다.
ISBN 978-89-349-9062-8 03320

홈페이지 www.gimmyoung.com   블로그 blog.naver.com/gybook
인스타그램 instagram.com/gimmyoung   이메일 bestbook@gimmyoung.com

좋은 독자가 좋은 책을 만듭니다.
김영사는 독자 여러분의 의견에 항상 귀 기울이고 있습니다.

TIPPING POINT
POINT

Malcolm
Gladwell

말콤 글래드웰
김규태 옮김

티핑
포인트

작은 아이디어는
어떻게 빅트렌드가 되는가

김영사

내 부모님,
조이스 글래드웰과 그레이엄 글래드웰에게

TIPPING PO

Malcolm Gladwell

Malcolm Gladwell

왜 어떤 것은 뜨고 어떤 것은 사라지는가

가벼운 크레이프고무 밑창이 달린 미국의 고전적 스웨이드 신발인 허시파피에게 1994년 말에서 1995년 초 사이에 티핑 포인트가 찾아왔다. 허시파피는 거의 망한 브랜드나 다름없었다. 판매량이 1년에 3만 켤레로 떨어졌고, 그것도 대부분 산간벽지의 할인점과 작은 마을의 구멍가게에서 팔린 것이었다. 허시파피의 제조사인 울버린은 자사를 유명하게 만들어준 이 신발의 생산을 단계적으로 중단하는 방안을 검토하고 있었다. 그런데 그때 이상한 일이 일어났다.

허시파피의 중역 오언 백스터와 제프리 루이스가 패션사진 촬영장에서 만난 뉴욕의 스타일리스트가 맨해튼 도심의 클럽과 술집에서 허시파피가 갑자기 유행한다고 말해주었다. 백스터는 "이스트 빌리지와 소호의 중고 상점에서 우리 신발이 팔리고 있다는 이야기를 들었어요. 사람들이 우리 신발을 팔고 있는 작은 상점들을 찾아가 앞다투어 사들이고 있다고 했어요"라고 말했다. 처음에 두 사람은 어안이 벙벙했다. 분명 유행에 뒤떨어진 그 신발이 재기할 수 있다는 게 도무지 이해가 가지 않았다. "아이작 미즈라히가 그 신발을 신었다고 하더군요." 루이스가 말한다. "사실 당시에 우리는 아이작 미즈라히가 누군지도 몰랐습니다."

1995년 가을에 상황이 급물살을 타기 시작했다. 처음에 디자이너 존 바틀릿이 전화를 걸어 허시파피를 자신의 봄 컬렉션에 사용하고 싶다고 했다. 맨해튼의 또 다른 디자이너 안나 수이도 쇼에서 허시파피를 사용하고 싶다고 연락했다. 로스앤젤레스의 디자이너 조엘 피츠제럴드는 할리우드에 있는 자신의 숍 지붕에 허시파피 브랜드의 상징인 강아지 바셋 하운드의 풍선 인형을 25피트(약 7.6미터) 길이로 만들어 설치하고 옆에 있던 화랑을 허시파피 전문점으로 바꾸었다. 그가 매장에 페인트칠을 하고 선반을 달고 있을 때 배우 피위 허먼이 걸어 들어와 신발 두어 켤레를 달라고 했다. "완전히 입소문이 났어요." 피츠제럴드가 회상한다.

1995년에 허시파피는 43만 켤레가 팔려나갔고 다음 해에는 그보다 네 배나 더 많이 팔렸다. 그리고 그 다음 해에는 판매량이 더 늘어나 결국 허시파피는 다시 한 번 미국 젊은 남성들의 옷장에 기본으로 놓여 있는 아이템이 되었다. 1996년에는 링컨센터에서 열린 미국패션디자이너협회 시상식에서 베스트 액세서리상을 수상했고, 허시파피의 회장이 캘빈 클라인, 도나 카란과 함께 무대에 올라 (그가 누구보다 먼저 인정하겠지만) 그의 회사가 거의 손 안 대고 코 푼 격으로 얻은 성과에 대한 상을 받았다. 허시파피는 갑자기 폭발적인 인기를 끌었고, 그 모든 것은 이스트 빌리지와 소호에 사는 소수의 아이들에게서 시작되었다.

어떻게 그런 일이 일어난 걸까? 처음 허시파피를 유행시킨 그 몇몇 아이들이 누구든 그들이 의도적으로 허시파피를 홍보하려고 노력한 건 아니었다. 그 아이들이 허시파피를 신었던 이유는 바로 아무도 그 신발을 신지 않았기 때문이었다. 그러다 이 유행이 두 명의 패션디자이너에게 전해졌고 이들은 최신 유행 스타일의 다른 무언가를 판매하기 위해 허시파피를 이용했다. 신발은 부수적인 마무리 아이템이었다. 아무도 허시파피를 유행시키려 애쓰지 않았다. 그런데 웬일인지 바로 그 일이 일어났다. 허시파피는 인기의 특정 지점을 넘어 순식간에 폭발적인 유행을 탔다.

어떻게 30달러짜리 신발이 유행을 좇는 맨해튼 도심의 몇몇 아이들과 디자이너들의 관심에서 시작되어 단 2년 만에 미국의 모든 쇼핑몰로 퍼져나간 걸까?

범죄가 사라졌다

뉴욕의 몹시 가난한 동네인 브라운스빌과 이스트 뉴욕은 얼마 전까지만 해도 해질 무렵이면 유령도시가 되었다. 해가 지면 평범한 사람들은 밖으로 나가지 않았고 아이들은 거리에서 자전거를 타지 않았다. 현관 입구의 층계와 공원 벤치에 앉아 있는 노인들도 없었다. 브루클린의 이 지역들에서는 약물 거래가 판을 치고 사방에서 폭력배들의 싸움이 벌어져서 해가 지면 대부분의 사람들이 집에 붙어 있었다.

1980년대와 1990년대 초에 브라운스빌에서 근무했던 경찰들은 당시 해가 떨어지자마자 온갖 상상 가능한 폭력적이고 위험한 범죄 발생 소식을 전하는 순찰 경관들과 신고접수 요원들의 대화로 무전기가 폭발할 지경이었다고 말한다. 1992년에 뉴욕시에서는 2,154건의 살인사건과 62만 6,182건의 강력범죄가 일어났고, 브라운스빌과 이스트 뉴욕 같은 동네가 그 범죄들로 가장 심한 타격을 입었다.

그런데 이상한 일이 일어났다. 영문을 알 수 없는 어느 결정적 시점에 범죄율의 양상이 바뀌기 시작한 것이다. 일순간에 급격한 변화가 일어났다. 5년 내에 살인이 770건으로 64.3퍼센트 줄었고 총 범죄 건수는 거의 절반인 35만 5,893건으로 감소했다.[1] 브라운스빌과 이스트 뉴욕의 거리가 다시 사람들로 가득 찼고 자전거들이 되돌아왔다. 노인들이 층계에 다시 모습을 드러냈다. "베트남 정글에서나 들을 법한 총소리를 듣는 게 드문 일이 아닌 때가 있었어요." 브라운스빌의 경찰관리구역을 지휘하는 경위 에드워드 메사드리가 말한다. "이제 더 이상 총성이 들리지 않습니다."

뉴욕시 경찰은 이 현상이 뉴욕의 치안 전략이 극적으로 개선된 덕분이라고 말할 것이다. 범죄학자들은 크랙 거래의 감소와 인구의 노령화를 지적한다. 한편 경제학자들은 1990년대에 뉴욕시의 경제가 서서히 개선되면서, 그렇지 않았다면 범죄자가 되었을 사람들을 채용한 결과라고 설명한다. 이 주장들은 사회적 문제의 증감에 대한 전통적인 설명들이지만, 따지고 보면 그 어떤 설명도 이스트 빌리지의 아이들이 허시파피를 부활시켰다는 주장만큼 납득이 가지 않는다.

마약 거래, 인구, 경제의 변화는 모두 미국 전체에서 일어난 장기적 동향들이다. 따라서 이 요인들은 왜 뉴욕의 범죄가 전국의 다른 도시들보다 훨씬 더 급격하게 감소했는지 설명하지 못한다. 경찰의 치안 개선에 대해 말하자면, 이 요인 역시 중요하긴 하다. 하지만 치안이 변화된 정도와 브라운스빌, 이스트 뉴욕 같은 곳에 나타난 변화의 크기 사이에는 이해하기 힘든 간극이 존재한다. 뉴욕의 치안 상황이 점진적으로 개선되면서 범죄가 서서히 줄어든 게 아니었다. 뉴욕의 범죄율은 어느 순간 급격하게 떨어졌다.

어떻게 몇몇 경제적·사회적 지표의 변화가 5년 새에 살인율을 3분의 2나 낮출 수 있었을까?

대유행의 공통점

《티핑 포인트》는 한 아이디어를 다룬 책이며, 그 아이디어는 매우 단순하다. 패션 트렌드의 출현, 범죄의 증가와 감소, 혹은 잘 알려져 있지 않던 책이 베스트셀러가 되거나 10대 흡연의 증가나 입소문 현상을 비롯한, 영문을 알 수 없는 많은 변화를 이해하는 가장 좋은 방법은 이 현상들을 유행성 전염병처럼 생각하라는 것이다. 아이디어와 제품과 메시지와 행동이 마치 바이러스처럼 전파된다.

허시파피의 부상과 뉴욕 범죄율의 하락은 이런 전염병 같은 현상을 보여주는 교과서적인 예다. 이 두 사례는, 그다지 공통점이 없어 보일 수 있지만 근본적인 패턴을 공유한다. 우선 이 사례들은 전염성 있는 행동의 분명한 예다. 어느 누구도 허시파피가 멋있으니 신어야 한다고 광고를 내거나 사람들에게 권하지 않았다. 몇몇 아이들은 그저 클럽이나 카페에 가거나 뉴욕 도심의 거리를 걸을 때 그 신발을 신었을 뿐이고, 그렇게 하면서 다른 사람들에게 자신의 패션 센스를 노출시켰다. 아이들은 사람들에게 허시파피 '바이러스'를 감염시켰다.

뉴욕시의 범죄 감소도 분명 같은 방식으로 일어났다. 실제로 범죄를 일으킬 수 있었던 많은 범죄자가 1993년에 갑자기 정신을 차리고 더 이상 범죄를 저지르지 않겠다고 결심한 게 아니다. 위험한 사건으로 치달았을 많은 상황에 경찰이 마법처럼 성공적으로 개입한 것도 아니었다. 경찰이나 새로운 사회적 요인들이 약간의 영향을 미친 소수의 상황에서 소수의 사람들이 아주 다르게 행동하기 시작했고 왜 그런지 그 행동이 비슷한 상황의 다른 잠재적 범죄자들에게 전파된 것이라고 보는 것이 맞다. 뉴욕의 많은 사람이 단시간 내에 범죄 방지 바이러스에 '감염'되었다.

이 두 사례에서 두 번째로 두드러지는 특징은 두 경우 모두 작은 변화가 큰 효과를 낳았다는 것이다. 뉴욕의 범죄율 감소를 설명하는 모든 납득 가능한 원인들은 크랙 거래가 줄어들었다, 인구가 노령화되었다, 경찰 대응력이 나아졌다와 같은 지엽적으로 일어난 점진적인 변화였다. 하지만 그 효과는 극적이었다. 허시파피의 경우도 마찬가지였다. 맨해튼 도심에서 이 신발을 신기 시작한 아이들이 과연 몇 명이나 될까? 20명? 50명? 많아 봐야 100명? 하지만 그 아이들의 행동만으로 세계적인 패션 트렌드 하나가 시작된 것으로 보인다.

마지막으로, 두 변화는 급격하게 일어났다. 변화가 서서히, 꾸준하게 진행된 게 아니었다. 가령 1960년대 중반부터 1990년대 말까지 뉴욕시의 범죄율 그래프를 살펴보면 도움이 된다. 그래프는 거대한 아치 모양이다. 1965년에 뉴욕에서 20만 건의 범죄가 일어났다. 그 지점부터 수치가 가파르게 상승하여 2년 만에 두 배에 이르렀고, 1970년대 중반에 연간 65만 건의 범죄를 기록할 때까지 거의 끊임없이 상승세가 지속되었다. 그러다 다음 20년 동안 꾸준히 그 수준을 유지하다가, 1992년에 이르러 30년 전에 수치가 상승할 때처럼 급격하게 곤두박질친다. 범죄가 차츰차츰 줄어든 게 아니었다. 서서히 속도가 둔화되지도 않았다. 특정 지점에 이르자 갑자기 브레이크가 세게 걸렸다.

첫째, 전염성, 둘째, 작은 원인이 큰 결과를 낳을 수 있다는 사실, 셋째, 변화가 서서히 진행되는 것이 아니라 극적인 한순간에 일어난다는 이 세 가지 특성은 홍역이 초등학교 교실에서 퍼져나가는 방식이나 매년 겨울 독감의 공격 방식을 정의하는 세 가지 원칙과 동일하다. 세 번째 특성, 그러니까 유행이 일순간에 극적으로 부상하거나 약해질 수 있다는 개념이 가장 중요하다. 이 개념이 다른 두 특성을 설명하는 원칙일 뿐만 아니라 오늘날 그런 식으로 변화가 일어나는 이유에 대한 가장 큰 통찰력을 주기 때문이다. 모든 것이 한순간에 변화할 수 있는 유행의 그 극적인 순간에 붙여진 이름이 바로 티핑 포인트다.

사회적 전염성의 위력

유행의 법칙들을 따르는 세계는, 지금 우리가 살고 있는 세계에 대한 우리의 생각과 매우 다르다. 전염성이라는 개념에 대해 잠깐 생각해보자. 전염성이라고 하면 당신은 감기나 독감 혹은 에이즈 바이러스나 에볼라 같은 매우 위험한 무언가를 떠올릴 것이다. 우리 머릿속에는 전염성의 의미에 대해 매우 구체적인 생물학적 개념이 자리잡고 있다. 하지만 범죄의 전염이나 패션의 전염이 있을 수 있다면 바이러스 정도의 전염성을 가진 것들도 분명 여럿 존재할 것이다.

하품에 대해 생각해본 적 있는가? 하품은 놀라울 정도로 영향력이 강한 행위다. 앞의 두 문장에서 '하품'이라는 단어를 읽었고 이 문장에서 두 번 더 읽었기 때문에 아마 많은 독자가 5분 안에 하품을 할 것이다. 나도 이 문장을 쓰면서 두 번이나 하품을 했다. 당신이 공공장소에서 이 책을 읽다가 지금 막 하품을 했다면 당신이 하품하는 모습을 본 사람 중 상당수가 지금 하품을 하고 있고, 당신이 하품하는 모습을 본 사람을 본 사람들의 상당수도 하품을 할 가능성이 많다. 이렇게 계속해서 이어져 하품이 점점 더 퍼져나간다.

하품은 믿을 수 없을 정도로 전염성이 강하다. 내가 단지 '하품'이라는 단어를 썼을 뿐인데 이 책을 읽고 있는 독자들 중 일부가 하품을 했다. 한편 당신이 하품하는 것을 보고 따라서 하품을 한 사람들은 당신의 하품하는 모습에 감염되었다. 2차 감염이다. 사람들은 당신이 하품하는 소리만 들어도 하품을 할지 모른다. 하품은 청각적으로도 전염성이 있기 때문이다. 눈이 보이지 않는 사람들에게 하품하는 소리가 녹음된 테이프를 틀어주면 그들 역시 하품을 할 것이다.

마지막으로, 만약 이 책을 읽으면서 하품을 했다면 피곤해서 그런가라는 생각이 무의식적으로라도 잠깐 스쳐지나가지 않았는가? 독자들 중 일부는 그랬을 것이다. 이것은 하품이 정서적으로도 전염성이 있을 수 있다는 의미다.[2] 그저 단어를 쓰기만 해도 나는 당신의 마음에 감정을 심을 수 있다. 독감 바이러스가 이렇게 할 수 있을까? 다시 말해 전염성은 예상외의 온갖 것들이 가진 속성이며, 유행의 변화를 인식하고 진단하려면 이 점을 기억해야 한다.

작은 변화가 큰 영향을 미칠 수 있다는 유행의 두 번째 원칙 역시 상당히 급진적 개념이다. 인간은 매우 사회화되어 있어서 원인과 그에 따른 결과를 어림짐작한다. 강한 감정을 전하고 싶다면, 가령 누군가에게 사랑한다는 확신을 주고 싶다면 열정적이고 솔직하게 말해야 한다고 생각한다. 반대로 누군가에게 나쁜 소식을 전하고 싶으면 목소리를 낮추고 단어를 신중하게 선택해야 한다고 생각한다. 우리는 어떤 거래나 관계나 체계에 투입한 것이 산출된 것과 강도와 규모 면에서 직접적 관련이 있어야 한다고 생각하도록 훈련받았다.

예를 들어 다음 수수께끼를 풀어보자. 내가 당신에게 큰 종이 한 장을 주고 반으로 접으라고 한 뒤 접은 종이를 또 반으로 접고, 이것을 또다시 반으로 접고 해서 50번까지 접어보라고 했다고 하자. 최종적으로 두께가 얼마나 될까? 이 질문에 답하기 위해 사람들은 머릿속으로 종이를 접어보고는 전화번호부 정도의 두께일 것이라고 추측한다. 혹은 아주 대담한 사람이라면 냉장고 높이 정도일 것이라고 말할 것이다. 하지만 진짜 답은 태양까지의 거리와 비슷하다는 것이다. 그리고 그 종이를 한 번 더 접으면 태양까지 갔다가 돌아올 만큼의 높이가 된다. 수학에서 말하는 등비수열의 예다.

그리고 유행은 등비수열의 또 다른 예다. 바이러스가 사람들 사이에 퍼질 때 처음에 두 배가 되었다가 다시 이것의 두 배가 되고 해서 결국 (비유적으로) 종이 한 장이 50단계 만에 태양까지의 거리만큼 두꺼워지는 식으로 급속도로 퍼져나간다. 인간은 이런 유형의 수열을 이해하는 데 어려움을 겪는다. 최종 결과(영향)가 원인과 너무도 비례가 안 맞는 것처럼 보이기 때문이다. 유행의 힘을 이해하려면 비례에 대한 이런 예측을 버려야 한다. 때로는 작은 사건에서 큰 변화가 생길 수 있으며, 때때로 이 변화가 매우 급속하게 일어날 수 있다는 가능성에 대비해야 한다.

이런 갑작스러운 변화 가능성이 티핑 포인트 개념의 중심을 이루며, 아마 가장 받아들이기 어려운 부분일 것이다. 티핑 포인트라는 표현은 1970년대에 미국 북서부의 오래된 도시들에 살던 백인들이 교외로 이주하는 현상을 설명하기 위해 처음 대중적으로 사용되었다. 사회학자들은 특정 동네의 흑인의 수가 일정 지점, 가령 20퍼센트에 이르면 지역사회에 '급격한 변화'가 생기는 것을 관찰했다. 남아 있던 백인들 대부분이 거의 곧바로 동네를 떠나버리는 것이다. 티핑 포인트는 임계점, 한계점, 비등점에 이르는 순간이다.

신기술의 도입에 티핑 포인트가 있는 것처럼, 1990년대 초 뉴욕의 폭력범죄에도 티핑 포인트가 있었고 허시파피의 재등장에도 티핑 포인트가 있었다. 1984년에 저가 팩시밀리를 내놓은 샤프사는 첫해에 미국에서 약 8만 대를 팔았다. 다음 3년 동안 기업들은 느리지만 꾸준히 점점 더 많은 팩시밀리를 구입했고 마침내 1987년에는 누구나 팩스를 받을 수 있을 정도로 충분히 많은 사람이 팩시밀리를 소유하게 되었다.

1987년이 팩시밀리의 티핑 포인트였다. 그해에 100만 대의 팩시밀리가 팔렸고 1989년에는 200만 대의 새 팩시밀리가 개통되었다. 휴대전화도 같은 궤적을 따랐다. 휴대전화는 1990년대 내내 갈수록 더 소형화되고 저렴해졌으며 1998년까지 계속 서비스가 개선되었다. 그러다 1998년에 이 기술이 티핑 포인트에 도달하여 순식간에 너나 할 것 없이 모두 휴대전화를 소유하게 되었다. (티핑 포인트에 대한 수학적 설명은 주석을 참고하길 바란다.)[3]

모든 유행에는 티핑 포인트가 있다. 일리노이대학교의 사회학자 조너선 크레인은 공동체의 롤 모델(인구조사국에서 사회적으로 '높은 지위'라고 정의한 전문직, 경영자, 교사) 수가 같은 동네에 사는 10대들의 삶에 미치는 영향을 살펴보았다. 그는 사회적으로 높은 지위의 근로자가 5~40퍼센트를 차지할 때는 동네의 10대 임신율이나 학교 중퇴율에 거의 변화가 없다는 것을 발견했다. 하지만 전문직의 비율이

5퍼센트 아래로 떨어지면 문제가 폭발적으로 증가했다. 예를 들어 흑인 학생들의 경우, 높은 지위의 근로자 비율이 5.6퍼센트에서 3.4퍼센트로 2.2퍼센트만 떨어져도 학교 중퇴율이 두 배 넘게 증가했다. 그 지점까지는 별로 변화가 없던 10대 여학생의 임신율도 동일한 티핑 포인트에서 거의 두 배로 증가했다.

직관적으로 생각하면, 동네의 롤모델과 사회적 문제들이 꾸준히 감소하는 추세를 보일 것 같다. 하지만 때때로 이들은 꾸준히 감소하지 않을 수 있다. 티핑 포인트에 도달하면 학교가 학생들을 전혀 통제하지 못하는 상황이 될 수도 있고 가족의 삶이 갑자기 와해될 수도 있다.

어릴 때 우리 가족이 기르던 강아지가 처음으로 눈을 봤을 때의 모습이 기억난다. 녀석은 충격을 받았고 좋아서 어쩔 줄 몰랐다. 힘차게 꼬리를 흔들며 신기하고 폭신한 물질에 코를 대고 킁킁 냄새를 맡았고 그 모든 불가사의에 흥분하여 끙끙거렸다. 녀석이 처음 눈을 본 날 아침이 그 전날 저녁보다 훨씬 더 추웠던 건 아니다. 전날 저녁은 1도였는데 그날은 영하 0.5도였다. 다시 말해, 별로 바뀐 것도 없는데 놀랍게도 모든 게 바뀌었다. 비가 완전히 다른 무언가가 되었다. 눈이 되어버렸다!

우리는 모두 점진주의자들이며 시간의 경과에 따른 예상치를 설정한다. 하지만 티핑 포인트의 세계는 예상하지 못하는 일들이 예상되는 곳, 급진적인 변화가 가능성에 그치지 않는 곳이다. 우리의 모든 예상과 달리 티핑 포인트는 확실성의 세계다.

이 급진적인 개념을 추적하면서 나는 당신을 볼티모어로 데려가 그 도시에서 일어난 매독 유행에 대해 알아볼 것이다. 내가 메이븐, 커넥터, 세일즈맨이라고 부르는 매력적인 사람들도 소개할 것이다. 이들은 우리의 취향과 트렌드와 패션을 좌우하는 입소문 유행에서 결정적인 역할을 하는 사람들이다. 또 어린이 프로그램인 〈세서미 스트리트〉, 〈블루스 클루스〉의 세트장과 컬럼비아 레코드 클럽의 탄생을 도운 광고쟁이의 흥미진진한 세계로 안내해 어떻게 모든 시청자에게 가능한 한 가장 큰 영향을 미치도록 메시지를 구성할 수 있는지 살펴볼 것이다. 그리고 델라웨어의 최첨단 기술업체로 데려가 단체생활을 좌우하는 티핑 포인트에 대해 이야기하고, 뉴욕 지하철로 안내해 그곳에서의 범죄 유행이 어떻게 종식되었는지 알아볼 것이다.

이 모든 이야기의 핵심은 교육자로서, 부모로서, 마케터로서, 사업가로서, 정책입안자로서 우리 모두가 이루고 싶어 하는 것의 중심에 있는 간단한 두 가지 질문에 답하는 것이다. 왜 어떤 아이디어나 행동이나 제품은 유행을 타는데 다른 것들은 그렇지 않을까? 그리고 긍정적인 유행을 의도적으로 일으키고 통제하기 위해 우리가 할 수 있는 일은 무엇일까?

TIPPING POINT
POINT

1장

소수의 사람과
짧은 메시지와
극적인 상황

유행의 세 가지 법칙

Malcolm Gladwell

1990년대 중반, 유행성 매독이 볼티모어를 덮쳤다. 1995년부터 1996년까지 1년 동안 매독에 걸려 태어나는 아이의 수가 500퍼센트나 증가했다. 볼티모어의 매독 감염률 그래프를 보면 수년 동안 일직선으로 이어지다가 1995년에 거의 수직상승한다.

볼티모어에서 매독 문제의 양상이 급변한 요인은 뭘까? 질병통제센터에 따르면 문제는 크랙 코카인이었다. 크랙은 에이즈나 매독 같은 질병의 확산으로 이어지는 위험한 성행위를 극적으로 증가시킨다고 알려져 있다. 약을 사려고 빈민가에 가는 사람이 훨씬 더 늘어나고 그에 따라 그 사람들이 자기 동네에 전염병을 옮길 가능성이 높아진다. 그리하여 동네들 사이의 사회적 연결 패턴이 바뀐다. 매독이 맹렬한 전염병으로 번지도록 살짝 건드린 것이 크랙이었다는 게 질병통제센터의 설명이다.[1]

볼티모어에 있는 존스홉킨스 대학교의 성병 전문가 존 제닐먼은 다른 설명을 내놓았다. 볼티모어에서 가장 빈곤한 동네들의 의료 서비스 붕괴가 매독 유행의 원인이라는 것이다.

그는 "1990년부터 1991년까지 3만 6천 명의 환자가 볼티모어의 성병 클리닉들을 찾았습니다"라고 설명했다. "그 뒤 시가 예산 문제로 의료서비스를 서서히 축소하기로 결정했습니다. 임상의가 열일곱 명에서 열 명으로 줄었고 내과의사는 세 명에서 사실상 0명이 되었어요. 방문환자는 2만 1천 명으로 줄었고요. 현장 지원 요원의 수도 비슷하게 감소했죠. 정치적인 문제들이 많이 얽혀 있었습니다. 컴퓨터 업그레이드처럼 늘 이루어지던 사업이 중단되었어요. 시의 관료주의가 제기능을 하지 않은 최악의 상황이었죠. 약이 동이 날 정도였어요."

다시 말해 볼티모어 도심 지역의 성병 클리닉에 연간 3만 6천 명의 환자가 방문할 때는 이 질병이 평형상태를 유지했다. 제닐면에 따르면 3만 6천 명과 2만 1천 명 사이의 어느 지점에서 질병이 폭발적으로 증가했다. 이 동네들을 도시의 나머지 지역들과 연결시키는 길과 고속도로를 통해 질병이 도심 밖으로 흘러나가기 시작했다.

감염된 지 일주일이면 치료를 받을 수 있었던 사람들이 이제 2주나 3주, 혹은 4주 뒤에야 치료를 받았고 그동안 돌아다니면서 다른 사람들을 감염시켰다. 치료 체계의 붕괴가 매독을 그 전보다 훨씬 더 심각한 문제로 만들었다.

미국의 손꼽히는 전염병학자들 중 한 명인 존 파터랫이 내놓은 세 번째 이론도 있다.

그가 지목한 범인은 당시 매독 문제의 중심지이던 볼티모어 도심

양쪽의 매우 낙후된 동네들인 이스트 볼티모어와 웨스트 볼티모어에 일어난 물리적 변화였다. 파터랫은 1990년대 중반에 볼티모어시가 이스트 볼티모어와 웨스트 볼티모어에 있던 1960년대식의 오래된 고층 공영주택들을 철거하는 대대적인 정책을 실행했다고 지적했다.

가장 유명한 철거 대상이던 웨스트 볼티모어의 렉싱턴 테라스와 이스트 볼티모어의 라파예트 코츠는 수백 가구가 살고 있던 대규모 주택단지로, 범죄와 전염병의 온상이었다. 같은 시기에 이스트 볼티모어와 웨스트 볼티모어의 오래된 연립주택들 역시 노후화되면서 이곳에 살던 사람들도 이사를 가기 시작했다.

"완전 놀라웠죠." 파터랫은 이스트 볼티모어와 웨스트 볼티모어를 처음 둘러보았을 때를 이렇게 회상한다. "연립주택들의 50퍼센트에 판자가 둘러쳐져 있었고 주택단지들을 허무는 공사도 진행 중이더군요. 그래서 일종의 공동화空洞化 현상이 발생했어요. 이런 상황이 집단 이동을 가속화했죠. 수년 동안 매독은 볼티모어의 특정 지역, 즉 매우 한정된 네트워크에 국한되어 있었어요. 그런데 주택 철거로 이 사람들이 볼티모어의 다른 지역으로 옮겨갔고 그와 함께 매독과 다른 행위들도 옮겨갔어요."

이 세 가지 설명에서 흥미로운 부분은 그중 어느 것도 전혀 극적이지 않다는 점이다.

질병통제센터는 크랙이 문제라고 생각했다. 하지만 크랙은 1995년에 처음 볼티모어에 들어온 게 아니다. 크랙은 수년간 볼티모어에 있었다. 질병통제센터의 주장은 1990년대 중반에 크랙 문제가 약간 더 심각해졌고 그 변화가 매독 유행을 일으키는 데 충분했다는 것이다.

마찬가지로 제닐먼도 볼티모어의 성병 클리닉들이 아예 문을 닫았다고 말하지 않았다. 단지 규모가 축소되었고 임상의의 수가 17명에서 10명으로 줄었을 뿐이다.

파터랫은 볼티모어 전체가 텅 비었다고 말하지 않았다. 그는 단지 소수의 주택단지들을 해체하고 시내 주요 동네에 살던 사람들이 떠나자 매독이 확 퍼졌다고 말했다. 아주 작은 변화만 있으면 전염병의 평형상태를 깰 수 있다는 말이다.

이 설명들과 관련해 더 흥미로운 두 번째 사실은 이들 모두가 전염병의 양상이 급변한 방식을 매우 다르게 설명했다는 것이다. 질병통제센터는 질병의 전체적인 상황, 즉 중독성 약물의 유입과 증가가 어떻게 도시의 환경을 변화시켜 질병의 양상을 급변시킬 수 있는지 이야기했다.

제닐먼은 질병 자체에 관해 이야기했다. 클리닉을 줄이자 매독이 새 생명을 얻었다. 급성 전염병이던 매독이 만성 전염병이 되었다. 쉬 사라지지 않고 몇 주 동안 질질 끄는 문제가 된 것이다.

한편 파터랫은 매독을 옮기는 사람들에 초점을 맞추었다. 그는 매독이 볼티모어에 사는 특정 유형의 사람들, 그러니까 매우 가난하고 아마도 약물을 사용하는 성욕이 왕성한 개인들이 옮기는 병이라고 말했다. 그런 유형의 사람들이 원래 살던 동네에서 그전에는 매독 문제가 전혀 없던 도시의 다른 지역으로 옮겨가면서 질병의 양상이 급변할 기회를 얻었다는 것이다.

다시 말하면 전염병의 양상이 급변하는 데에는 여러 방식이 있다. 전염병은 감염원을 옮기는 사람들, 감염원 자체, 그리고 감염원이 활동하는 환경과 함수관계에 있다. 전염병의 양상이 급변하고 평형상태가 갑자기 깨지기 시작하는 이유는 이 부분들 중 하나(혹은 둘이나 셋)에 어떤 일, 어떤 변화가 일어났기 때문이다. 나는 이 세 가지 변화 인자를 소수의 법칙Law of the Few, 고착성 법칙Stickness Factor, 상황의 힘 법칙Power of Context이라고 부른다.

소수의 법칙

이스트 빌리지의 몇몇 아이들이 허시파피를 유행시키기 시작했다거나 몇몇 주택단지에 살던 주민들의 분산이 볼티모어의 매독 유행을 일으키는 데 충분했다는 말은 주어진 과정이나 시스템에서 일부 사람들이 다른 사람들보다 더 중요하다는 의미다. 이 말은 표면적으로는 특별히 급진적인 개념이 아니다.

경제학자들은 어떤 상황에서건 '일'의 약 80퍼센트를 참여자의 20퍼센트가 수행한다는 80/20 법칙에 대해 종종 이야기한다.[2] 대부분의 사회에서 범죄자의 20퍼센트가 범죄의 80퍼센트를 저지른다. 운전자의 20퍼센트가 모든 사고의 80퍼센트를 내며, 맥주를 마시는 사람의 20퍼센트가 전체 맥주의 80퍼센트를 마신다. 하지만 전염병 문제에 있어서는 이런 불균형적인 비례가 훨씬 더 극단적이 된다. 극소수의 사람들이 일의 대부분을 저지른다.

예를 들어 파터랫은 콜로라도주 콜로라도스프링스에서 유행한 임질을 분석한 적이 있다. 6개월 동안 이 질병의 치료를 위해 보건소를 방문한 사람들을 전부 살펴본 그는 모든 환자의 절반가량이 시면적의 약 6퍼센트를 차지하는 네 곳의 동네에서 왔다는 사실을 발견했다. 또한 그 6퍼센트에 해당하는 동네에서 온 환자들 중 절반이 똑같은 여섯 곳의 술집을 다녔다. 파터랫이 똑같은 여섯 곳의 술집을 다닌 이 그룹의 사람 768명을 인터뷰해 보니 그중 600명이 어느 누구에게도 임질을 옮기지 않았거나 한 사람에게만 옮긴 것으로 나타났다. 그는 이 사람들을 비전파자라고 불렀다.

전염병의 확산을 불러온 사람들, 그러니까 2~5명의 타인에게 병을 옮긴 사람은 나머지 168명이었다. 다시 말해 인구 10만 명이 훌쩍 넘는 도시인 콜로라도스프링스 전역에서 임질이 유행하기 시작한 것은 네 개의 작은 동네에 살고 기본적으로 똑같은 여섯 곳의 술집을 자주 드나든 168명의 행동 때문이었다.

그 168명이 누구일까? 그들은 당신과 나 같은 사람이 아니다. 매일 밤 외출을 하고 평균보다 훨씬 더 많은 섹스 파트너가 있으며 생활과 행동이 정상 범주를 훨씬 벗어난 사람들이다.

예를 들어 1990년대 중반에 미주리주 이스트 세인트루이스의 당구장과 롤러스케이트장에 다넬 '보스 맨' 맥기라는 사람이 있었다. 키가 6피트(약 182센티미터)가 넘는 장신인 데다 매력적이고 재능 있는 스케이터였던 그는 링크 위에서의 묘기로 어린 여자아이들을 열광시켰다. 그의 주특기는 열세 살, 열네 살짜리 여자아이들을 꾀는 것이었다. 그는 여자아이들에게 보석을 사주고 자신의 캐딜락에 태우고 다니면서 마약에 취하게 한 뒤 성관계를 가졌다. 1995년부터 정체불명의 가해자의 총에 맞아 죽은 1997년까지 그는 적어도 100명의 여성과 잠자리를 했으며 나중에 밝혀진 바에 따르면 그중 적어도 서른 명에게 에이즈를 감염시켰다.

같은 두 해 동안, 1,500마일(약 2,400킬로미터) 떨어진 뉴욕주 버펄로 부근에서도 보스 맨의 클론이라 할 만한 또 다른 남성이 제임스타운의 곤궁한 도심지에서 활약했다. 본명은 누샨 윌리엄스였지만 '페이스Face', '슬라이Sly', '샤이틱Shyteek'이라는 이름으로 통했다. 윌리엄스는 시내 곳곳에 서너 채의 아파트를 두고 수십 명의 여성들과 곡예하듯 만났고 브롱크스에서 마약을 몰래 들여와 생계를 꾸렸다. (이 사건을 잘 아는 한 전염병학자는 내게 "그 사람은 천재였어요. 만약 내가 윌리엄스처럼 해낼 수 있었다면 평생 놀고먹어도 됐을 겁니다"라고 잘라 말했다.)

윌리엄스는 보스 맨과 마찬가지로 매력적인 사람이었다. 여자 친구들에게 장미를 사주고 자신의 긴 머리를 땋게 하는가 하면 자신의 아파트에서 매일 밤 마리화나와 맥주로 난잡한 술판을 벌였다. "저는 하룻밤에 그와 서너 번 관계를 가졌어요." 그의 파트너들 중 한 명이 회상했다. "나와 그, 우리는 항상 파티를 하곤 했죠. 페이스가 섹스를 하고 나면 그의 친구들이 했어요. 누군가가 나가면 다른 사람이 들어왔어요."

윌리엄스는 현재 감옥에 있다. 그는 적어도 열여섯 명의 전 여자 친구들에게 에이즈 바이러스를 감염시킨 것으로 알려져 있다. 그러나 가장 유명한 사람은 랜디 실츠가 《그리고 밴드가 연주를 했다And the Band Played on》에서 자세히 설명한 소위 에이즈 최초 감염자 개탄 두가스다.[3] 프랑스계 캐나디언 승무원이던 그는 북미 전역에 2,500명의 섹스 파트너가 있다고 주장했고 캘리포니아와 뉴욕의 초기 에이즈 환자들 중 적어도 마흔 명과 관련이 있다. 이들은 전염병 유행을 촉발시킨 사람들이다.

사회적 유행도 정확하게 같은 방식으로 작동한다. 사회적 유행의 추진력 역시 소수의 예외적인 사람들의 활동이다. 단, 사회적 유행과 관련해서는 그들을 일반인과 구별하는 특징이 성적 취향이 아니라, 그들이 얼마나 사교적인지, 얼마나 에너지가 넘치고 아는 게 많은지, 혹은 동료들 사이에서 얼마나 영향력이 있는지 같은 요소들이다.

허시파피의 경우에는 유행을 앞서가는 맨해튼 시내의 몇몇 사람이 신던 신발이 어떻게 전국의 상점에서 팔리게 되었는지가 큰 수수께끼다. 이스트 빌리지와 미국 중산층 사이의 연결고리가 무엇이었을까? 소수의 법칙은 이런 예외적인 사람들 중 한 명이 트렌드를 알아채고는, 개탄 두가스나 누샨 윌리엄스 같은 사람이 에이즈 바이러스를 퍼뜨린 것과 마찬가지로 사회적 관계와 에너지와 열정, 개성을 통해 허시파피에 관한 입소문을 퍼뜨린 것이 그 원인이라고 말한다.

고착성 법칙

볼티모어에서는 시 보건소들이 줄어들자 시의 가난한 동네들에 영향을 미치는 매독의 성격이 바뀌었다. 매독은 다른 사람들을 많이 감염시킬 가능성이 생기기 전에 대부분의 환자들이 꽤 신속하게 치료를 받을 수 있던 급성 전염병이었다. 하지만 보건소가 축소되면서 매독은 점차 만성질환이 되었고, 이 질환의 보균자들이 전보다 세 배나 네 배, 혹은 다섯 배나 더 오랜 기간 동안 병을 전염시켰다. 전염병의 양상이 급변하는 이유는 몇몇 보균자들의 이례적인 행동 때문이다. 하지만 때로는 감염원 자체를 변화시키는 어떤 일이 일어났을 때에도 급변한다.

이것은 바이러스학에서 잘 알려진 원리다. 매해 초겨울에 도는 유행성 독감의 유형은 겨울이 끝날 때 도는 독감과 매우 다르다. 가장 유명한 유행성 독감은 1918년에 세계적으로 돌았던 독감인데, 그해 봄에 처음 발견되었을 때는 상대적으로 꽤 온순했다. 하지만 여름 동안 바이러스가 기이하게 변이되었고 그 뒤 6개월 동안 전 세계에서 2천만에서 4천만 명의 목숨을 앗아갔다. 바이러스가 퍼지는 방식에는 변화가 없었다. 그런데 바이러스가 갑자기 훨씬 더 치명적이되었다.

네덜란드의 에이즈 연구자 야프 고즈미트는 이와 같은 극적인 변이가 에이즈 바이러스에서도 일어났다고 주장한다.[4] 고즈미트의 연구는 주폐포자충 폐렴pneumocystis carinii pneumonia, 즉 PCP로 알려진

질환에 초점을 맞추었다. 인간은 태어날 때부터 아니면 그 바로 직후부터 몸에 세균을 가지고 있다. 대부분의 사람에게 세균은 무해하다. 우리의 면역체계가 세균을 쉽게 억제하기 때문이다. 하지만 에이즈 바이러스 같은 무언가가 면역체계를 파괴하면 세균을 통제할 수 없게 되어 치명적인 형태의 폐렴이 될 수 있다.

실제로 PCP가 에이즈 환자들 사이에 너무 흔했기 때문에 PCP는 에이즈 바이러스 감염의 거의 분명한 징후로 여겨졌다. 고즈미트는 의학 문헌들에서 PCP 환자들을 찾아봤는데 그가 발견한 결과는 상당히 섬뜩하다. 제2차 세계대전이 끝난 직후, 발트해의 항구도시 단치히에서 발생한 PCP가 중부유럽으로 퍼져나가 수천 명의 어린아이들이 목숨을 잃었다.

고즈미트는 PCP 유행으로 가장 큰 타격을 입은 도시들 중 한 곳을 분석했다. 네덜란드 림부르흐주의 헤를렌이라는 탄광도시였다. 헤를렌에는 조산사들을 위한 출산학교Kweekschool voor Vroedvrouwen라는 조산사 훈련 병원이 있었는데, 소위 스웨덴 병동이라고 불리던 곳이 1950년대에 저체중아나 조산아들을 위한 특별 병동으로 사용되었다.

1955년 6월부터 1958년 7월까지 스웨덴 병동의 유아 여든한 명이 PCP에 걸려 그중 스물네 명이 숨졌다. 고즈미트는 이 질병이 초기 에이즈 바이러스 전염병이고, 어떤 경로로 병원에 들어온 바이러스가 수혈이나 항생제 투여시 일회용 주사바늘을 사용하지 않던 당시의 흔한 관행 때문에 아이에게서 아이로 옮겨졌다고 생각했다. 그는 다음과 같이 썼다.

최소한 한 명의 성인, 아마도 폴란드나 체코슬로바키아나 이탈리아의 광부가 바이러스를 림부르흐주에 들여왔을 가능성이 가장 크다. 이 성인이 에이즈로 사망했지만 당시 거의 주목을 받지 않았을 수 있다. (…) 그가 바이러스를 아내와 자식에게 옮기고 감염된 아내(혹은 여자 친구)가 스웨덴 병동에서 겉보기에는 건강하지만 에이즈 바이러스에 감염된 아이를 낳았을 수 있다. 그리고 소독되지 않은 주삿바늘과 주사기가 바이러스를 아이에서 아이로 퍼뜨렸을 수 있다.

물론 이 이야기에서 정말 이상한 점은 모든 아이가 죽은 게 아니라는 것이다. 감염된 아이들 중 3분의 1만 숨졌고, 나머지 아이들은 지금 보면 거의 불가능한 일을 해냈다. 에이즈 바이러스를 물리친 것이다. 그 아이들은 몸에서 이 바이러스를 몰아내고 건강하게 살았다. 1950년대에 돌았던 에이즈 바이러스의 변종은 오늘날의 에이즈 바이러스 변종과 많이 달랐다. 지금의 변종만큼 전염성은 있었지만 대부분의 아이들, 심지어 어린아이들도 싸워서 이겨내고 생존할 수 있을 정도로 힘이 약했다.

다시 말해 1980년대 초에 에이즈 바이러스 전염병의 양상이 급변한 이유는 단지 동성애자 사회의 성행위에 엄청난 변화가 일어나 바이러스가 급격하게 퍼져나갈 수 있었기 때문만은 아니다. 에이즈 바이러스 자체가 바뀌었기 때문이기도 하다. 무슨 이유에서인지 바이러스가 훨씬 더 치명적이 되었다. 일단 이 바이러스에 옮으면 감염된 상태로 계속 있게 된다. 바이러스가 몸에서 떠나지 않는다.

양상의 급변에서 고착성의 중요성에 대한 이러한 생각은 우리가 사회적 유행을 생각하는 방식에도 엄청난 영향을 미친다. 우리는 메시지의 전염성을 높이는 방법을 생각하느라 많은 시간을 보내는 경향이 있다. 어떻게 하면 우리 제품이나 아이디어를 가능한 한 많은 사람에게 전할 수 있을까? 하지만 커뮤니케이션에서 메시지의 전파만큼이나 어려운 것은 메시지가 한 귀로 들어가 다른 귀로 흘러나가지 않도록 하는 것이다. 고착성은 어떤 메시지가 임팩트를 주는 것을 의미한다. 메시지가 머릿속에서 지워지지 않고 기억에 박혀 있는 것이다.

예를 들어 1954년 봄에 윈스턴 필터 담배가 나왔을 때 회사는 "윈스턴은 맛있습니다. 담배라면 그래야죠Winston tastes good like a cigarette should"라는 슬로건을 내세웠다. 당시 'as' 대신 비문법적이고 다소 도발적인 'like'를 사용한 것이 작은 센세이션을 일으켰다. 1984년에 웬디스라는 햄버거 체인이 내세운 "소고기는 어디 있어Where's the beef?"(고기가 조금 들어 있다고 소문난 경쟁사의 햄버거를 겨냥한 문구로, 핵심은 어디 있는가라는 뜻으로 쓰임)처럼 화제가 된 문구였다.

담배산업의 역사를 다룬 책에서 리처드 클루거는 윈스턴의 마케터인 R. J. 레이놀즈가 "이러한 관심에 기뻐하며 문제의 이 슬로건을 경쾌한 시엠송의 가사로 만들어 텔레비전과 라디오에 방송했고 자신들이 쓴 구문을 잘못 쓴 문법이 아니라 구어체 표현이라고 비꼬듯

변호했다"라고 썼다.[5]

윈스턴은 이 캐치프레이즈에 힘입어 출시 몇 달 만에 팔리아멘트, 켄트, L&M을 추월해 바이스로이에 이어 미국 담배 시장에서 2위 자리에 올랐다. 그리고 몇 년 지나지 않아 미국에서 가장 많이 팔리는 브랜드가 되었다. 오늘날에도 미국인들에게 "Winston tastes good"이라고 말하면 대부분 "like a cigarette should"라고 문구를 완성해준다. 이것은 사람들의 머릿속에 고착된 광고문구의 전형이며, 고착성은 변화를 촉발하는 필수 요소다. 내가 말한 것을 사람들이 기억하지 못하면 어떻게 행동을 바꾸거나 내 제품을 구입하거나 내가 만든 영화를 보러 가겠는가?

고착성 법칙은 전염성 강한 메시지를 기억하도록 만드는 특별한 방법이 있다고 말한다. 정보를 제시하고 구성하는 방식의 비교적 간단한 변화도 그 메시지가 주는 임팩트에 큰 차이를 불러올 수 있다는 것이다.

상황의 힘 법칙

존 제닐먼은 볼티모어에 사는 누군가가 매독이나 임질 치료를 받으러 보건소에 올 때마다 그 환자의 주소를 컴퓨터에 입력하여 시 지도에 검은색의 작은 별 모양으로 표시했다. 경찰서에서 벽에 붙여놓고 범죄 발생 지역을 핀으로 표시하는 지도의 의료 버전과 비슷하다고 생각하면 된다. 제닐먼의 지도에서는 시내 중심부의 양쪽에 위치한 이스트 볼티모어와 웨스트 볼티모어의 동네들에 검은 별들이 밀집되는 경향을 보였다.

이 두 지점에서 환자들이 양쪽 동네를 가로지르는 두 개의 중앙 도로를 따라 바깥 지역들로 퍼져나갔다. 성병 발생이 최고조에 달한 여름에는 이스트 볼티모어와 웨스트 볼티모어 밖으로 나가는 도로에 검은 별 무리가 빽빽해졌다. 하지만 겨울에는 날씨가 추워지고, 이스트 볼티모어와 웨스트 볼티모어 주민들이 술집과 클럽, 성매매가 이루어지는 거리 모퉁이를 떠나 집에 머물 가능성이 훨씬 높아지면서 각 동네의 별들이 서서히 사라졌다.

계절이 환자의 수에 미치는 영향이 매우 강해서 볼티모어의 길고 혹독한 겨울이 적어도 그 계절 동안에는 매독 유행의 증가를 상당히 늦추거나 줄이기에 충분하다고 쉽게 짐작할 수 있다.

제닐먼의 지도는 상황이 전염병에 큰 영향을 미친다는 것을 보여준다. 전염병이 활동하는 환경의 상황과 상태, 특징이 전염병에 영향을 미친다는 것이다. 이 점은 분명하다. 하지만 흥미로운 것은 이 원칙이 얼마나 확장될 수 있는가다. 행동에 영향을 미치는 건 날씨 같은 평범한 요인들만이 아니다. 가장 사소하고 미묘하며 예상치 못한 요인들이 우리의 행동방식에 영향을 미칠 수 있다.

예를 들어 뉴욕시 역사상 가장 악명 높은 사건 중 하나가 1964년에 퀸즈 지역에 살던 키티 제노비스라는 젊은 여성이 칼에 찔려 숨진 사건이다. 제노비스가 거리에서 범인에게 쫓기며 30분에 걸쳐 세 번 공격을 당하는 동안 38명의 이웃이 창으로 지켜보고 있었다. 하지만 그동안 38명의 목격자 중 누구도 경찰을 부르지 않았다. 이 사건은 우리 스스로에 대한 비판을 불러일으켰고, 도시생활의 냉담함과 인간성 상실을 나타내는 상징이 되었다. 나중에 〈뉴욕 타임스〉의 편집자가 된 에이브 로즌솔은 이 사건에 대해 다음과 같이 썼다.[6]

제노비스가 공격을 당하는 동안 왜 그 38명이 전화기를 들지 않았는지 아무도 설명하지 못한다. 당사자들도 설명할 수 없기 때문이다. 하지만 그들의 무관심은 실제로 대도시의 다양한 모습 중 하나다. 수백만 명의 사람들에 둘러싸여 압박을 받으며 살 경우 남들이 당신의 생활을 끊임없이 침해하지 않도록 막는 것은 거의 심리적 생존의 문제이며 그렇게 하는 유일한 방법은 가능한 한 그들을 못 본 척하는 것이다. 이웃과 이웃이 처한 곤란에 무관심해지는 것은 다른 대도시들에서와 마찬가지로 뉴욕 생활의 조건반사다.

이것은 직관적으로 이해되는 환경적 설명이다. 대도시 생활의 익명성과 소외는 사람들을 무정하고 냉담하게 만든다. 그러나 제노비스 사건의 진실은 좀 더 복잡하고 흥미로운 것으로 밝혀졌다. 그 뒤 뉴욕의 심리학자 두 명(컬럼비아 대학교의 빕 라타네와 뉴욕 대학교의 존 달리)는 그들이 '방관자 문제'라고 이름붙인 현상을 이해하기 위한 일련의 연구를 수행했다.[7] 두 사람은 여러 다른 상황에서 이런저런 비상사태를 연출하여 누가 나서서 돕는지 살펴보았다. 그러자 놀랍게도 사람들이 남을 도울지 예측할 수 있는 가장 중요한 한 가지 요인이 사건 현장에 있는 목격자의 수라는 것이 밝혀졌다.

예를 들어 한 실험에서 라타네와 달리는 학생을 방에 혼자 두고 간질발작을 일으키도록 연출했다. 옆방에 사람이 한 명만 있을 때는 발작 소리를 듣고 85퍼센트가 도우러 달려왔다. 그러나 피실험자들이 자신 말고도 이 발작 소리를 들은 사람이 네 명 더 있다고 생각한 경우에는 31퍼센트가 도우러 왔다. 또 다른 실험에서는 문틈으로 새어나오는 연기를 발견했을 경우 혼자 있을 때는 75퍼센트가 신고를 했지만 여러 사람이 함께 있을 때는 38퍼센트만 신고했다. 다시 말해 여러 사람이 있을 때는 행동에 대한 책임감이 분산된다.

사람들은 다른 누군가가 신고를 할 것이라고 가정하거나 다른 방에서 들리는 발작 소리, 문틈으로 새어나오는 연기 같은 명백한 문제도 다른 사람이 아무도 행동하지 않으니 실제로는 문제가 아니라고 가정해버린다. 라타네와 달리 같은 사회심리학자들은 키티 제노비스 사건이 주는 교훈은 38명이 비명을 듣고 있었는데도 불구하고 아무도 신고전화를 안 했다는 점이 아니라고 주장한다. 38명이 비명을 듣고 있었기 때문에 아무도 전화를 하지 않은 것이다. 아이러니하게도 만약 제노비스가 목격자가 한 명뿐인 인적 드문 거리에서 공격을 당했다면 목숨을 건졌을 수도 있다.

다시 말해 사람들이 곤경에 처한 이웃을 돕도록 행동을 변화시키는 열쇠는 때때로 그들이 당면한 상황의 아주 작고 세세한 부분에 있다. 상황의 힘 법칙은 사람들이 보기보다 상황에 훨씬 더 민감하다고 말한다.

티핑 포인트에 도달하는 방법

티핑 포인트의 세 가지 규칙인 소수의 법칙, 고착성 법칙, 상황의 힘
법칙은 유행을 이해하는 한 가지 방법이다. 이 규칙들은 티핑 포인
트에 도달하기 위한 방향을 제시한다. 지금부터는 이 개념들을 우리
주변의 혼란스러운 상황들과 유행에 적용시켜 보겠다. 이 세 규칙이
예를 들어 10대 흡연이나 입소문 현상이나 범죄나 베스트셀러의 부
상을 이해하는 데 어떻게 도움이 될까? 그 답들은 여러분을 놀라게
할지도 모른다.

TIPPING POINT

POINT

2장

**커넥터와
메이븐과
세일즈맨**

소수의 법칙

Malcolm Gladwell

1775년 4월 18일 오후, 말 보관소에서 일하던 한 소년이 어떤 영국군 장교가 다른 장교에게 '내일 일어날 난리'에 관해 이야기하는 걸 우연히 들었다. 소년은 보스턴 노스엔드에 살던 폴 리비어라는 은세공인의 집으로 달려가 이 소식을 전했다.[1]

　리비어는 이 이야기를 진지하게 들었다. 그날 이 소문을 처음 들은 게 아니었기 때문이다. 앞서 그는 예사롭지 않은 수의 영국군 장교들이 보스턴의 롱워프에 모여 은밀한 대화를 나누더란 말을 들었다. 영국인 승무원들이 보스턴 항구의 군함 서머싯호와 보인호 아래에 묶어놓은 보트에서 바삐 돌아다니는 모습도 발견되었다. 또 그날 아침 해변에서 최종 임무를 수행하는 것 같은 선원들 몇 명이 목격되기도 했다.

　오후가 지나면서 영국군이 오랫동안 소문으로 돌던 중요한 조치를 단행할 것 같다는 리비어와 그의 절친한 친구 조지프 워런의 확신은 점점 더 강해졌다. 보스턴 북서쪽의 렉싱턴으로 진군하여 식민지 주민들의 지도자인 존 핸콕과 새뮤얼 애덤스를 체포한 뒤 콩코드로 가서 지역 식민지 민병대들이 비축해놓은 총과 탄약을 몰수할 것이라는 소문이었다.

그 뒤 일어난 일은 미국의 모든 학생이 배우는 역사적 전설이 되었다. 밤 열 시에 워런과 리비어가 만났다. 두 사람은 지역 민병대들이 분기하여 영국군에 맞설 수 있도록 보스턴 주변 지역들에게 영국군이 다가오고 있다고 알려줘야 한다고 판단했다. 리비어는 재빨리 보스턴 항구를 가로질러 페리를 타고 찰스타운에 내렸다. 그런 다음 말에 올라타 렉싱턴을 향해 '한밤의 질주'를 시작했다.

그는 두 시간 만에 13마일(약 20킬로미터)을 달렸고, 지나는 도시(찰스타운, 메드퍼드, 노스케임브리지, 메노토미)마다 문을 두드려 이 소식을 전했다. 지역 지도자들에게 영국군이 다가오고 있다고 알리고 다른 사람들에게도 이 소문을 퍼뜨려달라고 했다. 교회 종이 울리기 시작했다. 북소리도 울려퍼지기 시작했다.

폴 리비어에게 이야기를 전해들은 사람들이 말을 탄 전령들을 보내면서 바이러스처럼 소식이 퍼져나가 마침내 지역 전체에 경보가 울렸다. 새벽 한 시에 매사추세츠주 링컨에 소식이 전해졌고 세 시에는 서드베리, 다섯 시에는 보스턴에서 북쪽으로 40마일(약 64킬로미터) 떨어진 앤도버, 아침 아홉 시에는 서쪽 끝 우스터 근방의 애시비까지 소식이 닿았다.

19일 아침에 마침내 렉싱턴을 향해 진군을 시작한 영국군은 시골 지역을 급습했을 때 놀랍게도 너무나 조직적이고 맹렬한 저항에 부딪쳤다. 그 날 영국군은 콩코드에서 식민지 민병대와 맞붙어 참패를 당했고 이 교전에서 미국 독립혁명이라고 불리는 전쟁이 시작되었다.

폴 리비어가 말을 타고 소식을 전한 일은 아마 입소문 확산의 가장 유명한 역사적 사례일 것이다. 특별한 소식 하나가 아주 짧은 시간에 먼 거리로 퍼져나가 지역 전체가 무장 태세를 갖추었다. 물론 모든 입소문이 이렇게 센세이셔널하게 확산되지는 않는다. 하지만 입소문은 매스커뮤니케이션과 수백만 달러짜리 광고 캠페인의 시대에도 여전히 사람들 사이에 정보를 전달하는 가장 중요한 형태다.

가장 최근에 갔던 고급 레스토랑이나 가장 최근에 구매한 옷, 가장 최근에 봤던 영화를 잠깐 떠올려보라. 어디에 돈을 쓸지 결정할 때 친구의 추천에 큰 영향을 받은 경우가 그중 얼마나 되는가? 오늘날에는 언제 어디서나 마케팅 활동이 존재한다는 바로 그 점 때문에 입소문이 대부분의 사람들이 반응하는 유일한 설득 유형이 되었다고 생각하는 광고계 중역들도 많다.

하지만 그렇다 하더라도 입소문은 여전히 매우 신비한 영역이다. 사람들은 항상 갖가지 정보를 서로에게 전달한다. 하지만 그런 정보 교환이 입소문 유행을 점화시키는 사례는 드물다. 우리 동네에 내가 좋아하는 식당이 있다. 나는 그 식당을 친구들에게 6개월 동안 홍보했지만 식당은 여전히 반쯤 비어 있다. 내 홍보가 입소문 유행을 시작시키기에는 충분하지 않았던 게 분명하다. 그런데 내가 보기에는 우리 동네 식당보다 나을 게 없는데 문을 열고 몇 주도 지나지 않아 자리가 없어 손님을 돌려보내는 식당도 있다.

왜 어떤 아이디어와 동향과 메시지는 폭발적으로 유행을 타는데 다른 것들은 그렇지 않을까?

폴 리비어의 경우 이 질문에 대답하기 쉬워 보인다. 리비어는 영국군이 다가오고 있다는, 사람들이 깜짝 놀랄 만한 소식을 전했다. 하지만 그날 밤의 사건들을 자세히 살펴보면 이 설명 역시 수수께끼를 완전히 풀어주지 않는다. 리비어가 보스턴 북쪽과 서쪽으로 말달리기를 시작한 것과 동시에 혁명 동지인 윌리엄 도스라는 무두장이가 보스턴 서쪽의 도시들을 거쳐 렉싱턴으로 향하는 똑같은 긴급 임무에 착수했다. 도스는 폴 리비어와 마찬가지로 수마일에 걸쳐 많은 도시를 지나며 똑같은 메시지를 전했다.

하지만 도스는 그 지역들을 자극하지 못했다. 지역 민병대 지도자들은 경계 태세를 취하지 않았다. 그가 말을 타고 지나간 주요 도시들 중 하나인 월섬에서는 다음 날 싸움에 나선 사람이 거의 없어서 나중에 일부 역사학자들이 이 지역이 영국에 친화적이었던 게 틀림없다는 결론을 내리기까지 했다. 하지만 그렇지 않았다. 월섬 주민들은 영국군이 다가오고 있다는 사실을 너무 늦게 알았을 뿐이다. 어떤 소식인지가 입소문 유행에서 유일하게 중요한 요소라고 한다면 도스도 폴 리비어만큼 유명한 인물이 되었을 것이다. 그렇다면 왜 리비어는 도스가 실패한 일을 성공시켰을까?

그 답은 어떤 유형의 특별한 유행의 성공은 특별하고 희귀한 일련의 사회적 재능을 갖춘 사람들의 개입에 크게 의존한다는 것이다. 리비어가 전한 소식은 폭발적으로 퍼져나갔는데 도스의 경우 그렇지 않았던 이유는 두 사람의 차이 때문이다.

이것이 내가 1장에서 간략하게 설명했던 소수의 법칙이다. 하지만 앞에서는 성병의 급속한 유행에서 중요한 역할을 한 사람들, 즉 문란하고 성적 만족을 위해 남을 이용하는 사람들만 예로 들었다.

이번 장에서는 사회적 유행에서 중요한 역할을 하는 사람들, 그리고 폴 리비어 같은 사람과 윌리엄 도스 같은 사람을 차별화시키는 요소들에 관해 이야기하겠다. 이런 유형의 사람들은 우리 주변 어디에나 있다. 하지만 우리는 그들이 우리 삶에서 수행하는 역할을 정당하게 평가하지 못하는 경우가 많다. 나는 그들을 커넥터connector, 메이븐maven, 그리고 세일즈맨salesman이라고 부른다.

커넥터에 의존하는 세상

1960년대 말, 심리학자 스탠리 밀그램은 '사람들이 서로 어떻게 연결되어 있는가?'라는 소위 '좁은 세상' 문제에 대한 답을 발견하는 실험을 수행했다.[2] 우리 모두는 동시에 움직이면서 독자적으로 움직이는 별개의 세상에 속해 있어서, 서로 거의 연결되지 않는 먼 관계인가? 아니면 우리는 서로 맞물린 거대한 거미줄로 모두 연결되어 있는가? 어떤 면에서 밀그램은 이 장의 출발점이 된 물음인 '어떤 개념이나 동향이나 소식(영국군이 오고 있어!)이 사람들 사이에 어떻게 전해지는가?'와 동일한 질문을 던진 셈이다.

밀그램은 자신이 받은 소포를 다른 사람에게 이어서 보내게 하는 방법으로 이 질문을 테스트할 생각이었다. 그는 네브래스카주 오마하에 사는 160명에게 소포를 보냈다. 소포에는 직장은 보스턴에, 집은 매사추세츠주 샤론에 있는 한 증권 중개인의 이름과 주소가 적혀 있었다. 실험대상자들은 각자 소포에 자기 이름을 쓰고 그 증권 중개인과 가까울 것 같은 친구나 지인에게 소포를 보내라는 지시를 받았다.

예를 들어 당신이 오마하에 살고 있고, 보스턴 외곽에 사는 사촌이 있다고 하자. 그러면 당신은 사촌이 이 증권 중개인을 직접 알지는 못하지만 두서너 단계를 거치면 그와 연결될 가능성이 훨씬 더 높을 것이라고 판단해 소포를 그 사촌에게 보낼 수 있다. 소포가 마침내 증권 중개인의 집에 도착하면 밀그램은 그동안 소포가 거쳐온 모든 사람의 목록을 살펴보고 미국의 한 지역에서 무작위로 선택한 누군가가 다른 지역에 사는 사람과 얼마나 밀접하게 연결되어 있는지 밝힐 수 있을 것이다. 밀그램은 대부분의 소포가 5~6단계를 거쳐 증권 중개인에게 도착했다는 것을 발견했다. 이 실험에서 '분리의 6단계six degrees of separation'라는 개념이 나왔다.

이 문구는 이제 너무 익숙해져서 밀그램의 발견이 얼마나 놀라운 것이었는지조차 잊기 쉽다. 대부분의 사람은 특별히 광범위하고 다양한 친구들을 가지고 있지 않다. 한 유명한 연구에서 심리학자들[3]이 맨해튼 북부의 딕맨 공공주택단지에 사는 사람들에게 이 단지에서 가장 친한 친구를 말해보라고 했더니, 88퍼센트가 같은 건물에 사는 사람이었고 절반은 같은 층에 살았다. 일반적으로 사람들은 같은 나이와 인종의 친구를 선택한다. 하지만 친구가 복도 아래쪽에 살 경우 연령과 인종은 훨씬 덜 중요해진다. 근접성이 유사성을 이기는 것이다.

유타 대학교에서 학생들을 대상으로 실시한 또 다른 연구는 누군가에게 왜 어떤 사람과 친한지 물어보면 자신과 친구가 비슷한 사고방식을 공유하기 때문이라고 대답한다는 것을 발견했다. 하지만 그 두 사람에게 사고방식에 관한 질문을 던져보면 실제로 그들이 공유하는 것은 비슷한 활동이라는 것을 알게 된다. 함께 무언가를 하는 사람과 친구가 되는 경우가 서로 비슷한 사고방식을 가진 사람과 친구가 되는 경우만큼 많다.

다시 말해 우리가 주의를 기울여 친구를 찾아내는 것이 아니다. 우리는 작은 물리 공간을 공유하는 사람들과 어울린다. 오하마에 사는 사람들은 보통 나라 반대편인 매사추세츠주 샤론에 사는 사람과 친구가 아니다. 당시 밀그램은 "한 똑똑한 친구에게 네브래스카주에서 샤론까지 소포가 가는 데 얼마나 많은 단계를 거칠 것 같은지 물었더니 중간에 100명 이상을 거쳐야 할 것이라고 추정했다. 많은 사람이 이와 비슷한 예상을 내놓았고, 평균 다섯 명이면 충분하다는 것을 알자 깜짝 놀랐다. 어쨌든 이 결과는 직관에 어긋난다"라고 썼다. 어떻게 소포가 단 다섯 단계 만에 샤론에 도착했을까?

그 대답은 분리의 6단계에서 모든 단계가 동일하지 않기 때문이라는 것이다. 밀그램은 오마하에서 샤론까지 이어진 연결고리들 중 다수가 비대칭 패턴을 따른다는 것을 발견했다. 샤론에 있는 증권 중개인의 집에 도착한 스물네 통의 소포들 중 열여섯 통을 밀그램이 제이콥스라고 부른 한 명의 의류 상인이 전했다. 나머지 소포들은 사무실로 왔는데 그중 대다수가 밀그램이 브라운과 존스라고 부른 두 사람을 통해 전해졌다. 종합하면, 증권 중개인이 받은 소포의 절반이 이 세 명에 의해 전해졌다.

생각해보자. 중서부의 한 대도시에서 무작위로 선택된 수십 명의 사람들이 각자 소포를 보냈다. 일부는 대학 때 지인들을 찾았고, 일부는 친척에게 소포를 보냈다. 일부는 옛 직장동료에게 보냈다. 사람마다 전략이 다 달랐다. 하지만 결국 그 개별적이고 특이한 연결고리가 완성되었을 때는 그 소포의 절반이 제이콥스, 존스, 브라운의 손에 들어갔다. 분리의 6단계는 모든 사람이 단 여섯 단계로 다른 모든 사람과 연결되어 있다는 뜻이 아니다. 아주 적은 수의 사람들이 몇 단계를 통해 다른 모든 사람과 연결되어 있고 나머지 사람들은 그 특별한 소수를 통해 세상과 연결되어 있다는 뜻이다.

이 개념을 탐구하는 손쉬운 방법이 있다. 당신이 친구라고 부르는 사람(가족과 직장 동료 제외) 마흔 명의 목록을 작성하고, 각 친구를 누구를 통해 알게 되었는지, 그 연결고리의 시작에 있는 사람을 알아낼 때까지 관계를 거슬러 올라간다고 생각해보자. 예를 들어 나는 가장 오랜 친구 브루스를 초등학교 1학년 때 처음 만났다. 따라서 내가 책임자다. 이건 쉽다. 내가 나이젤이라는 친구를 알게 된 건 그가 대학 때 내 친구 톰과 같은 층에 살았기 때문이고, 내가 톰을 알게 된 건 대학 1학년 때 그가 터치풋볼을 함께 하자고 청했기 때문이다. 따라서 톰이 나이젤에 대한 책임자다.

이렇게 모든 관계를 정리하고 나면 이상한 점을 발견하게 된다. 같은 이름들이 자꾸 나타나는 것이다. 내겐 에이미라는 친구가 있는데, 내가 그녀를 알게 된 건 어느 날 밤 내가 저녁을 먹고 있던 식당에 내 친구 캐시가 그녀를 데리고 왔기 때문이다. 내가 캐시를 알게 된 건 그녀가 내 친구 라리사의 가장 친한 친구이기 때문이고, 내가 라리사를 알게 된 건 우리 둘 다를 아는 친구인 마이크 A가 내게 그녀를 만나보라고 했기 때문이다. 내가 마이크 A를 알게 된 건 그가 나의 또 다른 친구 마이크 H와 같은 학교에 다녔기 때문이고, 마이크 H는 내 친구 제이콥과 한 정치 주간지에서 함께 일했다. 내가 제이콥을 몰랐다면 에이미도 몰랐을 것이다.

마찬가지로 나는 친구 새라 S를 1년 전 내 생일파티에서 만났는데, 그녀는 데이비드라는 작가와 함께 파티에 왔고 데이비드는 그의 에이전트인 티나의 초대로 왔다. 나는 티나를 친구 레슬리를 통해 알게 되었고, 내가 레슬리를 알게 된 건 그녀의 동생 니나가 내 친구 앤의 친구이기 때문이다. 나는 앤을 내 옛 룸메이트인 마우라를 통해 알게 되었고, 마우라가 내 룸메이트가 된 건 그녀가 내 친구 제이콥의 대학 친구이던 새라 L이라는 작가와 함께 일했기 때문이다. 내가 제이콥을 몰랐다면 새라 S도 몰랐을 것이다.

실제로 내가 마흔 명의 친구 목록을 작성해보니 그중 30명이 이런저런 식으로 제이콥과 이어졌다. 내 사교모음social circle은 원형circle이 아니었다. 피라미드 모양이었다. 그리고 피라미드의 꼭대기에는 내 인생을 구성하는 관계의 압도적 대다수에 책임이 있는 한 사람 제이콥이 있다. 내 사교모임은 원형이 아닐 뿐만 아니라 '내 것'도 아니었다. 제이콥의 것이었다. 내 사교모임은 그가 나를 초대한 클럽에 더 가깝다. 우리를 세계와 연결시키는 이런 사람들, 오마하와 샤론을 이어주는 사람들, 우리를 사교모임에 소개하는 사람들이 바로 세상을 가깝게 만드는 데 특별한 재능을 가진 커넥터다. 그리고 우리는 생각보다 훨씬 더 많이 이들에게 의존한다.

약한 유대

누군가를 커넥터로 만드는 특성은 뭘까? 가장 분명한 첫 번째 기준은 커넥터는 많은 사람을 안다는 것이다. 그들은 모든 사람을 알고 있는 그런 유형의 사람이다. 우리는 모두 이런 사람을 알고 있다. 하지만 이런 유형의 사람의 중요성에 대해서는 많이 생각하지 않는 것 같다. 심지어 우리는 대부분 이들이 정말로 모든 사람을 아는지 확신하지 못한다. 하지만 그들은 정말로 모든 사람을 알고 있다. 이를 보여줄 간단한 방법이 있다.

매사추세츠주 전화번호부에서 무작위로 뽑은 약 250개의 성이 있다. 목록을 훑어보면서 당신이 아는 누군가와 같은 성을 볼 때마다 1점을 주자. (여기에서 '안다'라는 말의 정의는 매우 광범위하다. 예를 들어 기차에서 옆자리에 앉은 사람이 자기소개를 하면 당신은 그 사람의 이름을 알게 되고 그 사람도 당신의 이름을 알게 될 것이다.) 복수 집계도 가능하다. 존슨이란 성이 나왔는데 당신이 아는 존슨이 세 명이라면 3점을 얻는다. 여기에서 나온 점수가 당신이 얼마나 사교적인지 대략적으로 나타내준다는 것이 테스트의 취지다. 이 테스트는 당신에게 얼마나 많은 친구와 지인이 있는지 추정하는 간단한 방법이다.

알가지, 알바레즈, 알펀, 아메트라노, 앤드류스, 애런, 아른스타인, 애시퍼드, 베일리, 볼라우트, 밤버거, 뱁티스타, 바르, 배로우스, 배스커빌, 바시리, 벨, 복기스, 브랜다오, 브라보, 브룩, 브라이트먼, 빌리, 블라우, 보헨, 본, 보르석, 브렌들, 버틀러, 칼리, 캔트웰, 카렐, 친런드, 서커, 코헨, 콜라스, 카우치, 칼레거, 칼카테라, 쿡, 캐리, 카셀, 첸, 청, 클라크, 콘, 카턴, 크롤리, 컬벨로, 델라매나, 디아즈, 디라, 던컨, 다고스티노, 델라카스, 딜런, 도나기, 달리, 도슨, 에더리, 엘리스, 엘리엇, 이스트먼, 이스턴, 페이머스, 퍼민, 피알코, 핀클스타인, 파버, 폴킨, 파인먼, 프리드먼, 가드너, 젤피, 글래스콕, 그랜필드, 그린바움, 그린우드, 그루버, 개릴, 고프, 글래드웰, 그린업, 개넌, 갠쇼, 가르시아, 제니스, 제라드, 게릭, 길버트, 글래스맨, 글레이저, 고멘디노, 곤잘레스, 그린스타인, 굴리엘모, 거먼, 하버콘, 호스킨스, 후세인, 햄, 하드윅, 해럴, 하우프트먼, 호킨스, 헨더슨, 헤이먼, 히바라, 헤맨, 허버스트, 헤지스, 호건, 호프먼, 호로위츠, 수, 후버, 아이카이즈, 야로쉬, 요한, 제이콥스, 자라, 존슨, 카슬, 키건, 쿠로다, 카바나우, 켈러, 케빌, 키우, 킴브로, 클라인, 코소프, 코치츠키, 칸, 키슬러, 코서, 코르테, 리보위츠, 린, 리우, 로렌스, 런드, 록스, 라이퍼, 렁, 레빈, 레이우, 락우드, 로그로노,

론스, 로윗, 레이버, 레오나르디, 마턴, 매클레인, 마이클스, 미란다, 모이, 마린, 뮤어, 머피, 마로돈, 마토스, 멘도자, 무라키, 넥, 니드햄, 노보아, 널, 오플린, 오닐, 올로스키, 퍼킨스, 파이퍼, 피에르, 폰스, 프루스카, 폴리노, 파퍼, 파터, 퍼퓨라, 팔마, 페래즈, 폴토카레로, 펀웨이자이, 레이더, 랭킨, 레이, 레이에스, 리처드슨, 리터, 루스, 로즈, 로젠펠드, 로스, 러더퍼드, 러스틴, 레이모스, 레건, 라이즈먼, 렌커트, 로버츠, 로언, 러네, 로사리오, 로스바트, 세이퍼스타인, 쇤브라드, 슈웨드, 시어스, 스테이토스키, 섯븐, 쉬히, 실버턴, 실버맨, 실버스타인, 스클라, 슬롯킨, 스페로스, 스톨먼, 사도스키, 슐레스, 샤피로, 시그델, 스노우, 스펜서, 스타인콜, 스튜어트, 스타이어스, 스토프닉, 스톤힐, 타이스, 틸니, 템플, 토필드, 타운센드, 트림핀, 터친, 빌라, 바실로프, 보다, 웨어링, 웨버, 와인스타인, 왕, 웨지몬트, 위드, 와이스하우스.

나는 적어도 열두 집단에게 이 테스트를 해보았다. 그중 한 집단이 맨해튼에 있는 시티 칼리지 1학년의 세계문명 수업 수강생들이었다. 학생들은 모두 10대 후반이나 20대 초반이었고 최근 미국에 이민 온 중산층과 저소득층이 많았다. 이 반의 평균 점수는 20.96이었다. 이 집단의 학생들이 내 목록에 있는 사람들과 성이 같은 사람을 평균 스물한 명 알고 있다는 뜻이다.

나는 뉴저지주 프린스턴에서 열린 한 학술회의에 참석한 건강 교육자들과 학자들에게도 이 테스트를 해보았다. 이 집단의 구성원은 주로 40대와 50대였고 대부분 백인이었다. 또 많은 사람이 박사학위를 소지했을 정도로 교육수준이 높고 부유했다. 이들의 평균 점수는 39였다. 그 다음 대부분 20대와 30대인 언론인이나 전문직의 내 친구들과 지인들을 비교적 무작위로 추출하여 테스트를 해보았더니 평균 점수 41이 나왔다.

이 결과는 그다지 놀라운 일이 아니다. 대학생들은 40대들만큼 발이 넓지 않다. 아는 사람의 수가 20대와 40대 사이에 약 두 배 차이가 나고 소득이 더 많은 교수들이 소득이 낮은 이민자들보다 아는 사람이 많은 건 이해가 가는 결과다. 또한 모든 집단에서 최고 득점자와 최저 득점자 사이에 상당한 차이가 나타났는데, 이 역시 일리가 있다고 생각한다. 부동산 세일즈맨은 컴퓨터 해커보다 아는 사람이 많다.

하지만 놀라운 점은 그 차이가 엄청나게 크다는 것이다. 대학 수업에서는 최하점이 2, 최고점이 95였다. 내가 무작위로 뽑은 표본에서는 최하점이 9, 최고점이 118이었다. 연령, 교육수준, 소득이 비슷한 매우 동질적인 집단인 프린스턴 학술회의 참석자들 사이의 차이는 어마어마했다. 최하점이 16, 최고점이 108이었다. 400명 정도를 테스트했는데, 종합하면 20점 아래가 스물네 명 정도, 90점 이상이 여덟 명, 100점 이상이 네 명이었다.

또 다른 놀라운 결과는 내가 살펴본 모든 사회집단에 높은 점수를 받는 사람들이 있다는 것이다. 시티 칼리지 학생들은 성인들보다 평균적으로 점수가 낮다. 하지만 그 집단에서도 아는 사람의 수가 다른 사람들보다 4~5배 많은 사람들이 있다. 다시 말하자면 친구와 지인을 만드는 재주가 뛰어난 소수의 사람들이 모든 사회계층에 흩어져 있다. 이들이 커넥터다.

내 지인들 가운데 가장 높은 점수를 받은 사람들 중 한 명으로 댈러스 출신의 성공한 사업가 로저 호초가 있다. 호초는 고급 통신판매 회사인 호초컬렉션의 설립자다. 또 〈레미제라블Les Miserables〉, 〈오페라의 유령Phantom of the Opera〉 같은 흥행작을 후원하고 수상작품인 거슈윈의 뮤지컬 〈크레이지 포 유Crazy for you〉를 제작하여 브로드웨이에서도 상당한 성공을 거두었다. 나는 호초의 딸인 내 친구를 통해 그를 소개받았고, 그가 임시로 거처하던 뉴욕 맨해튼 5번가의 우아한 고층 아파트로 그를 만나러 갔다.

호초는 호리호리하고 침착한 사람이었다. 약간 텍사스 식의 느린 말투로 천천히 이야기했고, 사람의 마음을 끄는 냉소적이고 아이러니한 매력이 있었다. 만약 대서양을 건너는 비행기에서 로저 호초 옆에 앉는다면 그는 비행기가 활주로를 천천히 달릴 때 이미 당신에게 말을 걸 것이고 당신은 안전벨트 착용등이 꺼질 때쯤이면 웃고 있을 것이다. 그리고 대서양 건너편에 착륙할 즈음에는 시간이 훌쩍 가버린 데 놀랄 것이다. 내가 맨해튼 전화번호부에서 뽑은 명단을 건네자 그는 작은 소리로 이름들을 중얼거리고 연필로 표시를 하면서 목록을 재빨리 살펴보았다. 그는 98점을 얻었다. 내가 그에게 생각할 시간 10분을 더 주었다면 더 높은 점수를 받지 않았을까 생각된다.

호초가 그렇게 높은 점수를 받은 이유가 뭘까? 그를 만났을 때 나는 많은 사람을 안다는 것이 누군가가 의도적으로 시작하여 숙달될 수 있는 일종의 기술이며 그 기법들이 그가 그렇게 많은 사람을 아는 데 중심적 역할을 했다고 확신하게 되었다. 나는 호초에게 삶에서 얻은 모든 관계가 사업을 하는 데 어떻게 도움이 되었는지 계속 질문을 던졌다. 그 두 가지가 관련이 있다고 생각했기 때문이다. 하지만 그는 이 질문들에 당황한 것 같았다. 그의 인간관계가 사업에 도움이 되지 않은 건 아니었다. 하지만 그는 자신이 아는 사람들을 사업 전략으로서의 수집품으로 생각하지 않았다. 그냥 그가 하는 어떤 일로 생각했다. 그는 그런 사람이었다.

호초는 사회적 관계를 맺는 데 본능적인 재능을 타고났다. 그가 대단히 적극적으로 관계를 맺는 건 아니다. 그는 속이 들여다보이게 자기 잇속을 차리며 지인을 얻는, 지나치게 사교적이고 시끌벅적하게 칭찬을 하는 유형이 아니다. 약간 바깥쪽에 머무는 걸 좋아하는 사람의 건조하고 다 안다는 듯한 태도를 가진 관찰자에 더 가깝다. 그는 그냥 사람들을 진심으로 많이 좋아하며, 사람들이 맺는 친분과 상호작용의 유형이 대단히 흥미롭다고 생각한다.

호초를 만났을 때 그는 내게 어떻게 거슈윈의 뮤지컬 〈걸 크레이지Girl Crazy〉를 〈크레이지 포 유〉로 리바이벌할 권리를 얻었는지 설명해주었다. 전체 이야기에 20분이 걸렸다. 여기서는 일부만 전하겠다. 계산적인 이야기로 들릴 수도 있지만 그렇지 않다. 호초는 부드럽고 자조적인 분위기로 이야기를 들려줬다. 내 생각에 그는 자신의 특이한 성격을 의도적으로 강조하는 것 같았다. 하지만 이 이야기는 그의 사고가 어떻게 작동하는지, 그리고 누군가를 커넥터로 만드는 요소가 무엇인지 보여주는 완벽하게 정확한 서술이라고 생각한다.

내게는 미키 섀넌이라는 친구가 있습니다. 뉴욕에 살고 있죠. 그 친구가 내게 내가 거슈윈을 좋아하는 걸 안다고 말하더군요. 나는 조지 거슈윈의 옛 친구를 만난 적이 있습니다. 이름은 에밀리 페일리이고, 아이라 거슈윈의 아내 레노어의 언니이기도 하죠. 에밀리는 빌리지에 살고 있는데 우리를 저녁 식사에 초대했어요. 그래서 아무튼 전 에밀리 페일리를 만났고 그 집에서 거슈윈이 그린 그녀의 초상화를 보았어요. 그녀의 남편 루 페일리는 아이라 거슈윈이 아서 프랜시스라는 가명을 쓰던 시절에 아이라 거슈윈, 조지 거슈윈과 함께 책을 썼습니다. 그게 하나의 연결고리였습니다.

어느 날 나는 레오폴드 고도프스키라는 동료와 점심을 먹었습니다. 그는 조지 거슈윈의 여동생인 프랜시스 거슈윈의 아들이에요. 프랜시스 거슈윈은 고도프스키라는 작곡가와 결혼했어요. 아서 거슈윈의 아들도 그 자리에 있었죠. 이름은 마크 거슈윈이고요. 그들이 말하더군요. '음, 왜 우리가 당신에게 〈걸 크레이지〉에 대한 권리를 줘야 하죠? 당신이 누군데요? 당신은 연극계에 종사한 적도 없잖아요.'

그래서 제가 인연을 끌어내기 시작했어요. '당신들의 이모가 에밀리 페일리 씨죠. 제가 그분의 집에 간 적이 있습니다. 빨간색 숄을 걸친 그분의 그림을 본 적 있으세요?' 나는 모든 작은 연결고리를 다 끌어냈어요. 그런 뒤 우리는 모두 함께 할리우드에 있는 거슈윈 부인의 집에 갔어요. 제가 부인에게 말했죠. '만나서 반갑습니다. 저는 부인의 언니를 알고 있습니다. 남편 분의 작품을 좋아합니다.' 그런 뒤 로스앤젤레스에 있는 내 친구 얘기를 꺼냈어요. 내가 니만 마커스 백화점에서 일할 때 밀드레드 노프라는 여성이 요리책을 썼어요. 그녀의 남편은 영화 제작자 에드윈 크노프예요. 에드윈 크노프는 오드리 헵번Audrey Hepbrun의 스탭으로 일했고 그의 형은 출판인이었어요. 우리는 그녀의 요리책을 댈러스에 소개했고 밀드레드와 좋은 친구가 되었어요. 우리는 그녀를 좋아했고, 내가 로스앤젤레스에 있을 때는 그녀를 방문하곤 했죠.

나는 항상 사람들과 연락을 유지하며 지내거든요. 음, 그런데 에드윈 크노프가 조지 거슈윈의 절친한 친구더군요. 집안 곳곳에 거슈윈의 사진이 있었어요. 에드윈 크노프는 거슈윈이 노스캐롤라이나주 애슈빌에서 〈랩소디 인 블루〉를 쓸 때 함께 지냈어요. 크노프 씨는 세상을 떠났지만 밀드레드는 아직 살아있습니다. 지금 98세죠. 그래서 리 거슈윈을 만나러 갔을 때 우리가 바로 얼마 전에 밀드레드 크노프를 방문했다고 얘기했어요. 그녀가 말하더군요. '밀드레드를 아세요? 오, 우리가 왜 지금까지 만나지 못한 거죠?' 그녀는 우리에게 바로 리바이벌 권리를 주었습니다.

우리가 대화를 나누는 동안 호초는 이런 이야기를 여러 번 되풀이하며 인생의 느슨한 부분들을 매듭짓는 것을 즐겼다. 70번째 생일에 그는 보비 헌싱어라는 초등학교 때 친구 찾기에 나섰다. 60년 동안 보지 못한 친구였다. 호초는 자신이 찾을 수 있는 모든 보비 헌싱어에게 편지를 보내 신시내티 퍼스트레인 4501번지에 살던 헌싱어인지 물었다.

이것이 평범한 사회적 행동은 아니다. 좀 특이한 행동이다. 호초는 다른 사람들이 우표를 모으는 것처럼 사람들을 모은다. 그는 60년 전에 함께 놀았던 아이들, 자랄 때 가장 친했던 친구의 주소, 대학 시절 여자 친구가 해외에서 3학년을 보내면서 반했던 남자의 이름을 기억한다. 이런 사소한 것들이 그에게는 중요하다. 그는 컴퓨터에 1,600명의 이름과 주소를 보관하고 각 사람을 만났던 상황을 메모해 두었다.

우리가 이야기를 나누는 동안 그는 작은 빨간색 다이어리를 꺼냈다. "내가 누군가를 만났는데 그 사람이 마음에 들었다고 합시다. 그 사람이 우연히 자기 생일을 언급했다면 나는 그걸 이 수첩에 적어둡니다. 그리고 그 사람은 로저 호초에게 생일카드를 받게 될 겁니다. 여길 보세요. 월요일은 진저 브룸의 생일이고 위튼버그 부부의 첫 번째 결혼기념일입니다. 앨런 슈왈츠의 생일은 금요일이고 우리 집 정원사의 생일은 토요일입니다."

내 생각에 대부분의 사람들은 이런 식으로 친분을 쌓는 걸 꺼린다. 우리에게는 우리가 헌신적으로 대하는 친구 집단이 있고, 단순한 지인들과는 적당한 거리를 유지한다. 우리가 크게 관심이 없는 사람에게 생일카드를 보내지 않는 이유는 그런 사람들과 저녁을 먹거나 영화를 보거나 그들이 아플 때 찾아가봐야 할 의무감을 느끼고 싶지 않기 때문이다. 대부분의 사람들이 지인을 만드는 목적은 그 사람을 친구로 삼고 싶을지 가늠해보기 위해서다. 모든 사람과 의미 있는 접촉을 유지할 시간과 에너지가 없다고 느끼기 때문이다.

하지만 호초는 전혀 다르다. 그가 다이어리나 컴퓨터에 기입하는 사람들은 지인들, 그러니까 고작 1년에 한 번 혹은 몇 년에 한 번 우연히 만나는 사람들이고, 그는 그런 관계에 필요한 의무를 피하지 않는다. 그는 사회학자들이 '약한 유대weak tie'라고 부르는 우호적이지만 가벼운 사회적 관계를 통달했다. 하지만 그보다도 그는 그런 약한 유대를 좋아한다. 호초를 만난 뒤 나는 약간 좌절감을 느꼈다. 그에 대해 더 알고 싶었지만 내게 기회가 있을까 생각했다. 그는 나와 같은 좌절감을 느끼지 않았을 것 같다. 내 생각에 그는 우연한 만남에서 가치와 기쁨을 발견하는 사람이다.

호초가 나머지 사람들과 다른 이유는 뭘까? 그는 그 이유를 모른다. 다만 아버지가 자주 집을 비우던 집의 외동아이였던 점과 관련이 있지 않을까 생각한다. 하지만 그것만으로는 정확하게 설명할 수 없다. 아마 그 이유를 간단히 커넥터 충동이라고 부르는 게 가장 좋을 것 같다. 이 충동은 한 사람을 다른 사람과 구별 짓는 많은 성격 특성 중 하나다.

연결의 연결

커넥터들이 중요한 이유는 단순히 그들이 아는 사람의 수 때문이 아니다. 거기에는 그들이 아는 사람들의 유형도 작용한다. 실내게임인 '케빈 베이컨의 6단계 법칙'을 보면 이 점을 가장 잘 이해할 수 있을 것이다. 이 게임의 취지는 어떤 배우를 그가 출연한 영화들을 통해 여섯 단계를 거치기 전에 배우 케빈 베이컨과 연결하는 것이다. 예를 들어 O.J. 심슨은 〈총알탄 사나이Naked Gun〉에서 프리실라 프레슬리와 출연했고, 프레슬리는 〈로큰롤 탐정 포드Ford Fairlane〉에서 길버트 갓프리드와 함께 출연했다. 갓프리드는 〈비버리 힐스 캅 2Berverly Hills Cop Ⅱ〉에서 폴 레이저와 출연했고, 레이저는 〈청춘의 양지Dine〉에 케빈 베이컨과 함께 나왔다. O.J. 심슨은 4단계 만에 케빈 베이컨과 연결되었다.

메리 픽포드는 〈스크린 스냅숏Screen Snapshots〉에 클라크 게이블과 나왔고, 게이블은 〈컴뱃 아메리카Combat America〉에 토니 로마노와 함께 출연했다. 로마노는 35년 뒤에 베이컨과 함께 〈사랑의 새 출발Starting Over〉에 나왔다. 이번에는 3단계 만에 연결되었다.

최근 버지니아 대학교의 브렛 제이든이라는 컴퓨터공학자가 텔레비전 영화나 주요 영화에 출연했던 25만 명의 배우들에 대해 케빈 베이컨과의 평균 연결단계를 계산해보았더니 2.8312단계가 나왔다.[4] 다시 말해 누구든 연기를 해본 사람이면 평균 3단계 이하로 베이컨과 연결될 수 있다는 것이다. 이 결과는 매우 인상적이다. 제이든이 그 후 할리우드에서 연기를 해본 모든 사람의 평균 연결단계를 계산하는 더 투지 넘치는 작업을 했다는 사실을 모른다면 말이다.

예를 들어 할리우드의 모든 배우를 로버트 드니로나 셜리 템플이나 애덤 샌들러와 연결하는 데는 평균 몇 단계가 필요할까? 제이든이 할리우드의 모든 배우를 '연결성' 순으로 나열해 보니 베이컨은 고작 669위였다. 반면 마틴 쉰은 다른 모든 배우와 2.63681단계로 연결되어 베이컨보다 거의 650계단 더 높은 순위였고 엘리엇 굴드는 더 짧은 2.63601단계로 연결될 수 있었다. 상위 15위 안에 로버트 미첨, 진 해크만, 도널드 서덜랜드, 셸리 윈터스, 버지스 메러디스가 포함되었다. 그렇다면 연결도가 역대 1위인 배우는 누구일까? 바로 로드 스타이거다.

왜 케빈 베이컨이 이런 배우들보다 훨씬 뒤에 있는 걸까? 한 가지 중요한 요인은 베이컨이 이들 대부분보다 한참 더 젊어서 출연 영화가 더 적기 때문이다. 하지만 이 설명은 이런 격차가 나는 이유의 일부분일 뿐이다. 예를 들어 많은 영화에 출연했는데 연결도가 특별히 높지 않은 사람도 많다. 가령 존 웨인은 60년 동안의 배우 생활 중 179편이라는 엄청난 수의 영화를 찍었지만 연결도가 2.7173으로 116위에 머물렀다. 문제는 존 웨인의 작품들 중 절반 이상이 서부영화라는 데 있다. 그가 같은 유형의 배우들과 같은 유형의 영화를 반복해서 찍었다는 뜻이다.

하지만 스타이거 같은 배우를 보자. 그는 오스카 수상작인 〈워터프론트On the Waterfront〉 같은 명작을 찍었지만 〈카풀Car Pool〉 같은 끔찍한 영화도 찍었다. 〈밤의 열기 속에서In the Heat of Night〉로 오스카상을 받았지만 너무 형편없어서 비디오로 직행한 'B급' 영화도 찍었다. 그는 무솔리니, 나폴레옹, 본디오 빌라도, 알 카포네를 연기했다. 특히 38편의 드라마, 12편의 범죄영화와 코미디, 11편의 스릴러, 8편의 액션영화, 7편의 서부영화, 6편의 전쟁영화, 4편의 다큐멘터리, 3편의 공포영화, 2편의 SF영화, 1편의 뮤지컬영화에 출연했다. 로드 스타이거가 역사상 가장 연결도가 높은 배우가 된 이유는 그가 배우라는 직업이 제공할 수 있는 온갖 다른 세계들과 하위문화들, 틈새시장, 다양한 수준들을 이리저리 오갔기 때문이다.

커넥터는 이런 사람들이다. 그들은 일상생활의 로드 스타이거다. 그들이 우리 모두가 몇 단계만 거치면 연결될 수 있는 사람이 된 것은 이런저런 이유로 많은 다양한 세계와 하위문화, 틈새시장에 몸담았기 때문이다. 물론 스타이거의 높은 연결도에는 배우로서의 다재다능함과 십중팔구 어느 정도의 운이 작용했을 것이다. 하지만 커넥터의 경우, 많은 다른 세계에 발을 걸치는 능력은 그들의 성격에 내재한 무언가, 호기심, 자신감, 사교성, 에너지가 조합되어 작용한 것이다.

나는 시카고에서 로이스 웨이스버그라는 전형적인 커넥터를 만난 적이 있다. 웨이스버그는 현재 시카고시의 문화위원으로 일하고 있다. 하지만 이 일은 어마어마한 일련의 경험과 경력에 가장 최근 추가된 것일 뿐이다. 예를 들어 웨이스버그는 1950년대 초에 시카고에서 극단을 운영했다. 1956년에는 조지 버나드 쇼 탄생 100주년을 기념하는 축제를 열기로 결정했다. 그런 뒤 쇼에게 헌정하는 신문을 발행하기 시작했고 이 신문은 〈더 페이퍼The Paper〉라는 반체제적인 대안 주간지로 변형되었다.

금요일 밤마다 편집회의에 참석하려고 도시 전역에서 사람들이 모였다. 나중에 〈프렌치 커넥션The French Connection〉과 〈엑소시스트 The Exorcist〉를 감독한 윌리엄 프리드킨이 단골 참석자였고, 변호사 엘머 거츠(네이션 레오폴드의 변호사들 중 한 명이었다)와 길 위에 놓여 있던 〈플레이보이〉의 편집자들도 자주 찾았다.

아트 파머, 텔로니어스 멍크, 존 콜트레인, 레니 브루스도 이 도시에 있을 때 들르곤 했다. (브루스는 실제로 한동안 웨이스버그와 함께 살았다. 웨이스버그는 "어머니께선 질겁했어요. 특히 어느 날 어머니가 초인종을 눌렀는데 그가 목욕 수건을 걸치고 나가자 더 그랬죠"라고 말한다. "현관에 창문이 있었는데 그에게는 열쇠가 없어서 항상 창문이 열려 있었어요. 방이 많은 집이었고 많은 사람이 머물고 있어서 나는 그들이 그 집에 있다는 것도 몰랐어요. 나는 그의 농담을 참을 수 없었어요. 그의 행동을 좋아하지 않았죠. 그가 사용하는 모든 단어를 참을 수 없었어요.")

〈더 페이퍼〉를 접은 뒤에는 재활기관을 홍보하는 일을 했다. 그 뒤에는 BPI라는 공익법률회사에서 일했고, BPI에 있는 동안 시카고의 공원들이 망가지고 외면받는다는 사실에 사로잡혀 자연애호가, 역사학자, 시민활동가, 주부 등 각양각색의 사람들을 모아 '공원의 친구들Friends of the Parks'이라는 로비 집단을 결성했다.

그 뒤에는 미시간호를 따라 사우스벤드에서 시카고로 가는 통근 철도가 곧 폐쇄된다는 소식에 놀라 철도 애호가, 환경보호주의자, 통근자 등 각양각색의 사람들을 모아 '남쪽 호반 레크리에이션'을 설립해 철도를 구했다. 그 뒤 진보적 법률 단체인 시카고법률가협회의 이사가 되었고, 그 뒤에는 지방 의원들을 홍보하는 캠페인을 벌였다. 그 뒤에는 시카고 최초의 흑인 시장인 해럴드 워싱턴을 위한 특별 행사의 감독 자리를 얻었고, 그 뒤에는 공직을 떠나 벼룩시장에 작은 좌판을 열었다. 그 뒤에는 리처드 데일리 시장 밑에서 시카고 문화국 위원을 맡아 지금까지 이 일을 하고 있다.

이력을 헤아려보면 웨이스버그가 속한 세계의 수가 여덟 개에 이른다. 배우, 작가, 의사, 변호사, 공원 애호가, 정치인, 철도 애호가, 벼룩시장 마니아. 내가 웨이스버그에게 직접 목록을 작성해보라고 하자 현재 업무상 만나는 건축가들과 환대산업 종사자들을 더해 열 개가 나왔다.

하지만 아마 그녀가 겸손했다고 봐야 할 것이다. 웨이스버그의 삶을 더 꼼꼼히 살펴보면 그녀가 했던 경험들을 열다섯 개에서 스무 개의 세계로 나눌 수 있기 때문이다. 하지만 그 세계들은 분리되어 있지 않다. 커넥터의 중요한 점은 이렇게 많은 다른 세계들에 발을 들임으로써 사람들을 한데 모으는 효과를 가지고 있다는 것이다.

한 번은(1950년대 중반이었을 것이다) 웨이스버그가 충동적으로 공상과학소설 작가 회의에 참석하려고 뉴욕행 기차에 탄 적이 있었다. 회의에서 그녀는 아서 C. 클라크라는 젊은 작가를 만났다. 웨이스버그에게 호감을 느낀 클라크는 다음에 시카고에 갔을 때 그녀에게 연락을 했다.

"그가 공중전화를 걸었어요." 웨이스버그가 회상했다. "시카고에서 만나봐야 할 사람이 있는지 묻더군요. 저는 그에게 우리 집으로 오라고 했어요." 웨이스버그의 목소리는 반세기 동안 니코틴에 찌들어 낮고 거칠었다. 그리고 재빨리 담배를 한 모금 빨 틈을 얻으려고 중간중간 말을 멈추었다. 담배가 손에 들려 있지 않을 때도 담배 피울 때를 위해 연습하려는 듯 말을 멈추었다.

"전 밥 휴스에게 전화를 걸었어요. 밥은 제가 발간하던 신문에 글을 쓰던 사람들 중 한 명이었어요." 멈춤. "제가 물었죠. '시카고에 아서 클라크와 이야기를 나누는 데 관심 있을 만한 사람이 누가 있을까?' 클라크는 '아, 아이작 아시모프가 시내에 있어. 그리고 로버트… 로버트… 뭐더라…. 로버트 하인라인도 있고.' 그래서 그 사람들이 전부 제 집에 와서 서재에 앉았어요." 멈춤. "얼마 뒤 그들이 저를 부르더니 말하더군요. 로이스… 정확한 단어는 기억이 안 나요. 저에 대해 뭐라고 했는데. 제가 사람들을 한데 모으는 사람이라는 말이었어요."

이 일화는 여러 가지 면에서 전형적인 로이스 웨이스버그 스토리다. 먼저 그녀는 자기 세계 밖의 누군가와 접촉한다. 당시 그녀는 연극계에 있었고, 아서 클라크는 공상과학 소설을 썼다. 마찬가지로 중요한 점은 그 사람이 그녀에게 반응을 했다는 것이다.

많은 사람이 자신과 다른 사람이나 더 유명하거나 성공한 사람에게 접근하지만 그런 제스처가 항상 화답을 받는 건 아니다. 그 후 아서 클라크가 시카고에 와서 다른 누군가와 연결되고 싶어 했을 때 웨이스버그는 아이작 아시모프를 찾아냈다. 그녀는 아시모프가 시내에 있었던 게 행운이었다고 말한다. 하지만 아시모프가 없었다면 다른 누군가가 있었을 것이다.

사람들이 1950년대에 열린 웨이스버그의 금요일 밤 모임에 관해 기억하는 일들 중 하나는 항상 별 노력 없이도 여러 인종이 잘 어울렸다는 것이다. 중요한 건, 그 모임이 없었으면 흑인들이 노스 사이드의 백인들과 어울리지 않았으리라는 점이 아니다. 당시에는 그런 일이 드물었는데 웨이스버그의 모임에서는 실현되었다. 중요한 건, 흑인들이 1950년대에 시카고에서 백인들과 어울린 것이 우연히 일어난 일이 아니었다는 점이다. 그것은 특정 유형의 사람이 있었기 때문에 이루어진 일이었다. 웨이스버그에게 사람들을 연결시키는 무언가(그게 무엇이건)가 있다는 아시모프와 클라크의 말은 바로 이런 의미다.

"그녀에겐 어떤 속물근성도 없어요." 웨이스버그를 위해 일했던 웬디 윌리치가 말한다. "한 번은 웨이스버그와 누군가의 전문 사진 스튜디오에 간 적이 있어요. 사람들이 편지를 쓰면 그녀는 모든 편지를 읽었어요. 스튜디오 주인이던 사람이 웨이스버그를 초대했고 그녀는 수락했죠. 그는 본업이 웨딩 사진작가였어요. 웨이스버그는 한번 살펴보기로 결정했어요. 저는 생각했죠. '맙소사, 그 스튜디오까지 45분을 걸어가야 돼?' 스튜디오는 멀리 공항 근처에 있었어요. 우리는 지금 시카고 문화국 위원에 대해 이야기하고 있어요. 하지만 웨이스버그는 그 사람이 믿을 수 없을 정도로 흥미롭다고 생각했어요."

그가 정말로 흥미로운 사람이었을까? 누가 알겠는가? 중요한 건 로이스가 그를 흥미롭다고 생각한 이유가 어떻게 보면 그녀가 모든 사람을 흥미롭다고 생각하기 때문이라는 것이다. 그녀의 친구들 중 한 명은 내게, "웨이스버그는 매번 '와, 최고로 멋진 사람을 만났어. 넌 그녀를 좋아하게 될 거야'라고 말했어요. 웨이스버그는 마치 세상에서 처음 만난 사람처럼 그 사람에게 열중했죠. 그리고 대개 그녀의 생각이 옳았어요"라고 말한다.

또 다른 친구인 헬렌 도리아는 내게 "로이스는 사람들에게서 본인도 알지 못했던 면들을 발견했어요"라고 말했다. 이것은 로이스나 그녀와 비슷한 사람들이 어떤 놀랍고 별난 천성 덕분에 그들이 만나는 사람들과 관계를 맺는 데 도움이 되는 타고난 소질을 가지고 있다는 말의 또 다른 표현이다.

웨이스버그가 세상을 바라볼 때나 로저 호초가 비행기에서 옆자리에 앉았을 때, 그들은 다른 사람들과 같은 세상을 보지 않는다. 그들은 가능성을 본다. 대부분의 사람들이 자신이 알고 싶은 누군가를 선택하느라 바쁘고 적절해 보이지 않거나 멀리 공항 근처에 살거나 65년 동안 만나지 못한 사람을 거부하는 반면 로이스와 로저는 그들 모두를 좋아한다.

커넥터의 인정이 중요한 이유

사회학자 마크 그래노베터의 연구에 커넥터들이 기능하는 방식에 대한 아주 좋은 예가 나온다.[5] 고전이 된 1974년도 저서 《일자리 구하기Getting a Job》에서 그래노베터는 보스턴 외곽 뉴턴의 전문직과

기술직 종사자 수백 명을 연구하면서 그들의 근무 경력에 대해 자세한 인터뷰를 수행했다. 그는 이야기를 나눈 사람들 중 56퍼센트가 개인적 인맥을 통해 일자리를 구했다는 것을 발견했다. 또 다른 18.8퍼센트는 광고나 헤드헌터 같은 공식 루트를 이용했고 약 20퍼센트는 직접 지원을 했다.

이 결과는 그리 놀랍지 않다. 기회를 얻는 가장 좋은 방법이 개인적 연줄이기 때문이다. 하지만 신기하게도 그래노베터는 이 인맥 가운데 대다수가 '약한 유대' 관계라는 것을 발견했다. 일자리를 구하는 데 인맥을 이용한 응답자들 중에 그 사람을 친한 친구처럼 '자주' 만나는 경우는 16.7퍼센트에 불과했다. 55.6퍼센트는 '가끔씩만' 만났고 28퍼센트는 '거의 만나지 않았다.' 사람들은 친구가 아니라 지인을 통해 일자리를 구했다.

왜 그럴까? 그래노베터는 새 직업을 구해야 하거나 새로운 정보나 아이디어를 구할 때 '약한 유대'가 항상 강한 유대보다 더 중요하다고 주장한다. 어쨌거나 친구들은 우리와 같은 세계에 속해 있다. 함께 일하거나 가까이에 살거나 같은 교회나 학교, 파티에 다닌다.

그렇다면 우리가 모르는데 그들이 아는 게 얼마나 되겠는가? 반면 지인들은 말 그대로 우리와 다른 세계에 있다. 그들은 우리가 모르는 무언가를 알 가능성이 훨씬 많다. 이런 명백한 역설을 표현하기 위해 그래노베터는 '약한 유대의 힘strength of weak ties'이라는 멋진 문구를 만들었다. 다시 말해 지인들은 사회적 힘의 원천을 나타내며 지인이 많을수록 사회적 힘이 강해진다. 약한 유대의 달인인 로이스 웨이스버그, 로저 호초 같은 커넥터들은 대단히 힘이 세다. 우리는 자신이 속하지 않은 세계와 기회에 접근할 때 그들에게 의존한다.

물론 이 원칙이 직업에만 적용되는 건 아니다. 식당이나 영화나 패션 트렌드나 입소문으로 움직이는 다른 모든 부분에서도 유효하다. 커넥터와 가까울수록 더 많은 힘이나 부나 기회를 얻게 되는 것이 사람에게만 해당되는 것은 아니다. 아이디어나 상품이 커넥터와 더 가까워도 더 많은 힘과 기회를 얻는다.

이것이 허시파피가 갑자기 주요 패션 트렌드가 된 이유 중 하나가 될 수 있을까? 이스트 빌리지에서 미국 중산층으로 가는 과정에서 한 커넥터 혹은 일련의 커넥터들이 갑자기 이 신발에 반해서 그들의 거대한 사회적 관계, 수많은 약한 유대, 다수의 세계와 하위문화에서의 역할을 통해 동시에 수천 개 방향으로 그 신발을 알렸음이 틀림없다. 그야말로 살짝 건드려 유행을 타게 한 것이다.

그러니 어떤 면에서 허시파피는 운이 좋았다. 또한 수많은 패션 트렌드가 미국의 주류에 진입하지 못한 이유들 중 하나는 아마 순전히 운이 나빠서 커넥터의 인정을 받지 못했기 때문일 것이다.

호초의 딸 샐리가 내게 그녀의 친구가 셰프로 일하고 있는 새 일식당에 아버지를 데려간 이야기를 들려주었다. 음식이 마음에 들었던 호초는 집에 돌아가 컴퓨터를 켜고 식당 근처에 사는 지인들의 이름을 찾아 그가 발견한 멋진 새 식당을 소개하며 한번 가보라고 팩스를 보냈다. 간단히 말해 이게 바로 입소문이다. 내가 당신에게 음식이 맛있는 식당이 있다고 말하고 당신이 친구에게, 그리고 그 친구가 다른 친구에게 말한다고 입소문이 나는 게 아니다. 입소문은 그 연결고리의 어딘가에서 누군가가 로저 호초 같은 사람에게 그 말을 했을 때 시작된다.

모두가 아는 사람

폴 리비어는 한밤중에 말을 달려 입소문을 일으켰는데 윌리엄 도스는 그러지 못했던 이유가 여기에 있다. 폴 리비어는 그 시대의 로저 호초나 로이스 웨이스버그였다.

그는 커넥터였다. 한 가지 특징을 예로 들어보면 그는 남과 어울리기 좋아하는 굉장히 사교적인 사람이었다. 리비어가 세상을 떠났을 당시 한 신문기사를 인용하면, 장례식에 사람들이 떼로 몰려왔다고 한다. 그는 낚시와 사냥을 했고 카드게임도 즐겼다. 연극도 좋아했고 술집을 자주 드나들었으며 성공적인 사업가였다. 프리메이슨 집회에 적극적으로 참여했고 여러 고급 사교 클럽의 회원이었다. 실천가였고, 데이비드 해킷 피셔가 명저《폴 리비어의 파발Paul Revere's Ride》에서 이야기한 것처럼 "사건의 중심에 서는 뛰어난 재능"을 타고난 사람이었다. 피셔는 다음과 같이 썼다.

보스턴시가 1774년에 처음 가로등을 들여올 때 폴 리비어는 이 일을 준비하는 위원회에서 일해 달라는 요청을 받았다. 보스턴 시장을 규제해야 했을 때는 서기로 임명되었다. 독립혁명이 일어난 뒤 전염병이 돌았을 때는 보스턴의 검역관과 서퍽 카운티의 검시관으로 선정되었다. 큰 불이 나서 시내의 오래된 목조건물들이 다 타버렸을 때는 매사추세츠 상호화재보험회사 설립을 도왔고 이 회사의 설립인가서 맨 위에 이름을 올렸다. 신생 공화국에서 빈곤 문제가 갈수록 심각해지자 그는 회의를 열어 매사추세츠 자선기술자협회를 조직하고 초대회장에 선출되었다. 보스턴 사회가 그의 세대에서 가장 센세이셔널한 살인사건 재판으로 큰 충격을 받았을 때는 배심원 대표로 선출되었다.

리비어에게 1775년도 보스턴 인구조사 명부에서 무작위로 뽑은 250명의 명단을 건넸다면 의심할 여지 없이 100점이 훌쩍 넘는 점수를 받았을 것이다.

1773년에 보스턴 티파티 사건이 벌어진 뒤 미국 식민지 주민의 분노가 영국의 통치자들에게 쏟아지기 시작하면서 뉴잉글랜드 전체에 수십 개의 식민지주민 위원회와 회의가 생겨났다. 이들에게는 공식 조직이나 확립된 소통 수단이 없었다. 하지만 곧 폴 리비어가 넓은 지역에 흩어져 있는 혁명 점조직들 간 연결고리로 등장했다.

그는 정기적으로 말을 타고 필라델피아나 뉴욕, 뉴햄프셔로 가서 조직들 사이에 메시지를 전했다. 그는 보스턴 내에서도 중요한 역할을 했다. 혁명기 보스턴에는 일곱 개의 '독립파(혁명가들)' 단체에 255명이 소속되어 있었는데, 그중 대부분인 80퍼센트 이상이 한 단체 소속이었다. 일곱 단체 모두에 소속된 사람은 없었고 다섯 단체에 속한 두 명이 있었다. 그 두 명 중 한 명이 폴 리비어였다.

그러니 1774년에 신생 혁명운동이 비축한 무기와 탄약을 영국군이 모조리 찾아없애고 파괴하는 비밀 작전에 돌입했을 때 폴 리비어가 반영 세력들 사이에서 일종의 비공식 정보교환원이 된 것은 그리 놀라운 일이 아니다. 그는 모르는 사람이 없었다.

1775년 4월 18일 오후에 말 보관소에서 일하던 소년이 다음 날 오후에 일어날 난리에 대한 두 영국군 장교의 대화를 들었다면 당연히 찾아가야 할 사람이 리비어였다. 리비어가 그 날 밤 렉싱턴을 향해 출발했을 때 이 소식을 가능한 한 널리 알릴 방법을 알고 있었던 것도 놀랍지 않다. 그는 선천적으로 붙임성이 뛰어나서 길에서 사람을 보면 멈춰 서서 말을 걸었을 것이다. 어떤 도시에 도착하면 누구의 집 문을 두드려야 할지, 지역 민병대 지도자가 누구인지, 도시의 주요 인물이 누구인지 정확히 알고 있었을 것이다. 리비어는 그들 중 대부분을 그 이전에 만난 적이 있었다. 그리고 그들 역시 리비어를 알고 존경했다.

그렇다면 윌리엄 도스는 어땠을까? 피셔는 도스가 렉싱턴까지 가는 17마일(약 27킬로미터) 내내 아무에게도 말을 걸지 않았다고는 생각하지 않는다. 하지만 도스에게는 분명 리비어와 같은 사교적 재능이 없었다. 그날 밤 그를 기억하는 사람이 있다는 기록이 거의 없기 때문이다.

피셔는 "폴 리비어가 이동했던 북쪽 경로에서는 시 지도자들과 단체의 우두머리들이 즉각 경보를 울렸다"라고 썼다. "윌리엄 도스가 지나갔던 남쪽 경로에서는 더 늦게까지 경보가 울리지 않았다. 아무 경보도 울리지 않은 도시가 한 곳뿐인 것도 아니었다. 도스는 록스베리, 브루클린, 워터타운, 월섬의 시 지도자들이나 민병대 지휘관들을 각성시키지 못했다."

이유가 뭘까? 록스베리, 브루클린, 워터타운, 월섬은 보스턴이 아니었기 때문이다. 그리고 도스는 십중팔구 평범한 인간관계를 가진 사람이었을 것이다. 대부분의 사람들과 마찬가지로 그가 고향마을 밖에서는 누구의 집 문을 두드려야 할지 몰랐을 것이라는 뜻이다. 도스가 말을 타고 지나간 길의 한 작은 공동체에만 소식이 전해져 월섬 팜스라는 동네의 몇몇 농부들만 알게 되었던 것으로 보인다. 하지만 고작 그 몇몇 집들에 주의를 환기시켜봤자 위급함을 널리 알리기에는 충분하지 않았다.

입소문 유행은 커넥터의 작품이다. 윌리엄 도스는 그저 평범한 사람이었다.

메이븐의 역할

그러나 사회적 유행에서 중요한 사람이 커넥터뿐이라고 생각하는 것은 옳지 않다. 로저 호초는 딸의 친구가 오픈한 새 식당을 홍보하는 열두 통의 팩스를 보냈다. 하지만 그가 그 식당을 발견한 건 아니었다. 다른 누군가가 그 식당을 발견해 그에게 말해주었다. 허시파피의 경우도 어느 시점에 그 신발이 커넥터들의 눈에 띄었고 이들이 허시파피의 좋은 점을 널리 알렸다.

그런데 누가 커넥터들에게 허시파피 이야기를 했을까? 커넥터들은 순전히 임의의 과정을 통해 새로운 정보를 알 수 있다. 아는 사람이 너무 많기 때문에 어디에 가든 새로운 정보를 접할 수 있기 때문이다. 그러나 사회적 유행을 자세히 살펴보면 우리가 다른 사람과 연결되기 위해 의지하는 사람이 있는 것처럼 새로운 정보와의 연결을 위해 의지하는 사람도 있다. 사람 전문가가 있고 정보 전문가가 있다.

물론 두 전문가들이 동일한 경우도 있다. 예를 들어 폴 리비어가 가진 특별한 힘 중 하나는 그가 단지 마당발이기만 한 게 아니었다는 점이다. 그는 단순히 식민지 보스턴에서 가장 큰 명함첩을 보유한 사람이 아니었다. 리비어는 영국에 관한 정보도 적극적으로 수집했다.

1774년 가을에 그는 영국군의 움직임을 관찰할 목적으로 비밀단체를 결성하고 그린 드래곤 태번이라는 술집에서 정기적으로 만났다. 이들은 그해 12월에 영국군이 한 식민지 민병대가 보스턴에서 북쪽으로 50마일(약 80킬로미터) 떨어진 포츠머스 항구 어귀에 비축해놓은 탄약을 몰수할 것이라는 계획을 입수했다.

얼어붙을 듯 추운 12월 13일 아침에 리비어는 높게 쌓인 눈을 헤치고 북쪽으로 말을 달려 지역 민병대에게 영국군이 오고 있다고 알렸다. 그는 기밀 정보를 알아내도록 도왔을 뿐 아니라 그 정보를 전달했다. 폴 리비어는 커넥터였다. 하지만 입소문 유행을 지배하는 세 유형의 사람들 중 두 번째 유형인 메이븐이기도 했다.

이디시어에서 나온 '메이븐maven'이라는 단어는 지식을 축적한 사람이라는 뜻이다. 최근 경제학자들은 만약 시장이 정보에 의존한다면 가장 많은 정보를 보유한 사람이 분명 가장 중요하다는 명백한 논리에 따라 메이븐을 연구하는 데 많은 시간을 투자해왔다.

예를 들어 슈퍼마켓이 어떤 제품의 판매를 늘리고 싶을 때 '매일 매일 할인!'이라는 문구가 쓰인 스티커를 상품 앞에 붙인다고 하자. 가격은 항상 똑같지만 그렇게 해놓으면 그 제품이 더 눈에 띌 것이다. 슈퍼마켓은 이렇게 하면 실제로 제품을 할인하는 경우와 마찬가지로 으레 판매량이 치솟는다는 것을 알게 된다.[6]

생각해보면 이런 방법은 잠재적으로 정보를 교란시킬 수 있다. 할인이나 슈퍼마켓 특가품에 깔린 전제는 소비자인 우리가 물건의 가격을 자세히 알고 있고 그에 따라 반응한다는 것이다. 즉 소비자들은 가격을 낮추면 그 물건을 더 많이 사고 가격을 올리면 구매를 줄인다. 하지만 실제로 가격을 낮추지 않았는데도 우리가 뭔가를 더 많이 구입해버린다면 슈퍼마켓이 가격을 내리게 만들 수 있는 게 뭘까? 갈 때마다 '매일매일 할인'이라는 의미 없는 문구로 우리를 속이는 걸 어떻게 막을까?

그 답은, 대부분의 사람은 가격을 자세히 살피지 않지만, 극소수의 사람들은 가격을 자세히 보고 뭔가 잘못되었다는 것, 그러니까 실제로는 할인이 아닌 판촉임을 발견하여 여기에 대해 어떤 조치를 취하리라는 걸 모든 소매업자가 알고 있다는 것이다. 한 상점이 너무 자주 판매 술수를 쓸 경우 이를 알아차리고 관리자에게 항의하고 친구와 지인에게 그 상점에 가지 말라고 하는 것이 이런 사람들이다. 이들은 슈퍼마켓이 정직성을 유지하게 만드는 사람들이다.

이런 집단의 존재가 처음 확인된 이후 10여 년간 경제학자들은 이들을 이해하기 위해 많은 노력을 기울였다. 학자들은 각계각층, 모든 사회경제적 집단에서 이런 사람들을 발견했다. 이들을 부르는 명칭 중 하나는 '가격 파수꾼price vigilantes'이다. 그러나 더 흔히 사용되는 이름은 '마켓 메이븐Market Mavens'이다.

네브래스카 대학교의 마케팅 교수이자 메이븐 연구의 개척자인 린다 프라이스는 많은 메이븐과의 인터뷰를 비디오테이프에 담았다.[7] 그중 하나에서 옷을 잘 차려입은 한 남자가 자신이 어떻게 쇼핑을 하는지 신이 나서 이야기한다. 한 부분을 옮겨보겠다.

금융란을 유심히 읽다 보니 트렌드가 보이기 시작했어요. 전형적인 예가 커피예요. 10년 전에 처음 커피 대란이 일어났을 때 저는 브라질의 서리 문제와 그 문제가 장기적인 커피 가격에 미칠 영향을 주시해왔거든요. 그래서 커피를 사재기해야겠다고 말했어요.

이 대목에서 남자는 입이 귀에 걸리도록 웃었다.

커피를 35~40통쯤 사들였어요. 3파운드(약 13킬로그램)짜리 한 통에

2.79, 2.89달러이던 시절이에요. 터무니없이 싼 가격에 구입했죠. (…) 지금은 3파운드짜리 깡통 하나에 6달러 정도예요. 이런 일을 하는 게 재미있었어요.

이 이야기에서 집착 수준이 보이는가? 그는 10년 전에 구입한 커피 한 통의 가격을 센트 단위까지 기억했다.

하지만 메이븐의 중요한 특성은 정보의 수동적 수집가가 아니라는 것이다. 그들이 단지 커피 한 통을 가장 싸게 구입하는 방법에만 집착하는 것만은 아니다. 그들을 구별하는 특성은 다른 사람들에게 이 방법을 알려주고 싶어 한다는 것이다.

프라이스는 "메이븐은 많은 다른 제품이나 가격이나 장소에 대한 정보를 가진 사람입니다. 그들은 소비자들과 토의를 하고 질문에 대답하는 걸 좋아하죠"라고 말한다. "메이븐은 시장에서 도우미가 되는 걸 좋아합니다. 쿠폰을 나눠주고 당신을 쇼핑에 데려가죠. 당신을 위해 쇼핑을 하고요. (…) 다른 사람보다 네 배쯤 많은 쿠폰을 나눠줍니다. 메이븐은 사람들을 시장과 연결시키고 시장의 내부 정보를 아는 사람이에요. 그들은 작은 상점의 화장실이 어디에 있는지 알고 있습니다. 그런 유의 지식을 가지고 있어요."

메이븐은 전문가 이상이다. 프라이스는 "전문가가 가령 자동차에 대해 이야기하는 것은 그들이 자동차를 좋아하기 때문입니다. 전문가가 당신을 좋아해서 결정을 돕고 싶어 자동차에 대해 이야기하지는 않죠. 그런데 마켓 메이븐은 당신을 위해 이야기를 합니다. 그들은 더 사회적으로 동기화된 사람들입니다."

프라이스는 미국인의 절반 이상이 메이븐이나 메이븐과 비슷한 사람을 알고 있다고 말한다. 사실 프라이스도 대학원에 다닐 때 만났던 어떤 사람을 바탕으로 메이븐의 개념을 잡았다. 너무나 인상적인 사람이어서 그의 성격이 현재 마케팅업계 연구 분야 전체의 기반이 되었다.

"제가 텍사스 대학교에서 박사 과정을 밟고 있을 때였어요." 프라이스가 말했다. "당시에는 깨닫지 못했지만 저는 완벽한 메이븐을 만났어요. 그 사람은 유대인이었어요. 부활절에 제가 햄을 찾다가 그에게 물어봤더니 '음, 알다시피 난 유대인이에요. 하지만 이 식품점에 꼭 가보세요. 이건 가격이에요'라고 알려주었어요." 프라이스는 그때를 떠올리며 웃기 시작했다. "그 사람을 찾아보세요. 이름은 마크 앨퍼트예요."

잡학다식과 호기심과 이타심

마크 앨퍼트는 호리호리하고 에너지가 넘치는 50대 남자다. 검은색 머리카락에 코가 높으며 작고 지적인 눈이 빛난다. 그는 빠르고 정확하게, 그리고 절대적 권위를 풍기며 말한다. 그는 어제 날씨가 더웠다고 말하는 사람이 아니다. 그는 어제 화씨 87도(섭씨 30.5도)였다고 말한다. 그는 계단을 걸어 올라가지 않는다. 어린 소년처럼 계단을 뛰어올라간다. 그는 모든 일에 관심과 호기심이 있는 것 같은 인상을 준다. 또 그 나이에도 아동용 화학실험용품 세트를 주면 기뻐하며 바로 그 자리에 앉아 이상하고 새로운 혼합물을 만들어낼 것만 같다.

앨퍼트는 미국 중서부에서 자랐다. 아버지는 미네소타주 북부 최초의 할인매장을 운영했다. 그는 서던캘리포니아 대학교에서 박사학위를 받았고 현재 텍사스 대학교 경영대학원에서 학생들을 가르친다. 하지만 경제학자라는 신분과 그가 가진 메이븐의 특성들 사이에는 아무 관계가 없다. 직업이 배관공이었더라도 지금처럼 엄격하고 철저하며 시장이 돌아가는 방식에 대해 아는 게 많았을 것이다.

우리는 오스틴의 호숫가에 있는 한 식당에서 점심을 먹었다. 내가 먼저 도착해 자리를 선택했다. 그는 나중에 와서 내게 다른 자리로 옮기자고 설득했다. 그 자리가 더 낫다고 했다. 정말 그랬다.

나는 그에게 물건을 구입할 때 어떻게 하는지 물어보았고 그가 이야기를 시작했다. 그는 위성 TV가 아니라 케이블 TV를 선택한 이유를 설명했다. 새로 나온 레너드 말틴의 영화 가이드북에 대한 최신 정보도 알려주었다. 맨해튼의 파크센트럴 호텔에 좋은 가격으로 묵을 수 있게 큰 도움을 줄 지인의 이름도 알려주었다. ("말콤, 그 호텔에 99달러에 묵을 수 있어요. 그런데 표준객실료는 189달러예요!") 그러고는 표준객실료(호텔이 책정해 놓았지만 유연성이 있는 객실 기본 소매요금)가 뭔지 설명했다.

그는 내 녹음기도 지적했다. "테이프가 다 된 것 같네요." 정말 그랬다. 그는 왜 내가 아우디를 사면 안 되는지 설명했다. ("아우디는 독

일제라서 골치 아파요. 한동안은 비공식적으로 품질보증을 해주지만 더 이상은 안 해주죠. 딜러 네트워크가 작아서 서비스를 받기 힘들어요. 전 아우디를 모는 건 좋아하지만 소유하고 싶진 않아요." 그는 내가 몰아야 하는 차는 머큐리 미스틱Mercury Mystique이라고 했다. 훨씬 비싼 유럽 세단과 비슷하기 때문이다. "그 차들은 잘 안 팔려요. 그래서 좋은 가격에 살 수 있어요. 대량구매 바이어를 찾으세요. 매달 25일에 가는 게 좋아요.") 그러고 나서 그는 새 텔레비전을 구입하면서 겪은 몇 달에 걸친 장황하고 재미있는 경험담을 이야기하기 시작했다.

당신이나 내가 이런 경험을 했다면, 그러니까 텔레비전을 반품시키고 전자제품의 가장 세세한 부분들과 보증서의 깨알 같은 글씨를 힘들여 비교해야 했다면 끔찍하다고 생각했을 것이다. 그런데 앨퍼트는 몹시 신나 보였다. 프라이스에 따르면, 메이븐들은 〈컨슈머 리포트Consumer Report〉의 열혈 독자와 비슷한 유형의 사람들이다. 그리고 앨퍼트는 〈컨슈머 리포트〉의 틀린 부분을 고쳐주려고 편지를 보내는 유형의 메이븐이다.

"한 번은 그 잡지에 아우디 4000이 폭스바겐 대셔Dasher를 바탕으로 만든 것이라고 나왔어요. 1970년대 말의 일이었죠. 그런데 아우디 4000이 더 큰 차예요. 그래서 제가 편지를 썼어요. 그 다음에는 아우디 5000 결함 문제가 터졌어요. 이 급발진 문제 때문에 〈컨슈머 리포트〉는 구매하면 안 되는 제품 목록에 이 차를 올려놓았어요. 하지만 서적들에서 이 문제를 자세히 알아본 저는 날조된 이야기라고 생각하게 되었어요. 그래서 〈컨슈머 리포트〉에 편지를 써서 이 문제를 조사해봐야 한다고 말했어요. 검토해봐야 할 정보도 줬고요. 그런데 아무 답도 듣지 못했어요. 엄청나게 화가 나더라고요. 그 사람들 수준이 그보다는 높을 줄 알았거든요." 그는 넌더리를 내며 고개를 가로저었다. 그는 메이븐들의 바이블도 뛰어넘은 메이븐이었다.

앨퍼트가 밉살스럽게 다 아는 척하는 사람이 아니라는 점을 말해두어야겠다. 물론 그렇게 보이기 쉽다. 앨퍼트도 그걸 알고 있다.

"슈퍼마켓에서 신분증을 보여줘야 담배를 살 수 있는 한 아이 옆에 서 있었어요. 그 아이에게 제가 폐암 진단을 받았다는 말을 해주고 싶은 마음이 굴뚝 같았어요.

도움이 되고 싶고 영향을 미치고 싶은 그런 마음은 그게 뭐든 어떤 면에서는 도를 넘은 것일 수 있어요. 참견하기 좋아하는 사람이 될 수도 있죠. 저는 아주 수동적인 메이븐이 되려고 노력해요. 각자 결정할 문제란 걸 명심해야 돼요. 그들의 인생이잖아요." 다행히 사람들은 그가 으스대고 있다는 느낌을 받지 않는다.

시장에 대한 그의 관여도에는 뭔가 자연스럽고 반사적인 면이 있다. 행동이 아니라 호초와 웨이스버그의 사회적 본능과 흡사하다. 어느 순간엔가 앨퍼트는 블록버스터에서 비디오를 빌릴 때 쿠폰을 가장 잘 활용하는 방법에 대한 복잡한 설명을 시작했다. 그러다 자신이 무슨 말을 하고 있는지 깨달은 듯 말을 멈추고 웃음을 터뜨렸다. "보세요, 1달러를 절약했잖아요! 1년이면 와인 한 병은 충분히 살 만한 돈을 절약할 수 있을 거예요."

앨퍼트는 거의 병적일 정도로 도움을 주려는 사람이다. 그러지 않고는 못 배긴다. 앨퍼트는 "메이븐은 일반적으로 자신의 문제를 해결함으로써 다른 사람의 문제를 해결해주길 원하는 사람입니다"라고 말했다. 맞는 말이다. 하지만 나는 그 반대도 맞지 않을까 생각한다. 메이븐은 남의 문제를 해결해줌으로써 자신의 문제, 즉 자신의 정서적 욕구를 해결하는 사람이다. 내가 그가 알려준 정보로 무장하여 텔레비전이나 차를 구입하거나 뉴욕의 호텔 객실을 빌렸다는 걸 알면 앨퍼트 내면의 무언가가 충족된다.

"마크 앨퍼트는 놀라울 정도로 이타적인 사람이에요." 텍사스 대학교의 동료인 리 맥알리스터가 말한다.

"제가 처음 오스틴에 왔을 때 마크가 1만 5천 달러를 절약해 줬어요. 마크는 부동산 거래를 잘 알기 때문에 제가 집을 살 때 협상을 도와주었어요. 세탁기 겸용 건조기가 필요하자 싼값에 사게 해줬고요. 차도 마련해야 했는데 전 마크를 따라하고 싶어서 볼보를 원했어요. 그러자 마크는 텍사스주 전체의 볼보 가격이 나와 있는 온라인 서비스를 보여주었고 차를 살 때도 함께 가주었어요. 또 텍사스 대학교의 복잡한 퇴직연금제도를 이해하도록 도와주었죠.

그는 모든 일을 단순하게 만들어줍니다. 모든 일을 처리되게 하죠. 그게 마크 앨퍼트예요. 그게 마켓 메이븐이죠. 그에게 축복이 있기를! 그는 미국의 시스템을 훌륭하게 만드는 사람이에요."

거부하기 어려운 조언

유행을 일으키는 데 마크 앨퍼트 같은 사람이 그렇게 중요한 이유가 뭘까? 분명 이들은 다른 사람들이 모르는 것들을 알고 있다. 그들은 다른 사람들보다 많은 잡지와 신문을 읽는다. 그들은 스팸메일을 읽는 유일한 사람일지도 모른다. 마크 앨퍼트는 전자기기 쪽으로는 도사가 다 되었다. 당신이 앨퍼트의 친구라면 혁신적인 텔레비전이나 비디오카메라 신제품이 나왔을 때 틀림없이 곧 그 제품에 대한 모든 것을 듣게 될 것이다. 메이븐은 입소문 유행을 시작시킬 지식과 사회적 기술을 가지고 있다.

하지만 메이븐이 다른 사람들과 구별되는 특징은 그들이 얼마나 많은 것을 알고 있는지가 아니라 그 지식을 어떻게 전달하는가다. 메이븐이 이유 없이 그저 도움을 주고 싶어서 도우려 한다는 사실은 누군가의 관심을 얻는 데 엄청나게 효과적인 것으로 나타났다.

이것은 확실히 폴 리비어가 한밤중에 말을 달린 날 전한 메시지가 왜 그렇게 강력한 힘을 발휘했는지에 대해 설명해준다. 영국군의 진군 소식이 팩스나 단체 이메일로 전해진 것이 아니었다. 광고 황금시간대인 저녁뉴스에 방송된 것도 아니었다. 동료들의 자유에 대한 걱정 말고는 어떤 개인적 이해도 없이 추운 밤에 말을 달린 한 자원자가 전한 소식이었다.

허시파피의 경우도 이 신발이 커넥터들의 주목을 끈 이유는 어떤 의식적이고 상업적인 패션 트렌드에 속하지 않았기 때문일 것이다.

아마 한 패션 메이븐이 이스트 빌리지에 가서 새로운 아이디어를 찾다가 어느 중고품 할인상점에서 오래된 멋진 허시파피 신발들을 아주 좋은 가격에 구할 수 있다는 사실을 알게 되어 친구들에게 말했을 것이다. 그리고 메이븐의 개인적이고 사심 없는 전문적 의견에는 신경 써서 듣게 하는 어떤 힘이 있기 때문에 그 친구들은 신발을 구입했을 것이다.

그렇다면 저갯 식당 가이드북이 그렇게 인기가 높은 이유는 뭘까? 한 도시의 모든 식당에 대한 편리한 안내서라는 사실도 한몫을 한다. 하지만 저갯의 진정한 힘은 식사를 한 뒤 자신의 의견을 남들과 나누고 싶어 하는 사람들이 자발적으로 리뷰를 쓴다는 사실에서 나온다. 어쨌든 그런 리뷰는 식당 평가를 직업으로 하는 전문가의 의견보다 더 설득력 있는 추천서다.

이야기를 나누던 중에 내가 몇 주 뒤 로스앤젤레스에 간다는 말을 우연히 꺼내자 앨퍼트는 주저 없이 "웨스트우드에 내가 정말 좋아하는 곳이 있어요"라고 말했다. "센추리 윌셔라고, 아침식사가 나오는 유럽식 숙박시설이에요. 객실이 아주 훌륭하죠. 온수 수영장도 있어요. 5년인가 6년 전에 제가 마지막으로 그곳에 갔을 때 객실요금이 70달러에서 시작했고 주니어 스위트는 110달러였어요. 주중 할인을 해줄 거예요. 수신자부담 전화가 있어요."

어쨌거나 그는 원조 메이븐이기 때문에 나는 로스앤젤레스에 갈 때마다 센추리 윌셔에 묵는다. 모든 것이 그가 말한 대로였고 그 이상이었다. 나는 집에 돌아온 뒤 몇 주 지나지 않아, 덧붙이자면 전혀 나답지 않게 센추리 윌셔를 친구 두 명에게 추천했고 한 달 안에 또 다른 두 명에게 추천했다.

내가 그 호텔 이야기를 해준 친구들 중 얼마나 많은 사람이 또 다른 사람에게 그 호텔에 대해 이야기했을지, 그리고 마크 앨퍼트가 얼마나 많은 나 같은 사람에게 그 호텔 이야기를 했을지 상상해보면서 나는 내가 마크 앨퍼트가 만들어낸 작은 입소문 유행의 한가운데에 발을 들여놓았다는 것을 깨달았다.

물론 앨퍼트는 로저 호초 같은 커넥터만큼 많은 사람을 알지는 못하기 때문에 그와 같은 직접적인 전파력은 없을 것이다. 하지만 다른 한편으로 보면 당신이 로스앤젤레스에 가기 전날 로저 호초와 이야기를 나눈다 해도 어디서 묵을지 그가 조언해주지 않을 수 있다, 앨퍼트라면 항상 그런 조언을 해주겠지만. 그리고 호초가 추천을 해준다 해도 당신이 그걸 받아들일 수도 있고 아닐 수도 있다. 당신은 호초의 조언을 다른 어떤 친구의 조언이나 다를 바 없이 받아들일 것이다. 하지만 마크 앨퍼트가 조언을 해준다면 당신은 항상 그걸 받아들일 것이다.

커넥터는 로스앤젤레스에서 어디에 묵을지 열 명의 친구에게 말해줄 수 있고 그중 절반이 그 조언을 받아들일 것이다. 메이븐은 다섯 명에게 로스앤젤레스에서 어디에 묵을지 말해줄 수 있지만 너무나 힘주어 그 호텔을 추천하기 때문에 모두가 그의 조언을 받아들일 것이다. 서로 다른 성격이 서로 다른 이유로 작용한다. 하지만 두 사람 다 입소문 유행을 촉발시키는 힘을 가지고 있다.

설득하지 않는 설득력

메이븐의 또 하나의 특징은 설득자가 아니라는 것이다. 앨퍼트의 동기는 가르쳐주고 도움을 주는 것이다. 그는 남에게 강요를 하고 싶어 하는 사람이 아니다. 실제로 우리가 이야기를 나누는 동안 그가 내게 정보를 캐묻고 내가 알고 있는 걸 알아내 자신의 강력한 데이터베이스에 추가하려는 중요한 순간들이 몇 번 있었다. 메이븐이 되는 것은 선생이 되는 것이다. 하지만 훨씬 더 중요한 건 학생이 되는 것이다.

실제로 메이븐은 그들이 아는 것을 공유하고 교환하는 정보 중개인이다. 하지만 사회적 유행이 시작되려면 일부 사람들이 실제로 무언가를 하도록 설득해야만 한다. 예를 들어 허시파피를 구입한 많은 젊은이는 예전이라면 그 신발을 신은 모습을 보이고 싶어 하지 않았을 사람들이다.

마찬가지로, 폴 리비어가 소식을 전한 뒤 민병대의 모든 사람이 모여 다음 날 영국군에 대항할 계획을 세우는 모습을 상상할 수 있다. 하지만 그건 자동적으로 일어난 과정이 아니었다. 어떤 사람들은 열성적이었겠지만 어떤 사람들은 훈련된 전문 군대에 고작 지역 민병대로 대항해도 될지 의심했을 것이다. 리비어를 개인적으로 모르는 사람들은 그가 전한 정보가 정확한지 의심했을 수도 있다. 결국 거의 모든 사람이 협조한 것에 대해 우리는 보통 동료집단의 사회적 압력 때문이라고 생각할 것이다. 하지만 동료집단의 압력이 항상 자동적으로 혹은 무의식적으로 발생하는 건 아니다. 보통 누군가가 실제로 동료들 중 한 명에게 가서 압력을 주었다는 뜻이다.

사회적 유행에서는 메이븐이 데이터뱅크다. 그들이 메시지를 제공한다. 커넥터는 사회적 접착제 역할을 하여 메시지를 퍼뜨린다. 그런데 또 다른 뛰어난 그룹이 있다. 바로 세일즈맨이다. 세일즈맨은 우리가 들은 것을 확신하지 못할 때 우리를 설득하는 기술을 가진 사람들로, 다른 두 그룹만큼 입소문 유행을 일으키는 데 중요한 역할을 한다. 세일즈맨은 누구인가? 그리고 왜 그들은 그 일을 그렇게 잘하는 걸까?

톰 가우는 로스앤젤레스 바로 남쪽에 위치한 캘리포니아주 토런스에서 일하는 금융설계사다. 그의 회사인 카베시 앤드 가우는 캘리포니아주 남부에서 그 분야의 최대 기업이고 전국의 최고 금융설계 회사들 중 하나다. 가우는 1년에 수백만 달러를 번다.

설득이라는 주제에 대해 광범위하게 글을 써온 행동심리학자 도널드 모인이 내게 가우가 '넋을 완전히 빼놓는 사람'이라며 한번 만나보라고 했다. 그는 정말로 그랬다. 가우는 금융설계 서비스를 판매하고 있지만 원하면 그 어떤 것이라도 팔 수 있는 사람이다. 설득적 성격 유형에 대해 알고 싶다면 가우가 좋은 출발점이다.

가우는 40대다. 잘생겼지만 예쁘장한 느낌은 전혀 없다. 중간키에 호리호리하며 약간 덥수룩한 검은색 머리카락과 콧수염을 가지고 있다. 그리고 조금 겸연쩍어 하는 표정을 짓는다. 그에게 말 한 마리와 모자 하나를 주면 멋진 카우보이가 될 것이다. 그는 배우 샘 엘리엇과 닮았다. 우리가 만났을 때 가우는 악수를 청했다. 나중에 내게 이야기한 바로는 누군가를 만나면 보통 껴안거나 상대가 여성이라면 뽀뽀를 한다고 했다. 뛰어난 세일즈맨이 그러하듯 그에게는 일종의 타고난 활기가 넘친다.

"저는 제 고객을 사랑합니다. 저는 그들을 위해 최선을 다할 겁니다." 가우가 말했다. "저는 고객들을 가족이라고 불러요. 가족이 둘이라고 고객들에게 말하죠. 아내와 아이들, 그리고 고객님이 있다고요." 가우는 말이 빠르지만, 말을 멈췄다가 쏟아내다가 한다. 항상 속도를 높였다가 줄인다. 때때로 여담을 할 때는 마치 본인 스스로 괄호 처리를 하는 것처럼 속도를 더 올린다. 그는 수사적인 질문을 많이 던진다.

"저는 제 일을 사랑해요. 제 일을 사랑하죠. 저는 일중독자예요. 아침 여섯 시나 일곱 시에 출근해서 밤 여덟 시에 퇴근해요. 전 많은 돈을 관리합니다. 전국의 최고 판매인들 중 한 명이에요. 하지만 고객들에게 이 이야기를 하지 않아요. 그것 때문에 여기에 있는 건 아니거든요. 저는 사람들을 도우려고 여기에 있어요. 사람들을 돕는 걸 좋아해요. 저는 더 이상 일할 필요가 없어요. 경제적인 자유를 얻었거든요.

그런데 왜 여기서 그 오랜 시간 일하냐고요? 사람들을 돕는 걸 좋아하기 때문이에요. 저는 사람들을 좋아해요. 그것이 바로 관계죠."

가우가 내세우는 영업 전략은 그의 회사가 다른 어디에서도 얻기 어려운 수준의 서비스와 전문지식을 고객들에게 제공한다는 것이다. 그의 사무실 맞은편에는 카베시 앤드 가우의 자회사인 로펌이 있어서 유언장과 생전신탁, 그 외에 금융설계와 관련된 모든 법적인 문제를 처리한다. 가우는 보험 수급을 처리하는 보험 전문가, 투자를 담당하는 증권 중개인, 고령 고객들을 위한 은퇴 전문가를 두고 있다. 그의 주장은 합리적이고 일관성이 있다.

모인은 가우와 협력해 그가 금융설계자의 대본이라고 부르는 책을 만들었다. 모인은 뛰어난 세일즈맨과 평범한 세일즈맨을 구별하는 특성은 잠재고객들이 공통적으로 하는 거절의 말에 대한 대답의 개수와 질이라고 주장한다. 그래서 그는 가우와 함께 앉아 가우의 모든 대답을 녹음한 뒤 책에 자세히 기록했다. 모인과 가우는 설계사가 대비해야 할 질문이나 말이 약 20개라고 추정했다.

예를 들어 "제가 직접 할 수 있어요"가 그중 하나인데, 대본에는 잠재고객이 이 말을 했을 때 할 수 있는 대답 50개가 나와 있다. 예를 들어 "잘못된 선택을 했는데 아무도 도와줄 사람이 없는 게 걱정되지 않으세요?"라고 말할 수 있다. 아니면 "고객님이 자산관리를 잘하시리라 확신합니다. 그런데 대부분 아내가 남편보다 오래 산다는 사실을 알고 계세요? 고객님께 무슨 일이 일어나면 아내분이 혼자 모든 일을 처리할 수 있을까요?"라고 말할 수도 있다.

누군가가 이 대본을 구입하여 각각의 잠재 대답을 외우는 모습이 상상된다. 또 시간이 지나면 이 자료를 숙달하여 어떤 유형의 사람에게 어떤 대답을 하면 가장 효과적인지 능숙하게 판단하기 시작하는 모습도 상상이 된다. 그 사람과 고객과의 대화를 글로 옮겨보면 꼭 톰 가우가 하는 말처럼 들릴 것이다. 그가 톰 가우가 하는 모든 말을 사용할 테니까. 우리가 설득력을 판단하는 일반적인 기준은 설득하는 사람이 내놓는 주장의 논리와 정확성이다. 그렇다면 이 대본을 이용하는 모든 사람이 톰 가우와 똑같이 설득력이 있어야 한다. 하지만 정말 그럴까?

가우의 흥미로운 점은 그가 하는 말의 내용과 아주 별개의 방식으로 설득력을 발휘하는 것처럼 보인다는 것이다. 그에게는 어떤 정의할 수 없는 특성, 입에서 나오는 말을 넘어 사람들이 동의하고 싶게 만드는 강력하고 전염성 있으며 거부할 수 없는 무언가가 있는 것 같다. 에너지, 열정, 매력, 호감, 이 모든 것, 그리고 그 이상의 무언가가 있다. 내가 그에게 행복한지 물어보자 그는 의자에서 튀어나갈 듯한 기세로 대답했다.

"무척 행복합니다. 저는 당신이 상상할 수 있는 가장 낙관적인 사람일 겁니다. 당신이 아는 가장 낙관적인 사람에게 100배를 더하면 그게 저예요. 아시겠지만 긍정적 사고의 힘은 아주 많은 것들을 극복합니다. 부정적인 사람이 아주 많아요. 누군가는 '넌 그걸 할 수 없어'라고 말할 겁니다. 그러면 저는 제가 그걸 할 수 없다는 게 무슨 뜻인지 물을 겁니다.

우리 가족은 약 5년 전에 오리건주 애실런드로 이사했습니다. 몹시 마음에 드는 집을 발견했죠. 한동안 매물로 나와 있던 집이지만 좀 비쌌어요. 그래서 제가 아내에게 말했어요, 터무니없이 낮은 가격을 집주인에게 제안할 거라고. 그러자 아내가 집주인이 그 가격은 안 받아들일 거라고 하더군요.

제가 대답했죠. '아마 그렇겠지. 그렇다고 우리가 잃을 게 뭐 있어? 주인이 할 수 있는 최악의 말이 그 가격은 안 된다는 거잖아. 난 그들에게 모욕을 주려는 게 아니야. 난 왜 이런 제안을 하는지 약간 설득을 할 거야. 내가 무슨 제안을 하고 있는지 명확하게 밝힐 거고. 그리고 있잖아, 그들은 제안을 받아들일 거야.'"

가우가 내게 이 이야기를 들려주는 동안 나는 그가 애실런드에서 집주인이 자신의 아름다운 집을 터무니없는 가격에 넘기도록 어떻게든 설득하는 모습을 쉽게 그려볼 수 있었다. "그러니까." 가우가 말했다. "시도를 안 하면 절대 성공할 수 없다니까요."

미묘함을 포착하다

누군가 혹은 무언가를 설득력 있게 만드는 것이 무엇인가의 문제는 보기보다 훨씬 복잡하다. 보면 알 수는 있다. 하지만 '그것'이 뭔지 항상 명백한 건 아니다. 심리학 문헌에 나오는 다음 두 예를 보자. 첫 번째 예는 1984년에 로널드 레이건과 월터 먼데일의 대선전에서 수행된 실험이다. 시러큐스 대학교의 브라이언 멀린이 이끄는 일단의 심리학자들은 선거일 전 8일 동안 세 개의 전국 저녁뉴스 프로그램을 녹화했다.[8]

당시 ABC는 피터 제닝스, NBC는 톰 브로코, CBS는 댄 래더가 뉴스를 진행했다. 멀린이 녹화된 테이프들을 검토하여 후보자들에 대해 언급한 부분을 전부 뽑아 보니 각각 약 2.5초 길이의 짧은 영상 서른일곱 개가 나왔다. 이 영상들을 무작위로 선택한 사람들에게 소리를 끄고 보여주면서 각 영상에서 각 진행자의 표정을 평가해보라고 요청했다.

실험대상자들은 자신이 무슨 실험에 참여하는지, 뉴스진행자가 무슨 이야기를 하는지 몰랐다. 그냥 세 사람의 표정에 나타나는 감정을 21등급으로 나눠 점수를 매겨달라는 요청만 받았다. 표정이 '극도로 부정적'이라고 느껴지면 가장 낮은 점수, 표정이 '극도로 긍정적'이라고 느껴지면 가장 높은 점수를 주는 방식이었다.

실험 결과는 대단히 흥미로웠다. 댄 래더는 먼데일에 관해 이야기할 때 10.46을 받았다. 그의 표정이 거의 완전히 중립적이었다는 뜻이다. 그리고 레이건에 관해 이야기할 때는 10.37을 받았다. 래더는 공화당에 관해 이야기할 때나 민주당에 관해 이야기할 때나 같은 표정이었던 것이다. 브로코도 마찬가지였다. 그는 먼데일을 언급할 때는 11.21, 레이건을 언급할 때는 11.50을 받았다. 하지만 ABC의 피터 제닝스는 매우 달랐다. 그는 먼데일에 관해 이야기할 때 13.38점을 받았다. 그런데 레이건에 관해 이야기할 때는 얼굴이 환히 밝아져서 17.44를 받았다.

멀른과 동료들은 이런 표정에 의도가 없었음을 설명하기 위해 애썼다. 예를 들어 단지 제닝스가 다른 두 진행자들보다 전반적으로 표정이 더 풍부한 것일 수도 있을까? 그러나 그 답은 '아니요'인 것 같았다. 실험대상자들에게 세 뉴스진행자들이 명백하게 기쁘거나 슬픈 주제(선천성 질환 치료의 돌파구와 인디라 간디의 장례식)에 관해 이야기할 때의 대조 영상도 보여주었다.

하지만 제닝스는 기쁜 주제에 대해 이야기할 때 다른 진행자들보다 더 높은 점수를 받거나 슬픈 주제에서 더 낮은 점수를 받지는 않았다. 사실 오히려 그가 세 명 중 가장 표정이 없는 사람 같았다. 또한 제닝스가 단순히 항상 행복한 표정을 짓는 사람도 아니었다. 이역시 그 반대처럼 보였다. 비교를 위해 삽입한 '기쁜' 영상에서 제닝스는 래더와 브로코보다 상당히 낮은 14.13점을 받았다. 이 연구에 따르면, 가능한 유일한 결론은 제닝스가 레이건을 향한 '의미 있는 뚜렷한 편견'을 보여주었다는 것이다.

연구는 지금부터 흥미로워진다. 그런 뒤 멀른과 동료들은 저녁뉴스를 정기적으로 시청하는 전국 많은 도시의 사람들에게 전화를 걸어 누구에게 투표했는지 물었다.

모든 경우, ABC 시청자들이 CBS나 NBC 시청자들보다 레이건에게 훨씬 더 많이 투표했다. 예를 들어 클리블랜드에서는 ABC 시청자의 75퍼센트가 공화당에 투표한 반면 CBS나 NBC 시청자는 61.9퍼센트가 공화당을 선택했다. 매사추세츠주 윌리엄스타운에서는 레이건에 투표한 사람이 ABC 시청자는 71.4퍼센트인 반면 다른 두 방송국 시청자는 50퍼센트였다. 펜실베이니아주 이리에서는 차이가 73.7퍼센트 대 50퍼센트였다. 제닝스의 표정에 나타난 미묘한 친레이건 성향이 ABC 시청자의 투표 행위에 영향을 미친 것으로 보인다.

상상이 가겠지만 ABC 뉴스는 이 연구에 강하게 반박했다. (멀른은 "내가 알기론 내가 피터 제닝스에게 '멍청이'라고 불린, 꼭 좋다고만은 할 수 없는 영예를 얻은 유일한 사회학자는 아니에요"라고 말한다.) 믿기 힘든 이야기이기는 하다. 아마 대부분의 사람은 본능적으로 인과관계를 반대로 생각할 것이다. 즉 레이건 지지자들이 제닝스의 편견 때문에 ABC에 끌린 것이지 ABC 시청자들이 제닝스 때문에 레이건에게 끌린 것이 아니라고 생각한다는 것이다.

그러나 멀른은 그런 생각은 타당성이 없다고 상당히 설득력 있게 주장한다. 예를 들어 뉴스 선정과 같은 좀 더 명백한 다른 면에서, ABC는 레이건에게 가장 적대적인 방송국으로 보였다. 그래서 골수 공화당원들은 ABC 뉴스를 버리고 경쟁 방송국을 선택했다. 그리고 그가 얻은 결과가 단순한 우연이 아니냐는 질문에 대응해 멀른은 4년 뒤 마이클 듀카키스와 조지 부시의 선거전에서 같은 실험을 하여 정확히 같은 결과를 얻었다.

멀른은 "제닝스는 민주당 후보보다 공화당 후보를 언급할 때 더 많은 미소를 보였습니다"라고 말한다. "그리고 이번에도 전화 조사에서 ABC 시청자들이 부시에게 표를 던졌을 가능성이 더 높게 나타났습니다."

미묘한 설득의 또 다른 예가 있다.[9] 한 첨단 헤드폰 제조업체가 시장 연구조사를 한다며 많은 학생을 모집했다. 학생들은 헤드폰을 하나씩 받았고 껑충껑충 뛰며 춤추거나 머리를 흔드는 등 몸을 움직일 때 헤드폰이 얼마나 잘 작동하는지를 보는 테스트라는 이야기를 들었다. 모든 학생이 먼저 린다 론스태트와 이글스의 노래를 들은 뒤 대학 등록금을 지금의 587달러에서 750달러로 올려야 한다고 주장하는 라디오 사설을 들었다.

학생 중 3분의 1은 녹음된 라디오 사설을 들으면서 머리를 격렬하게 위아래로 흔들고 다른 3분의 1은 머리를 좌우로 흔들라는 지시를 받았다. 그리고 나머지 3분의 1은 대조군으로, 머리를 움직이지 말고 가만히 있으라는 이야기를 들었다. 실험이 끝났을 때 모든 학생은 노래의 음질과 머리를 흔들었을 때의 영향을 묻는 짧은 질문지를 받았다. 질문지의 끝부분에 이 실험이 정말로 답을 듣고 싶었던 질문이 눈치 채지 못하게 포함되어 있었다. '학부생의 연간 등록금으로 적당한 금액이 얼마라고 생각하나요?'

이 질문에서 나온 답들은 뉴스진행자 조사에서 나온 답만큼 믿기 어렵다. 머리를 움직이지 않았던 학생들은 사설에 마음이 흔들리지 않았다. 그들이 적절하다고 생각한 금액은 582달러, 즉 기존 등록금과 비슷한 수준이었다. 사설을 들으면서 머리를 좌우로 흔들었던 학생들은 단순히 헤드폰 품질을 테스트하고 있다고 생각하면서도 제시된 등록금 인상에 강하게 반대했다. 그들은 연간 등록금이 평균 467달러로 인하되길 원했다. 한편 머리를 아래위로 흔들라는 지시를 받은 학생들은 사설이 매우 설득력 있다고 생각했다. 그들은 등록금이 평균 646달러로 인상되길 원했다. 표면상으로는 완전히 다른 이유로 머리를 위아래로 흔드는 단순한 행동이 자기 주머니에서 돈이 나가는 정책을 권하게 만들기에 충분했던 것이다.

어쨌든 고개를 끄덕이는 행동이 결국 1984년 선거에서 피터 제닝스의 미소만큼 중요한 역할을 했다.

나는 이 두 연구에 무엇이 톰 가우 같은 사람, 혹은 이 문제에 있어서라면 우리 삶의 어떤 '세일즈맨'을 그렇게 유능하게 만드느냐에 대한 매우 중요한 단서가 있다고 생각한다. 첫째는 겉보기에는 사소한 일들이 중요한 일들 못지않게 큰 차이를 만들어낸다는 것이다. 헤드폰 연구에서 머리를 흔들지 않고 가만히 있던 사람에게는 사설이 아무 영향도 미치지 않았다. 사설이 특별히 설득적이지 않았다. 그런데 학생들이 고개를 끄덕이기 시작하자 사설의 설득력이 매우 높아졌다.

멀튼은 어떤 정치인에 호의적인 누군가의 미묘한 신호가 일반적으로는 전혀 중요하지 않다고 말한다. 하지만 사람들이 특히 방심한 채 텔레비전의 뉴스를 보고 있을 때는 작은 편견이 큰 영향을 미칠 수 있다고 말한다.

멀튼은 "사람들은 뉴스를 볼 때 편견을 의도적으로 걸러내거나 뉴스진행자의 표정에 반박할 필요를 느끼지 못합니다"라고 설명한다. "누군가가 '이 사람은 네가 표를 던져도 될 만큼 아주 훌륭한 후보자야'라고 말하는 것과는 달라요. 이건 우리가 자동적으로 자신의 원래 입장을 고수하게 되는 분명한 구두 메시지가 아니에요. 훨씬 더 미묘하고 그 때문에 훨씬 더 은밀하게 영향을 미치고 차단하기가 그만큼 더 힘들죠."

이 연구들의 두 번째 의미는 비언어적인 단서가 언어만큼 혹은 그보다 더 중요하다는 것이다. 말을 하는 방식과 관련된 미묘하고 부수적인 것들이 말하는 내용보다 더 중요할 수 있다. 어쨌거나 제닝스가 뉴스에서 친레이건적인 발언을 주입한 건 아니다.

앞에서 언급했듯이, 실제로 ABC는 이 문제와는 별개로 레이건에게 가장 적대적인 방송국으로 관찰되었다. 헤드폰 연구의 저자들인 앨버타 대학교의 게리 웰스와 미주리 대학교의 리처드 페티가 내린 결론들 중 하나는 "텔레비전 광고는 시각적 표현이 시청자들의 머릿속에 반복적인 언어적 움직임(튀는 공)을 만들어낼 경우 더 효과적이다"라는 것이다. 단순한 신체적 움직임과 관찰이 우리의 느낌과 생각에 지대한 영향을 미칠 수 있다.

이 연구들이 지니는 세 번째, 그리고 아마 가장 중요한 의미는 설득이 종종 우리가 인식하지 못하는 방식으로 작용한다는 것이다. 미소와 고개 끄덕거림이 잠재의식 메시지는 아니다. 직접적이고 표면에 드러나 있다. 그저 믿을 수 없을 정도로 미묘할 뿐이다.

머리를 끄덕인 학생들에게 왜 자기 주머니에서 돈이 나가야 하는 등록금이 급격하게 인상되길 원하는지 물어보면 그 사설을 듣는 동안 고개를 끄덕거렸기 때문이라고 대답하는 사람은 아무도 없을 것이다. 아마 사설이 특별히 통찰력이 있거나 현명한 내용이었기 때문이라고 말할 것이다. 그들은 자신들의 태도를 좀 더 명확하고 논리적인 요인 때문으로 돌릴 것이다.

마찬가지로 레이건에게 투표한 ABC 시청자들은 피터 제닝스가 대통령을 언급할 때마다 미소를 지었기 때문에 그렇게 투표했다고는 절대 말하지 않을 것이다. 레이건의 정치를 좋아한다거나 레이건이 일을 잘한다고 생각하기 때문이라고 말할 것이다. 그들은 자신이 뉴스진행자의 미소나 고개를 끄덕거리는 행동처럼 너무나 임의적이고 사소해 보이는 무언가에 의해 결론을 내리도록 설득당할 수 있다고는 생각하지 않을 것이다.

다시 말해 톰 가우 같은 사람이 왜 그렇게 설득력이 있는지 이해하고 싶다면 뻔히 보이는 유창한 화술 이상을 보아야 한다. 미묘한 무언가, 숨겨져 있는 것, 말하지 않은 것을 보아야 한다.

세일즈맨의 본질

두 사람이 이야기할 때 무슨 일이 일어나는가? 이것은 매우 기본적인 질문이다. 모든 설득이 일어나는 기본 상황이 대화이기 때문이다. 우리는 사람들이 말을 주고받는다는 것을 알고 있다. 사람들은 말을 듣는다. 끼어들기도 한다. 손을 움직인다.

내가 톰 가우를 만났을 때 우리는 중간 크기의 사무실에 앉아 있었다. 나는 그의 책상 앞으로 의자를 가까이 끌어다 앉았다. 다리를 꼬고, 무릎에는 메모지와 펜이 놓여 있었다. 나는 파란색 셔츠와 검은색 바지, 검은색 재킷 차림이었다. 톰 가우는 등받이가 높은 의자에 앉아 있었다. 그는 파란색 정장바지와 빳빳하게 다림질한 흰색 셔츠를 입고 빨간색 넥타이를 매고 있었다. 그는 때로는 몸을 숙이고 팔꿈치를 앞으로 내려놓았다. 몸을 뒤로 젖히고 앉아 허공에 대고 손을 흔들 때도 있었다. 나는 우리 사이에 놓인 책상의 빈 공간에 녹음기를 두었다. 우리 만남을 비디오테이프로 녹화해 보여준다면 이런 모습을 보게 될 것이다.

하지만 우리의 상호작용 영상을 1초의 몇 분의 1까지 볼 수 있을 때까지 천천히 돌리면 매우 다른 것들을 보게 될 것이다. 우리 두 사람이 정교하고 정확한 춤이라고밖에 묘사될 수 없는 일을 하고 있음을 알게 될 것이다.

문화적 마이크로리듬cultural microrhythm 연구라고 불리는 이런 분석의 개척자는 윌리엄 콘던이다.[10] 콘던은 1960년대에 실시한 그의 가장 유명한 연구 프로젝트들 중 하나에서 한 여성이 저녁을 먹으며 남편과 아이에게 이야기하는 영상의 4.5초 분량을 해독하려 시도했다. "당신은 저녁 식사 때를 맞춰 와야 하고, 우리 모두 다 그렇게 해야 해. 우리는 몇 달 동안 이런 식사를 하지 못했어." 콘던은 영상을 각각 약 1초의 45분의 1 길이의 개별 프레임으로 나눈 뒤 보고 또 보았다. 그는 이렇게 설명한다.

이 영상의 구성과 순서를 철저하게 연구하기 위해서는 자연주의적 혹은 행동학적 접근방식을 취해야 한다. 그냥 앉아서 자료의 질서가 나타나기 시작할 때까지 수천 시간 동안 보고, 보고, 또 보아야 한다. 조각을 하는 것과 비슷하다. (…) 계속 살펴보면 더 큰 질서가 드러난다. 이 영상을 몇 번이고 거듭해서 보고 있는 동안, 나는 사람들 사이에 소통이 이루어지는 영역에 대해 잘못 생각하고 있었다. 어쨌든 모형은 이러했다. 당신이 메시지를 보내고 누군가가 화답한다. 메시지가 여기저기 모든 곳으로 간다. 하지만 여기에 재미있는 점이 있었다.

콘던은 영상의 이 짧은 부분을 1년 반 동안 연구하다가 마침내 항상 그가 느껴왔던 것을 주변시야에서 확인했다. "아내는 정확히 남편의 손이 올라갈 때 고개를 돌렸습니다." 여기에서 출발하여 그는 계속 반복해서 일어나는 다른 미세한 움직임들, 다른 패턴들을 포착하다가 식탁에 둘러앉은 이 세 사람이 말하고 듣는 행위 외에 그가 '상호 동조성interactional synchrony'이라고 부르는 일을 하고 있음을 알아차렸다. 그들의 대화에는 리드미컬한 신체적 차원이 있었다.

각 사람은 1초의 45분의 1짜리 프레임 하나, 둘, 혹은 세 개라는 공간 내에서 어깨나 뺨이나 눈썹이나 손을 움직이고, 그 움직임을 유지하고, 멈추고, 방향을 바꾸고, 다시 시작한다. 그뿐만 아니라 이 움직임들은 각 사람이 하는 말, 즉 힘주어 말하기, 강조하기, 명확히 표현하는 과정에서 말 다듬기에 정확하게 맞추어져서, 말하는 사람이 실제로 자신의 말에 따라 춤을 추듯 움직이고 있었다. 동시에 식탁의 다른 사람들 역시 얼굴과 어깨, 손, 몸을 같은 리듬으로 움직이며 그에 맞춰 춤을 추듯 움직이고 있었다.

같은 노래에 맞춰 춤을 추는 사람들이 모두 똑같이 춤추지 않듯이 모든 사람이 같은 방식으로 움직이지는 않았다. 그러나 각 사람의 미세한 움직임이 멈추고 시작되는 시점, 몸과 얼굴의 급격한 움직임과 변화가 완벽하게 조화를 이루고 있었다.

이후의 연구에서는 몸짓뿐만 아니라 대화의 리듬도 조화를 이룬다는 것이 밝혀졌다. 두 사람이 이야기를 나눌 때 음량과 음높이의 균형이 잡힌다. 언어학자들이 발화속도라고 부르는 초당 언어음의 수가 같아진다. 한 사람이 말을 멈추는 순간과 다른 사람이 말을 시작하는 순간 사이의 대기시간도 마찬가지다. 두 사람은 매우 다른 대화 패턴으로 대화를 시작했을 수 있다. 하지만 거의 즉시 일치점을 찾는다. 우리 모두는 항상 그렇게 한다. 태어난 지 하루나 이틀 된 아기도 머리, 팔꿈치, 어깨, 엉덩이, 발의 움직임을 성인의 발화 패턴과 일치시킨다. 동조성은 심지어 인간과 유인원의 상호작용에서도 발견된다. 동조성은 우리가 타고난 특성들 중 하나다.

톰 가우와 내가 그의 사무실에서 마주보고 앉았을 때 우리는 거의 곧바로 신체적 조화와 대화상의 조화를 이루었다. 우리는 춤을 추고 있었다. 그는 말로 나를 설득하려고 시도하기도 전에 이미 움직임과 화법으로 나와의 유대를 형성했다.

그렇다면 그와의 만남을 내 일상적인 대화 상대들과의 만남과 다르게 만들고 훨씬 더 강력하게 만드는 것은 무엇일까? 가우는 나와 조화를 이루려고 의도적으로 노력하는 게 아니었다. 영업기술에 관한 일부 책들은 설득하는 사람이 고객과의 관계 확립을 위해 고객의 자세나 말하는 방식을 따라하려 노력하라고 권한다. 하지만 그런 방법은 효과가 없는 것으로 나타났다. 그렇게 하면 사람을 덜 불편하게 만드는 게 아니라 오히려 더 불편하게 만든다. 그건 너무나 빤한 가짜다.

우리는 지금 일종의 초超반사작용, 우리가 거의 인식하지 못하는 기본적인 생리능력에 대해 이야기하고 있다. 그리고 인간의 모든 특수화된 특성과 마찬가지로 일부 사람들은 다른 사람들보다 이 반사작용에 훨씬 더 능통하다. 이 말의 의미 중 하나는 일부 사람들이 다른 사람들을 자신의 리듬으로 끌어들이고 상호작용 방식을 좌우할 수 있는 강력한 혹은 설득력 있는 성격을 가지고 있다는 것이다. 일부 연구에서는 교사와의 동조성 수준이 높은 학생들이 더 행복하고 더 열중하며 관심이 높고 느긋한 것으로 나타났다.

나는 가우에게 유혹당하고 있다는 느낌을 받았다. 물론 성적인 의미가 아니라 전반적으로 그랬다. 또 우리의 대화가 내가 아니라 그의 방식대로 이루어지고 있었다. 내가 그에게 동조되고 있다고 느껴졌다. 펜실베이니아 대학교의 에넨버그 커뮤니케이션 스쿨에서 가르치는 조지프 카펠라는 "노련한 뮤지션들은 이걸 압니다. 말을 잘하는 사람들도 알죠. 그 사람들은 군중이 그들과 함께하는 때, 말 그대로 그들과 동기화되어 움직이고 고개를 끄덕이고 주의를 집중하며 정지하는 때를 알고 있습니다"라고 말한다.

이상한 노릇이었다. 나는 끌려들어가길 원하지 않았기 때문이다. 나는 그러지 않으려고 경계하고 있었다. 하지만 세일즈맨의 본질은 어떤 면에서 도저히 저항할 수 없다는 것이다. 모인은 가우에 대해 "대부분의 사람들이 30분은 걸려야 쌓을 수 있는 수준의 신뢰와 친밀감을 톰은 5분에서 10분 만에 쌓을 수 있습니다"라고 말한다.

여기에는 또 다른 좀 더 특별한 면이 있다. 두 사람이 이야기를 할 때 단지 신체적·청각적 조화만 이루는 게 아니다. 소위 동작모방 motor mimicry도 한다. 웃거나 찡그린 얼굴이 담긴 사진을 사람들에게 보여주면 너무 순식간에 지나가서 전자 센서로만 포착할 수 있는 근육 변화이기는 하지만 사진 속 표정을 따라 웃거나 찡그릴 것이다. 만약 내가 망치로 내 엄지손가락을 내리치면 보고 있던 사람들 대부분이 얼굴을 찡그릴 것이다. 내 감정 상태를 모방하는 것이다.

엄밀한 의미에서 이것이 공감이다. 우리는 지지와 관심을 표현하는 방법으로, 그리고 좀 더 기본적으로 서로와 소통하는 방법으로 서로의 감정을 모방한다.

심리학자 일레인 햇필드와 존 캐시오포, 역사가 리처드 랩슨은 1994년도에 발표한 뛰어난 저서《감정 전염Emotional Congtagion》에서 한 단계 더 나아갔다.[11] 그들은 흉내는 우리가 자신의 감정을 서로에게 옮기는 수단들 중 하나라고 주장한다. 다시 말해 내가 미소를 지었는데 당신이 나를 보고 반응하여 미소를 지었다면 고작 1천 분의 1초에 불과한 극도로 짧은 미소였다 하더라도 단지 당신이 나를 모방하거나 나와 공감한 것만을 의미하는 것이 아니다. 이것은 내 행복을 당신에게 옮길 수 있는 방법이기도 하다.

감정에는 전염성이 있다. 어떤 면에서 이 개념은 완전히 직관적이다. 우리 모두는 기분이 좋은 주변의 누군가에 의해 기운을 되찾은 적이 있다. 하지만 조금만 자세히 생각해보면 이것은 상당히 급진적인 개념이다. 우리는 보통 자신의 표정이 내면 상태의 반영이라고 생각한다. 행복하면 미소를 짓는다. 슬프면 얼굴을 찡그린다. 감정이 안에서 밖으로 향한다. 하지만 감정 전염은 그 반대 역시 사실이라고 암시한다. 내가 당신을 미소짓게 만들 수 있으면 당신을 행복하게 만들 수도 있다. 내가 당신을 찡그리게 만들 수 있으면 당신을 슬프게 만들 수도 있다. 이런 의미에서는 감정이 밖에서 안으로 향한다.

감정에 대해 이런 식으로 생각하면, 즉 안에서 밖으로가 아니라 밖에서 안으로 향하는 것이라고 생각하면 왜 어떤 사람들이 다른 사람들에게 막대한 영향을 미칠 수 있는지 이해할 수 있다. 어쨌든 우리들 중 일부는 감정과 느낌을 표현하는 데 굉장히 능숙하다. 다른 사람들보다 감정적 전염성이 훨씬 더 강하다는 뜻이다.

심리학자들은 이런 사람들을 발신자sender라고 부른다. 발신자에겐 특별한 성격이 있고 생리학적으로도 다른 사람들과 다르다. 예를 들어 얼굴을 연구하는 과학자들은 얼굴 근육의 위치, 형태, 그리고 놀랍게도 심지어 근육질환 발생률도 사람마다 큰 차이가 난다고 보고한다.

캐시오포는 "의학과 다르지 않은 상황입니다"라고 말한다. "표현력이 굉장히 강한 감정 보균자가 있고 특히 감염되기 쉬운 사람들이 있습니다. 감정 전염이 질병은 아닙니다. 하지만 메커니즘은 같습니다."

캘리포니아 대학교 리버사이드 캠퍼스의 심리학자 하워드 프리드먼은 감정을 전달하고 전염성을 발휘하는 이런 능력을 측정하기 위해 정서적 의사소통 테스트Affective Communication Test라고 이름 붙인 검사를 개발했다.[12] 이 검사는 신나는 댄스음악을 들었을 때 가만히 있을 수 있는지, 웃음소리가 얼마나 큰지, 친구들과 이야기할 때 몸을 접촉하는지, 유혹적인 눈빛을 보내는 데 얼마나 능숙한지, 관심의 초점이 되길 원하는지 등과 관련된 열세 개의 질문에 피조사자가 직접 답을 기입하는 방식으로 진행된다. 검사에서 나올 수 있는 최고점수는 117점이며, 프리드먼에 따르면 평균점수가 71점 정도다.

이 검사에서 높은 점수를 받는다는 것은 무슨 의미일까? 여기에 답하기 위해 프리드먼은 대단히 흥미로운 실험을 진행했다. 그는 검사에서 90점 이상의 매우 높은 점수를 받은 수십 명, 60점 이하의 매우 낮은 점수를 받은 수십 명을 뽑아 '지금 이 순간' 기분이 어떤지를 측정하는 질문지 작성을 부탁했다. 그런 뒤 모든 고득점자를 따로따로 방에 넣고 각각 두 명의 저득점자들과 함께 짝을 지어 2분 동안 함께 있게 했다. 서로 쳐다볼 수는 있지만 말은 할 수 없었다. 이 시간이 끝난 뒤 지금은 기분이 어떤지 묻는 자세한 질문지에 다시 답해달라고 요청했다.

그 결과 프리드먼은 사람들 사이에 한마디 말도 없었는데 단 2분 만에 저득점들이 고득점자들의 기분을 따라간 것을 발견했다. 카리스마가 강한 사람이 처음에 우울한 기분이었고 표현력이 약한 사람이 처음에 행복한 기분이었을 경우에는 2분이 끝날 즈음에 표현력이 약한 사람 역시 우울해졌다. 하지만 그 반대는 아니었다. 카리스마가 강한 사람만 같은 방에 있는 다른 사람에게 자신의 감정을 전염시킬 수 있었다.

톰 가우가 내게 한 일이 바로 이것일까? 가우와 만났을 때 가장 인상적이었던 건 그의 목소리였다. 가우의 음역은 오페라가수 급이다. 때로는 엄격하게 들리고(이런 상태일 때 그가 가장 잘 쓰는 표현은 "뭐라고 하셨나요?"이다) 때로는 느릿하고 편하게 천천히 이야기했다. 또 때로는 킥킥거리며 웃어서 단어들이 웃음소리와 함께 노래를 하는 듯하다. 각 상태에서 그에 맞춰 표정이 밝아졌고 한 상태에서 다른 상태로 쉽고 빠르게 바뀌었다. 애매한 표현은 없었다. 모든 것이 얼굴에 쓰여 있었다.

물론 나는 내 얼굴은 볼 수 없었지만 그의 표정을 빼닮았을 것이라고 짐작한다. 고개 끄덕거리기와 헤드폰 실험을 이런 맥락에서 다시 생각해보면 재미있다. 내면의 결정에 영향을 미친 외면적 동작, 밖에서 안으로 향한 감정에 설득당한 사람의 예가 그 실험에 있다. 톰 가우가 고개를 끄덕거릴 때 나도 고개를 끄덕거렸을까? 가우가 머리를 흔들었을 때 나도 머리를 흔들었을까?

나중에 나는 가우에게 연락하여 하워드 프리드먼의 카리스마 검사를 해보라고 청했다. 질문을 하나하나 살펴보는 동안 그는 킥킥거리며 웃기 시작했다. '나는 팬터마임에 서툴다. 제스처놀이 같은 게임도 마찬가지다'라는 열한 번째 질문에 이르자 그는 큰 소리로 웃음을 터뜨렸다. "저는 그런 게임을 아주 잘합니다! 제스처놀이를 했다 하면 항상 이기죠!" 이 검사에서 가능한 최고 점수가 117점인데 그는 116점을 받았다.

입소문의 끝

1775년 4월 19일 한밤중에 매사추세츠주 렉싱턴 주민들이 시 광장에 모여들기 시작했다. 모인 사람들의 나이는 열여섯 살부터 예순 살까지 다양했고 머스킷 총과 검, 권총 등 갖가지 무기를 들고 있었다. 그날 아침 위급한 소식이 퍼져나가면서 주변 도시들에서 온 민병대가 합류하여 그 수는 꾸준히 늘어났다. 데덤은 네 개 중대를 보냈다. 린에서는 개별적으로 렉싱턴을 향해 떠났다.

아침까지 소식을 듣지 못한 더 서쪽의 도시들에서는 농부들이 렉싱턴의 전투에 가담하려고 어찌나 서둘렀는지 말 그대로 밭에 쟁기를 그대로 놔두고 길을 나섰다. 많은 도시에서 거의 모든 남성이 전투에 동원되었다. 병사들은 군복이 없어서 이른 아침의 냉기를 막아줄 외투와 챙이 넓은 모자 등 평상복 차림이었다.

식민지 주민들이 렉싱턴으로 몰려가고 있던 때에 영국 정규군(이렇게 불렸다)도 대열을 지어 이 도시를 향해 진군하고 있었다. 동틀 무렵 어슴푸레한 빛 속에 사방에서 사람들이 보였다. 무장한 남성들이 서둘러 렉싱턴에 도착하기 위해 영국군을 앞질러 주변 들판을 달리고 있었다. 정규군이 도심에 가까이 갔을 때는 멀리서 북 소리가 들렸다. 마침내 영국군이 렉싱턴 광장에 도착해 양측이 대면했다.

수백 명의 영국 병사들이 100명도 안 되는 민병대와 맞섰다. 첫 교전에서 영국군은 광장에 짧은 총격 세례를 가하여 일곱 명의 민병을 쓰러뜨리고 식민지 주민들에게 승리를 거두었다. 하지만 이것은 그날 벌어진 일곱 차례의 교전들 중 첫 번째였을 뿐이다. 콩코드에 은닉해 두었다는 총과 탄약을 조직적으로 수색하기 위해 콩코드로 이동한 영국군은 다시 민병대와 충돌했고 이번에는 완패를 당했다. 수많은 사람의 목숨을 앗아가고 미국 식민지 전체를 황폐화시킨 뒤 끝난 미국 독립혁명은 이렇게 시작되었다.

　다음 해 미국 식민지인들이 선포한 독립은 나라 전체의 승리로 일컬어진다. 하지만 미국 독립의 시작은 그게 아니었다. 미국 독립은 어느 추운 봄날 아침, 매우 특별한 소수의 사람들에게 힘입어 말 보관소 소년으로부터 뉴잉글랜드 전역에 퍼져나간 입소문에서 시작되었다. 세일즈맨 몇 명과 메이븐이자 커넥터로서의 비범한 재능을 지녔던 한 사람이 바로 그들이다.

TIPPING POINT

POINT

3장

〈세서미 스트리트〉와
〈블루스 클루스〉

고착성 법칙

Malcolm Gladwell

1960년대 말, 조앤 갠츠 쿠니라는 텔레비전 프로듀서가 유행의 전파에 나섰다. 타깃은 세 살, 네 살, 다섯 살짜리 아이들이었고 전염의 매개체는 텔레비전, 전파하고자 한 '바이러스'는 읽고 쓰는 능력이었다. 이 프로그램은 일주일에 5일, 한 시간 동안 방송될 예정이었고, 그 시간이 충분히 전염성을 발휘한다면 이 프로그램이 교육적 티핑 포인트 역할을 할 수 있길 기대했다.

다시 말하면 사회적 혜택을 받지 못한 가정의 아이들이 초등학교에 들어갔을 때를 대비해 도움을 받고, 선행학습의 가치를 시청자들로부터 비시청자들에게로 전파하고, 아이들과 부모에게 영향을 미치고, 아이들이 이 프로그램을 보지 않게 된 한참 뒤까지 영향을 미칠 만큼 오래 효과가 남길 원했다.

아마 쿠니가 이런 개념들을 사용하거나 자신의 목표를 이런 식으로 자세히 묘사하지는 않았을 것이다. 하지만 본질적으로 그녀가 하고 싶어 했던 일은 만연한 가난과 문맹의 유행에 맞설 학습 유행을

만드는 것이었다. 그녀는 자신의 아이디어를 '세서미 스트리트Sesame Street'라고 불렀다.[1]

어떻게 봐도 대담한 착상이었다. 텔레비전은 쉽고 저렴한 비용으로 많은 사람에게 접근하기에 좋은 방법이다. 텔레비전은 사람들을 즐겁게 하고 매혹시킨다. 하지만 특별히 교육적인 매체는 아니다. 쿠니와 함께 〈세서미 스트리트〉 제작에 참여한 하버드 대학교의 심리학자 제럴드 레서는 1960년대 말에 처음 이 프로젝트 참여를 요청받았을 때 회의적이었다고 회상한다.

"저는 아이에 관해 알고 있는 것들에 맞추어 가르치는 데 항상 관심이 많았습니다. 아이의 장점을 발견하려고 노력하여 그걸 이용할 수 있고, 단점을 발견하려 노력하여 그걸 피할 수 있습니다. 그런 뒤 각각의 아이에 맞추어 가르치려고 노력하죠. (…) 텔레비전은 그렇게 할 잠재력도, 힘도 없습니다."

좋은 교수법은 양방향이며 아이들을 개별적으로 참여시킨다. 모든 감각을 이용한다. 아이에게 반응한다. 하지만 텔레비전은 말하는 상자일 뿐이다. 아이들에게 어떤 구절을 읽으라고 한 뒤 그 구절에 대해 테스트를 해보면 같은 주제의 비디오를 보라고 한 아이들보다 항상 높은 점수를 받았다. 교육 전문가들은 텔레비전이 '참여도가 낮은' 매체라고 설명한다. 텔레비전은 번개 같은 속도로 사람들 사이에 퍼질 수 있지만 코만 몇 번 훌쩍이다 하루 만에 사라지는 일반 감기와 비슷하다.

하지만 쿠니와 레서, 그리고 세 번째 파트너인 뉴욕 마클재단의 로이드 모리셋은 어쨌든 한번 해보기로 했다. 이들은 그 시대에 최고로 창의적인 인물 몇 명을 확보했다. 아이들에게 숫자를 가르치기 위해 텔레비전 광고 기법을 차용했고, 알파벳 학습에 관한 가르침을 주기 위해 토요일 아침 방송되는 만화영화들의 활기찬 애니메이션을 이용했다. 연예인들을 데려와 춤과 노래를 시키고 아이들에게 협력의 장점이나 자신의 감정에 대해 가르치는 짧은 코미디에 출연시켰다.

〈세서미 스트리트〉는 어떤 다른 어린이 프로그램보다 더 높은 뜻을 품었고 더 열심히 노력했다. 이 프로그램의 교육적 가치를 평가할 때마다(〈세서미 스트리트〉는 역사상 어떤 텔레비전 프로그램보다 더 많은 학문적 검토를 받았다) 거의 항상 시청자의 독해 능력과 학습 기술이 향상된 것으로 입증되었다.[2] 〈세서미 스트리트〉가 고정 시청자들의 가정을 훨씬 넘어 전염성 있는 메시지를 전했다고 생각하지 않는 교육자와 아동심리학자는 드물다.

〈세서미 스트리트〉를 만든 사람들은 특별한 무언가를 이루어냈고, 그들이 사용한 방식은 티핑 포인트의 두 번째 법칙인 고착성 법칙을 훌륭하게 설명해준다. 그들은 취학 전 아동들에게 아이디어를 제시하는 방법에 작지만 중요한 변화를 주면 학습도구로서의 텔레비전의 약점을 극복하고 자신들이 하는 말을 기억에 남게 만들 수 있다는 것을 발견했다. 〈세서미 스트리트〉가 성공을 거둔 이유는 텔레비전 방송을 고착성 있게 만드는 법을 알아냈기 때문이다.

마케팅의 황금상자

앞 장에서 논의한 소수의 법칙은 유행의 한 가지 중요한 요소가 메신저의 성격이라고 말한다. 신발이나 경고나 전염병이나 새 영화가 단지 특별한 유형의 사람과 연결됨으로써 전염성이 매우 높아지고 급격한 변화가 촉발될 수 있다. 하지만 그 모든 사례에서 나는 메시지 자체가 전달될 만한 중요한 것임을 기정사실로 두고 이야기했다.

폴 리비어는 "영국군이 오고 있다"라는 말로 입소문을 퍼뜨리기 시작했다. 그가 한밤중에 말을 타고 다니면서 사람들에게 자신의 은세공점에서 백랍컵을 할인하는 중이라고 말했다면 매사추세츠주 시골지역을 자극하지 못했을 것이다.

마찬가지로 로저 호초는 딸이 데려간 식당에 관해 모든 친구에게 팩스를 보내 입소문을 유행시킬 첫발을 내디뎠다. 하지만 그 유행이 시작되려면 당연히 그 식당 자체의 품질이 유지되어야 한다. 그곳에서 식사를 하는 사람들에게 좋은 인상을 주는 식당이 되어야 한다.

유행에서 메신저는 중요하다. 메신저는 무언가가 널리 퍼지게 만든다. 하지만 메시지의 내용 역시 중요하다. 그리고 메시지가 잘 퍼지려면 '고착성'이 필요하다. 메시지, 혹은 식당이나 영화나 제품이 기억에 남을 만한가? 실제로 변화를 일으키고 누군가를 자극해서 행동하게 할 만큼 인상적인가?

고착성이 있으려면 직접적이어야 할 것처럼 보인다. 대부분의 사람들은 자신의 말이 기억되길 원할 때 강조해서 말한다. 큰 소리로 말하고 몇 번이나 반복해서 말한다. 광고계에는 누군가가 광고를 기억하려면 적어도 여섯 번은 보여줘야 한다는 금언이 있다. 이 금언은 마케팅에 수억 달러를 쓰고 온갖 매체를 자신들의 메시지로 가득 채울 여유가 있는 코카콜라나 나이키 같은 회사들에게는 유용한 교훈이다. 하지만 작은 예산과 공영텔레비전의 한 시간 방송으로 읽고 쓰는 능력을 유행시키려는 사람들에게는 그다지 유용하지 않다.

그렇다면 무언가를 고착성 있게 만드는 더 미묘하고 쉬운 방법이 있을까?

다이렉트 마케팅 분야를 생각해보자. 한 회사가 쿠폰을 붙인 광고를 잡지에 싣거나 우편물로 보낸다. 회사는 독자들이 제품을 구입할 수표를 보낼 때 오려낸 쿠폰을 동봉하길 원한다. 메시지가 소비자에게 닿게 하는 일은 다이렉트 마케팅에서 어려운 부분이 아니다. 어려운 건 소비자가 하던 일을 멈추고 광고를 읽은 뒤 기억하고 행동을 취하도록 만드는 것이다.

다이렉트 마케터들은 어떤 광고가 가장 효과적인지 알기 위해 광범위한 테스트를 한다. 같은 광고를 10여 개의 다른 버전으로 만들어 10여 개의 다른 도시에서 동시에 집행하여 각각에 대한 응답률을 비교해볼 수도 있다. 기존의 광고인들에게는 무엇이 효과적인 광고를 만드는지에 대한 통념이 있다. 유머, 눈에 확 띄는 그래픽, 연예인의 홍보 등이 그것이다.

반면, 다이렉트 마케터들에게는 그런 통념이 거의 없다. 반송되는 쿠폰의 수나 텔레비전 광고에 반응해 800 번호로 전화를 거는 사람의 수가 광고효과에 대한 이의를 제기할 수 없는 객관적 척도가 되어주기 때문이다. 다이렉트 마케터들은 광고계에서 고착성에 관한 진정한 연구자들이며, 어떻게 고객에게 접근할지에 대한 가장 흥미로운 결론들 중 일부가 이들의 연구에서 나왔다.

예를 들어 1970년대에 전설적인 다이렉트 마케터인 레스터 원더맨이 컬럼비아레코드클럽이라는 광고주를 두고 대형 광고회사 매캔에릭슨과 결전을 벌인 적이 있다.[3] 지금처럼 당시에도 컬럼비아는 세계 최대의 통신판매회사 중 하나였고 원더맨은 1950년대에 이 회사가 설립되었을 때부터 광고를 담당해왔다.

컬럼비아는 원더맨이 만들던 다이렉트 마케팅 인쇄광고를 보완할 텔레비전 광고 시리즈를 제작하기 위해 매캔을 고용했다. 이 광고는 수신자부담 800 전화번호가 나오는 심야광고가 아니었다. 인지도를 높이기 위해 만들어진 일반 텔레비전 광고였다. 당연히 원더맨은 분노했다. 자신이 20년 동안 컬럼비아를 담당해온 데다 사업의 작은 부분이라도 경쟁사에게 잃는다는 생각은 하기 싫었다. 또 그는 매캔의 광고가 실제로 컬럼비아에 아무 도움이 안 될 것이라고 확신했다.

이 문제를 해결하기 위해 원더맨은 한 가지 테스트를 제안했다. 그는 컬럼비아에게 미국 전역의 스물여섯 개 시장에서 〈TV 가이드〉와 〈퍼레이드Parade〉의 지역판에 그의 회사가 만든 광고를 게재하라고 제의했다. 그리고 그 시장들 중 열세 개 시장에서 매캔의 '인지도' 제고용 텔레비전 광고를 방송하고 다른 열세 개 시장에서는 원더맨이 만든 텔레비전 광고를 방송하여, 지역 〈TV 가이드〉와 〈퍼레이드〉에 실린 광고에 대한 반응을 더 많이 끌어올린 쪽과 전체 계약을 맺자고 했다.

컬럼비아가 동의했고, 한 달 뒤 결과를 집계했다. 원더맨의 시장에서는 답신이 80퍼센트 증가한 반면 매캔의 시장에서는 19.5퍼센트 증가하는 데 그쳤다. 원더맨의 완승이었다.

원더맨이 거둔 성공의 열쇠는 그가 '보물찾기'라고 불렀던 방법이었다. 그는 아트 디렉터에게 모든 〈TV 가이드〉와 〈퍼레이드〉 광고에 부착된 주문 쿠폰의 한 귀퉁이에 작은 황금상자를 넣으라고 했다. 그런 다음 '황금상자의 비밀'을 알려주는 텔레비전 광고 시리즈를 만들었다. 〈TV 가이드〉와 〈퍼레이드〉에서 황금상자를 찾은 시청자들이 컬럼비아의 상품목록에 있는 어떤 레코드라도 이름을 써서 보내면 그 레코드를 공짜로 받을 수 있었다.

원더맨은 황금상자가 일종의 유인제라고 설명했다. 시청자들로 하여금 〈TV 가이드〉와 〈퍼레이드〉의 광고를 찾아보게 만들 이유를 주는 것이다.

황금상자는 시청자들이 텔레비전에서 본 컬럼비아의 메시지와 잡지에서 읽는 메시지를 연결했다. 원더맨은 "황금상자는 독자와 시청자를 양방향 광고 시스템에 참여하게 만든다. 시청자들이 단순히 관객이 아니라 참여자가 된다. 게임을 하는 것과 비슷하다. (…) 캠페인의 효과는 깜짝 놀랄 만했다. 1977년에 컬럼비아의 광범위한 잡지 광고들 중 어느 것도 수익성이 없었다. 그런데 1978년에는 황금상자

텔레비전 광고에 힘입어 모든 잡지가 이윤을 내 전례 없는 흑자전환을 이루었다"라고 썼다.

이 이야기에서 흥미로운 점은 모든 일반적인 기대에 따르면 매캔이 이겼어야 한다는 것이다. 황금상자 아이디어는 매우 저급해 보인다. 컬럼비아가 이 아이디어에 너무 회의적이어서 원더맨이 한번 시도해보자고 회사를 설득하는 데 몇 년이 걸렸다. 반면 매캔은 미국 광고업계의 총아들 중 하나이며, 창의적이고 세련된 광고로 유명한 회사였다. 더구나 매캔의 광고가 나간 시간이 원더맨보다 네 배 더 많았다. 매캔은 황금시간대를 잡았다. 원더맨의 광고는 꼭두새벽에 방송되었다.

앞 장에서 유행은 메시지가 얼마나 많은 사람에게 도착하는지와 부분적으로 상관관계가 있다고 이야기했는데, 이 기준에서 보면 매캔이 훨씬 앞서 있었다. 매캔은 모든 중요한 일을 제대로 했다. 하지만 그들의 메시지를 고착되게 만들 황금상자 같은 작은 마무리 손질을 놓쳤다.

유행한 아이디어나 메시지를 자세히 살펴보면 이들을 고착되게 만든 요소들은 대체로 원더맨의 황금상자처럼 작고 사소해 보이는 것들이다. 예를 들어 1960년대에 사회심리학자 하워드 레반탈이 수행한 소위 공포 실험을 살펴보자.[4]

레반탈은 예일 대학교의 한 4학년 학생 집단에게 파상풍 주사를 맞도록 설득할 수 있는지 알고 싶었다. 그는 학생들을 여러 그룹으로 나누고 파상풍의 위험, 접종의 중요성, 관심 있는 모든 학생에게 대학이 구내 보건소에서 무료로 파상풍 예방접종을 해준다는 사실을 설명하는 7쪽짜리 소책자를 나누어주었다.

소책자는 여러 버전으로 되어 있었다. 일부 학생들은 '겁을 많이 주는 버전'을 받았다. 이 버전에는 파상풍이 극단적인 용어들로 설명되어 있을 뿐만 아니라 파상풍 발작을 일으킨 아이들과 도뇨관, 비강튜브를 달고 기관절개술로 상처를 입은 파상풍 환자들의 컬러 사진이 실려 있었다. '겁을 적게 주는' 버전은 파상풍의 위험을 설명하는 표현의 수위를 낮추고 사진이 생략되었다. 레반탈은 소책자의 차이가 파상풍에 대한 학생들의 태도와 예방주사를 맞을 가능성에 어떤 영향을 미칠지 알고 싶었다.

그 결과는 부분적으로는 꽤 예측 가능한 대로였다. 나중에 질문지를 받았을 때 모든 학생이 파상풍의 위험에 대해 잘 교육받은 것처럼 보였다. 하지만 겁을 많이 주는 버전을 받은 학생들이 파상풍의 위험과 예방주사의 중요성을 더 확신했고 접종을 받으러 갈 의사가 있다고 말할 가능성이 더 높았다.

그러나 레반탈이 실제로 얼마나 많은 학생이 예방접종을 받았는지 살펴보자 그 모든 차이가 사라졌다. 실험 후 한 달 동안 실제로 보건소에 가서 예방접종을 받은 피실험자는 거의 없는 수준이라 할 만한 3퍼센트에 불과했다. 어떤 이유에서인지 학생들이 파상풍에 관해 알게 된 것을 모조리 잊어버리고 그들이 들은 교훈을 행동으로 옮기지 않았다. 이 실험은 고착성이 없었다. 이유가 뭘까?

우리가 고착성 법칙에 대해 알지 못하면 소책자가 파상풍을 학생들에게 설명하는 방식이 뭔가 잘못되었다는 결론을 내릴 것이다. 그리고 우리는 학생들에게 겁을 주려 한 것이 적절한 접근방식이었는지, 파상풍과 관련해 학생들이 자신도 위험할 수 있다는 걸 인정하지 못하게 막는 어떤 사회적 낙인이 있는 것인지, 혹은 학생들이 의학적 시술 자체를 겁낸 것인지 궁금해 할 것이다. 어떤 경우라도 실제로 반응을 보인 학생이 3퍼센트에 불과하다는 결과를 보면 목표 달성까지 갈 길이 멀 것 같다.

하지만 고착성 법칙은 매우 다른 무언가를 시사한다. 문제가 메시지의 전체적인 개념에 있는 게 아니고, 어쩌면 캠페인에 필요한 건 작은 황금상자뿐이라고 암시하는 것이다. 아니나 다를까, 레반탈이 이 실험을 다시 했을 때 작은 변화 하나로도 접종률을 28퍼센트로 끌어올리기에 충분했다. 그 변화란 단지 대학 보건소 건물에 동그라미를 치고 접종 가능한 시간을 명확하게 표기해 놓은 캠퍼스 지도 하나를 포함시킨 것이었다.

이 연구에는 두 가지 흥미로운 점이 있다.

첫째는 접종을 받은 28퍼센트의 학생들 중에서 겁을 많이 준 그룹과 겁을 적게 준 그룹의 비율이 같았다는 것이다. 겁을 많이 주는 소책자에서 어떤 설득력 있는 압박이 더 발견되어도 분명 접종률과 관계가 없었다. 학생들은 잔인한 사진을 보지 않아도 파상풍에 어떤 위험이 있고 자신이 무엇을 해야 하는지 알고 있었다.

두 번째 흥미로운 점은 이 학생들이 4학년이라서 보건소가 어디에 있는지 틀림없이 이미 알고 있었고 분명 여러 차례 방문해 봤으리라는 것이다. 그중에서 누구라도 소책자에 실린 캠퍼스 지도를 실제로 이용했을지는 의심스럽다.

다시 말해 파상풍 예방접종 양상을 변화시키는 데 필요한 건 새롭거나 추가적인 정보의 홍수가 아니었다. 필요한 건 정보 제시 방법의 미묘하지만 의미 있는 변화뿐이었다. 학생들은 파상풍 문제를 자신의 생활과 결부시킬 방법을 알아야 했다. 지도와 예방접종 시간을 추가하자 소책자가 의학적 위험에 관한 추상적 가르침(학창 시절 받았던 무수한 다른 학문적 가르침과 다를 바 없는)에서 현실적이고 개인적인 의학적 조언이 되었다. 일단 조언이 현실적이고 개인적이 되면 기억하기 쉬워진다.

레반탈의 공포 실험과 원더맨이 컬럼비아 레코드를 위해 한 일은 사회적 유행을 어떻게 시작하고 촉발시킬지에 대해 시사하는 바가 많다.

현대 사회에서 우리는 우리의 관심을 시끌벅적하게 요구하는 사람들에게 압도당한다. 텔레비전 방송에서 보통 한 시간 동안 광고에 할애된 시간이 6분에서 9분으로 늘어났고 매년 계속 늘어나고 있다. 뉴욕의 미디어 다이내믹스는 현재 평균적인 미국인이 하루에 254개의 서로 다른 상업용 메시지에 노출된다고 추정했다. 1970년대 중반 이후 거의 25퍼센트 증가한 수치다. 현재 인터넷에는 수백만 개의 웹 사이트가 있고 케이블 채널은 50개가 넘는다. 어느 서점의 잡지 코너를 봐도 매주, 매달 광고와 정보가 꽉 들어찬 수천 개의 잡지들이 나온다는 것을 알 수 있다. 광고계에서는 이런 과다한 정보를 '혼잡clutter' 문제라고 부른다.

광고 혼잡으로 어느 한 메시지를 고착시키기가 점점 더 어려워진다. 코카콜라는 1992년도 올림픽 후원 권리를 얻는 데 3,300만 달러를 썼지만 엄청난 광고 공세에도 불구하고 텔레비전 시청자들 중 코카콜라가 올림픽 공식 청량음료라는 것을 인식한 사람은 약 12퍼센트에 불과했고 다른 5퍼센트는 펩시가 진짜 후원사라고 생각했다. 한 광고조사업체의 연구에 따르면 2분 30초의 광고시간 동안 서로 다른 15초짜리 광고가 적어도 네 개 나갈 때마다 그중 어느 것이건 광고효과가 거의 0으로 떨어진다고 한다.

우리는 듣거나 읽거나 보는 것들 중 대부분을 기억하지 못한다. 정보화시대는 고착성 문제를 발생시킨다. 하지만 레반탈과 원더맨의 사례는 고착성을 향상시키고 메시지에 체계적으로 고착성을 부여하는 간단한 방법이 있을 수 있다고 암시한다. 이 사실은 마케터들, 교사들, 경영자들에게 분명히 중요하다. 그러나 아동 교육 텔레비전 방송, 특히 〈세서미 스트리트〉와 나중에 이 프로그램이 영감을 준 〈블루스 클루스Blue's Clues〉보다 이런 유형의 고착성 부여의 잠재력을 더 잘 보여준 예는 없을 것이다.

〈세서미 스트리트〉와 방해꾼

〈세서미 스트리트〉는 아이들을 이해시키는 데 무엇이 필요한지 직관적으로 파악한 짐 헨슨, 조 라포소, 프랭크 오즈 같은 창의적인 천

재들을 영입한 것으로 유명하다. 이들은 텔레비전의 베아트릭스 포터, L. 프랭크 바움, 닥터 수스였다. 하지만 〈세서미 스트리트〉가 갑자기 번쩍 찾아온 순간적인 통찰력으로 구상된 프로젝트라고 생각하면 오산이다. 사실 이 프로그램을 특별하게 만든 힘은 정확히 그 반대로, 최종 결과물이 엄청나게 신중하고 공들여 계획되었다는 것이다. 〈세서미 스트리트〉는 만약 아이들의 관심을 붙들어놓을 수 있다면 그들을 교육시킬 수 있다는 획기적인 통찰력을 바탕으로 만들어졌다.

이 말은 뻔해 보일 수 있지만 그렇지 않다. 오늘날에도 많은 텔레비전 비평가들은 텔레비전이 중독성이 있고 아이들과 심지어 어른들까지 바보처럼 멍하니 보기 때문에 위험하다고 주장한다.

이런 견해에 따르면 텔레비전의 형식적 특징인 폭력성, 밝은 빛, 시끄럽고 재미있는 소음, 빠른 편집 컷, 줌인과 줌아웃, 과장된 행동, 그 외에 우리가 상업용 텔레비전 하면 떠오르는 모든 것들이 우리의 관심을 붙잡아둔다. 다시 말해 우리는 텔레비전 시청을 계속하기 위해 우리가 보고 있는 것을 이해하거나 흡수할 필요가 없다. 그런 의미에서 많은 사람들이 텔레비전이 수동적이라고 말하는 것이다. 우리는 이 매체의 모든 야단법석에 자극을 받을 때는 시청을 하고, 지루해지면 한눈을 팔거나 채널을 돌린다.

그러나 1960년대와 1970년대의 선구적인 텔레비전 연구자들, 특히 매사추세츠 대학교의 대니얼 앤더슨은 취학 전 아동들이 그런 식으로 텔레비전을 보지 않는다는 것을 깨달았다.[5]

애머스트 칼리지의 심리학자 엘리자베스 로치는 "사람들은 아이들이 앉아서 화면을 쳐다보다가 멍해진다고 생각했어요"라고 말한다.

"그런데 아이들이 무엇을 하고 있는지 주의 깊게 살펴보기 시작하자 실제로는 잠깐 잠깐씩 화면을 보는 경우가 더 흔하다는 것을 발견했습니다. 훨씬 더 다양한 양상이 나타났어요.

아이들은 그냥 앉아서 화면을 보고 있지 않았습니다. 아이들은 두 가지 다른 행동 사이에 관심을 분산할 수 있었습니다. 그리고 마구잡이로 그러는 게 아니었어요. 무엇이 아이들로 하여금 다시 화면을 쳐다보게 만드는지 예측할 수 있는 요인들이 있었습니다. 그 요인들은 사소한 것들이 아니었어요. 그저 번쩍거리며 돌진한다고 쳐다보는 게 아니었습니다."

예를 들어 로치는 〈세서미 스트리트〉의 한 에피소드를 특정한 중요 장면들의 순서가 뒤죽박죽이 되도록 다시 편집했다. 아이들이 번쩍거리며 돌진하는 것에만 관심이 있다면 이렇게 편집해도 달라지는 게 없어야 했다. 어쨌거나 여전히 노래와 머펫들과 화려한 색상과 액션과 〈세서미 스트리트〉를 멋지게 만들어주는 모든 것이 있지 않은가. 하지만 변화가 나타났다. 아이들이 시청을 중단했다. 아이들은 자신이 보고 있는 것이 이해되지 않으면 보려고 하지 않았다.

또 다른 실험에서 로치와 앤더슨은 다섯 살짜리 아이들로 이루어진 두 그룹에게 〈세서미 스트리트〉의 한 에피소드를 보여주었다. 그런데 두 번째 그룹의 아이들은 바닥에 흥미로운 장난감들을 가득 놓아둔 방에 들여보냈다. 예상대로 장난감이 없는 방의 아이들은 방송 시간의 약 87퍼센트 동안 〈세서미 스트리트〉를 본 반면 장난감이 있는 방의 아이들은 약 47퍼센트의 시간 동안만 보았다. 아이들은 장난감에 주의를 빼앗겼다.

그런데 아이들이 프로그램의 얼마나 많은 부분을 기억하고 이해했는지 알기 위해 두 그룹을 테스트해보자 거의 같은 점수가 나왔다. 두 연구자들을 깜짝 놀라게 한 결과였다. 그들은 아이들이 텔레비전을 보는 방식이 생각보다 훨씬 더 복잡하다는 것을 알게 되었다.

두 사람은 "우리는 장난감이 있는 방의 다섯 살짜리 아이들이 프로그램에서 자신에게 가장 유익한 부분을 볼 수 있도록 장난감 놀이와 텔레비전 시청 사이에 관심을 분산하면서 매우 전략적으로 주의를 기울이고 있었다는 결론에 도달했다. 이 전략이 너무도 효과적이어서 아이들이 관심을 더 오래 기울인다고 더 많은 것을 얻는 것은 아니었다"라고 썼다.

장난감을 이용한 연구와 편집 연구를 종합해보면 아이들과 텔레비전에 관한 상당히 급진적인 결론에 도달한다. 아이들은 자극을 받지 않으면 텔레비전을 보지 않고 지루해지면 눈길을 돌린다. 이해가 될 때 텔레비전을 보고 내용이 혼란스러울 때 눈길을 돌린다.

교육용 텔레비전 방송계에 종사하는 사람에게 이것은 중요한 차이다. 이 결과는 아이들이 텔레비전 프로그램에서 배우는 것이 있는지, 그리고 무엇을 배우는지 알고 싶으면 아이들이 무엇을 보는지만 주목하면 된다는 뜻이다. 그리고 아이들이 배우지 않는 것을 알고 싶으면 아이들이 보지 않는 부분에 주목하기만 하면 된다. 취학 전 아이들의 시청 행위는 매우 정교해서 단순한 관찰로도 유아 프로그램의 고착성을 판단할 수 있다.

초기에 〈세서미 스트리트〉 연구의 수장은 교육도구로서 텔레비전의 이용을 전문적으로 연구하던 오리건주의 심리학자 에드워드 파머였다.[6] 1960년대 말에 칠드런스 텔레비전 워크숍Children's Television Workshop이 설립되었을 때 파머는 당연한 영입 대상이었다. "저는 그들이 찾을 수 있었던 유일한 아동용 텔레비전 연구자였어요." 파머가 웃으며 말한다.

그에게 주어진 일은 학계의 조언자들이 〈세서미 스트리트〉를 위해 고안한 정교한 교육 커리큘럼을 실제로 시청자가 수용하는지 파악하는 것이었다. 중요한 임무였다. 에드 파머가 없었다면 〈세서미 스트리트〉가 첫 번째 시즌도 끝내지 못했을 것이라고 말하는 관련자들도 있다.

파머는 그가 '방해꾼distractor'이라고 부른 혁신적인 방법을 사용했다. 그는 텔레비전 화면으로 〈세서미 스트리트〉의 한 에피소드를 보여주면서 바로 옆 스크린에 7.5초마다 새로운 슬라이드를 보여주는 슬라이드 쇼를 재생했다. "상상할 수 있는 별의별 슬라이드가 다 있었어요." 파머가 말한다. "말을 타고 팔을 벌린 채 거리를 달리는 사람, 큰 건물 사진, 잔물결을 따라 떠도는 나뭇잎, 무지개, 현미경을 통해 찍은 사진, 에셔의 그림도 있었죠. 새로운 건 뭐든 아이디어가 됐어요."

그런 다음 취학 전 아동들을 한 번에 두 명씩 방으로 들여보내 〈세서미 스트리트〉를 보게 했다. 파머와 조수들은 연필과 종이를 들고 슬라이드 약간 옆에 앉아서 아이들이 〈세서미 스트리트〉를 볼 때와 관심을 잃고 슬라이드 쇼를 볼 때를 기록했다. 파머와 조수들은 슬라이드가 바뀔 때마다 표시를 했고, 그래서 프로그램이 끝나자 테스트한 에피소드의 어떤 부분이 시청자의 관심을 유지했고 어떤 부분이 그러지 않았는지 초 단위의 보고서가 나왔다. '방해꾼'은 고착성을 판단하는 장치였다.

"우리는 60×90센티미터의 큰 도표용지 여러 장을 테이프로 붙였습니다." 파머가 설명했다. "7.5초마다 측정점을 두었기 때문에 한 프로그램에 400개에 가까운 데이터 포인트가 생겼습니다. 모든 데이터 포인트를 빨간색 선으로 연결했더니 월스트리트의 주식시장 보고서 같아 보이더군요. 선이 곤두박질치거나 서서히 아래로 향하면 우리는 '워, 이게 무슨 장면이야'라고 말했죠. 어떤 때는 선이 도표 꼭대기까지 올라갔고 그러면 '우와, 이 부분이 애들 관심을 꽉 잡았네'라고 말했죠.

우리는 '방해꾼' 점수를 퍼센트로 나타냈어요. 때로는 100퍼센트까지 나왔죠. 대부분의 프로그램에 대한 평균 관심도는 85~90퍼센트였어요. 프로듀서들은 이 점수를 받으면 기뻐했어요. 50퍼센트 정도를 받으면 처음부터 다시 구상을 시작했죠."

파머는 만화영화 〈톰과 제리〉나 〈캡틴 캥거루〉 같은 다른 아동용 프로그램들도 테스트하여 그 프로그램들에서 효과가 높은 부분을

〈세서미 스트리트〉에서 효과가 높은 부분들과 비교했다. 파머는 뭐든 자신이 알게 된 것들을 프로듀서와 작가들에게 피드백하였고, 이 피드백에 따라 프로그램 내용을 조정할 수 있었다.

예를 들어 아이들의 텔레비전 시청과 관련된 일반적인 통념 중 하나가 아이들이 동물을 보는 걸 좋아한다는 것이었다. 파머는 "프로듀서들은 고양이나 개미핥기나 수달을 데려와 보여주고 신나게 돌아다니도록 놔두었어요"라고 말한다. "그렇게 하면 재미있을 거라 생각했죠. 하지만 '방해꾼'으로 테스트를 해봤더니 그런 장면은 매번 실패였어요." 말장난이 특기인 알파벳맨이라는 캐릭터에는 많은 공이 들어갔다. 그런데 파머의 테스트 결과 아이들이 그를 싫어하는 것으로 나타났다. 이 캐릭터는 하차했다.

'방해꾼'은 〈세서미 스트리트〉의 어떤 한 부분도 4분을 넘으면 안 되고 3분이 아마 가장 알맞다는 것을 보여주었다. '방해꾼'의 결과에 따라 프로듀서들은 대화를 단순화시키고 어른들이 보는 방송에서 취했던 기법들을 포기해야 했다.

파머는 "놀랍게도 우리의 취학 전 시청자들은 성인 출연자들이 입씨름을 벌이는 걸 좋아하지 않았습니다"라고 회상했다. "아이들은 두세 명이 한꺼번에 이야기하는 걸 좋아하지 않았어요. 혼란을 일으켜서 장면을 과장하는 것이 프로듀서들의 자연스러운 본능입니다. 그렇게 하면 그 장면이 흥미진진해 보일 것이라 여기죠. 그런데 팩트는 아이들은 그런 상황을 외면한다는 겁니다. 뭔가 흥미진진한 일이 벌어지고 있다는 신호 대신 뭔가 혼란스러운 일이 벌어지고 있다는 신호를 포착하는 거죠. 그러면 흥미를 잃어버립니다. (…)

서너 시즌이 끝난 뒤 나는 관심도가 85퍼센트 이하인 부분이 드물었다고 얘기했어요. 50~60퍼센트인 부분도 거의 보지 못했습니다. 만약 그런 점수가 나왔다면 우리가 손을 봤을 겁니다. 다윈의 적자생존 법칙 아시죠? 우리에게는 적자를 확인하고 살아남아야 할 것들을 판단하는 메커니즘이 있었습니다."

하지만 파머가 '방해꾼'으로 얻은 가장 중요한 발견은 〈세서미 스트리트〉가 방송도 되기 한참 전인 초창기에 나왔다. "1969년 여름이었고 우리는 방송 날을 한 달 반 앞두고 있었어요." 레서가 회상했다. "우리는 이판사판으로 덤벼보자고 결정했어요. 방송 전에 각각 한 시간짜리의 완전한 프로그램 다섯 개를 제작해서 우리가 만든 걸 살펴보기로 했죠."

프로그램을 테스트하기 위해 파머는 필라델피아로 가서 7월 셋째 주에 도시 전역의 60개 가정의 취학 전 아이들에게 이것들을 보여주었다. 힘든 시간이었다. 필라델피아는 폭염이 한창이었다. 그래서 〈세서미 스트리트〉를 봐야 할 아이들이 한시도 가만히 있지 못하고 주의를 기울이지 않았다. 게다가 같은 주에 아폴로 11호가 달에 착륙해서 일부 아이들은 당연히 〈세서미 스트리트〉보다 그 역사적 순간을 더 좋아하는 것 같았다. 최악은 파머의 '방해꾼'이 내린 결론이었다. 레서는 "결과를 알게 된 우리는 거의 무너질 지경이었어요"라고 말한다.

문제는 프로그램을 처음 구상할 때 공상적 요소들과 현실적 요소들을 분리한다고 결정한 것이었다. 이 결정은 공상과 현실을 뒤섞으면 아이들에게 오해를 불러일으킬 수 있다고 느낀 많은 아동심리학자의 주장에 따른 것이었다. 그래서 머펫은 다른 머펫들하고만 나오고 〈세서미 스트리트〉 자체에서 촬영한 장면에는 인간(어른과 아이들)만 등장했다. 하지만 파머가 필라델피아의 테스트에서 발견한 건 거리 장면으로 바뀌자마자 아이들이 모든 관심을 잃어버린다는 것이었다.

레서는 "거리가 접착제가 되어야 했어요"라고 말한다. "우리는 항상 거리로 되돌아가거든요. 거리는 프로그램을 결집시키는 곳이었어요. 그런데 거리 장면에선 그냥 어른들이 일을 하고 떠들고 있어서 아이들이 관심을 주지 않았습니다. 관심도가 믿을 수 없을 정도로 낮게 나왔어요. 아이들은 프로그램을 외면했어요. 그러다 머펫들이 다시 등장하면 관심도가 확 뛰어올랐지만 우리는 계속 그런 식으로 아이들의 관심을 잃어선 안 되었습니다."

레서는 파머가 얻은 결과를 "〈세서미 스트리트〉의 역사에 있어 터닝 포인트"였다고 말한다. "우리는 거리 장면을 계속 그런 식으로 만들었다간 프로그램이 사라지리란 걸 알았어요. 모든 일이 정신없이 빨리 벌어졌어요. 여름에 테스트를 하고 있었는데 가을에 방송이 나가야 했어요. 우리가 무엇을 해야 할지 파악해야 했습니다."

레서는 학문적 조언자들의 의견을 무시하기로 마음먹었다. "우리는 모든 다른 발달심리학자들에게 편지를 보내 공상과 현실을 뒤섞는 것을 심리학자들이 어떻게 생각하는지 알고 있다고 말하기로 결정했어요. 하지만 우리는 어쨌거나 공상과 현실을 뒤섞겠다고 했어요. 그렇게 하지 않으면 성공 가능성이 거의 없을 테니까요."

그래서 프로듀서들은 거리 장면을 전부 재촬영했다. 헨슨과 동료들은 프로그램에 나오는 성인들과 함께 걷고 이야기를 나눌 수 있으며 거리에서 함께 살아가는 머펫들을 만들었다. "그때 빅버드, 오스카 더 그라우치, 스너플러파거스가 탄생했어요"라고 파머가 말한다. 지금 우리가 〈세서미 스트리트〉의 핵심이라고 생각하는 털북숭이 괴물과 진지한 어른의 환상적인 조합은 고착성을 얻고 싶은 필사적인 열망에서 나온 것이다.

그러나 '방해꾼'은 모든 장점에도 불구하고 꽤 허술한 도구였다. 이 도구는 아이들이 화면에서 벌어지고 있는 일을 이해하고 있고 그래서 관심을 기울이고 있다고 알려준다. 하지만 아이가 무엇을 이해했는지, 혹은 좀 더 정확하게 말하면 아이가 정말로 관심을 기울여야 하는 부분에 관심을 기울이고 있는지는 말해주지 않는다.

〈세서미 스트리트〉의 다음 두 단편을 보자. 둘 다 아이들에게 읽기는 개별적인 음들의 조합으로 이루어진다는 것을 가르치는 시각적 조합 훈련 부분이다.

'허그Hug'라는 단편에서는 여자 머펫이 화면 중앙의 HUG라는 단어에 다가간다. 머펫은 H 뒤에 서서 주의를 기울여 H 발음을 한 뒤 U와 G로 차례로 옮겨가며 발음한다. 그러고 나서 다시 왼쪽에서 오른쪽으로 이동하며 다시 한 번 각 글자를 따로따로 발음한 뒤 각 음을 결합하여 '허그'라고 말한다. 그러는 동안 헤리 몬스터 머펫이

들어와 역시 이 단어를 말한다. 이 단편은 헤리 몬스터가 즐거워하는 어린 여자아이 머펫을 껴안으며 끝난다.

'오스카의 낱말조합Oscar's Blending'이라는 또 다른 단편에서는 오스카 더 그라우치와 머펫 크러미가 낱말을 조합했다가 분해하는 '나눌 수 있는 낱말들'이라는 게임을 한다. 오스카가 먼저 큰소리를 C를 부르면 화면 왼쪽 아래에 C가 나타난다. 오스카는 크러미에게 글자 C는 '크'라고 발음한다고 말한다. 그런 뒤 화면 오른쪽 아래에 'at'이라는 글자가 나타나고 크러미가 '앳'이라고 읽는다. 오스카는 '크', 크러미는 '앳'이라고 말하며 왔다갔다 하는데, 두 음이 합쳐져 '캣'이 될 때까지 매번 속도를 점점 더 높인다. 그동안 화면 아래쪽의 글자들도 합쳐져 'cat'이 된다. 두 머펫이 '캣'을 몇 번 반복해서 말한 뒤 와장창 소리와 함께 낱말이 시야에서 사라진다. 그런 뒤 'bat'으로 같은 과정이 시작된다.

두 단편 다 재미있다. 둘 다 아이들의 관심을 붙들어놓는다. 둘 다 '방해꾼' 테스트에서 훌륭한 점수를 받았다. 그런데 이 단편들이 실제로 읽기의 기초를 가르칠까? 이것은 훨씬 더 어려운 질문이었다. 여기에 답하기 위해 1970년대 중반 〈세서미 스트리트〉의 프로듀서들은 바버라 플래그라는 심리학자가 이끄는 하버드 대학교의 연구원들을 불러왔다.[7]

플래그는 안구운동 사진이라고 불리는 분야의 전문가였다. 안구운동 연구는 인간의 눈이 한 번에 아주 작은 영역에만 초점을 맞출 수 있다는 개념을 바탕으로 하는데, 이 영역을 지각범위라고 부른다.

우리는 글을 읽을 때 한 번에 하나의 주요 단어, 그 다음에 그 단어의 왼쪽 네 글자, 오른쪽 열다섯 글자만 받아들일 수 있다. 우리는 이러한 뭉칫말들 중 하나에서 다른 뭉칫말로 건너뛰면서 각 글자를 이해할 정도의 시간 동안 눈을 멈추거나 고정시킨다.

우리가 글에서 오직 그만큼의 범위에만 명확하게 초점을 맞출 수 있는 이유는 우리 눈의 감지기, 즉 우리가 보는 것을 처리하는 수용체들이 망막 중앙의 중심와中心窩라고 불리는 작은 부분에 모여 있기 때문이다. 우리가 글을 읽을 때 눈을 움직이는 건 그 때문이다. 중심와의 초점을 단어들에 직접 맞추지 않으면 단어들의 형태나 색깔이나 구조에 관한 많은 정보를 포착할 수 없다. 예를 들어 이 페이지의 한가운데를 똑바로 응시하면서 이 문단을 다시 읽어보려고 해보라. 그건 불가능하다.

다시 말해 누군가의 중심와가 어디에서 움직이고 어디에 고정되는지 추적할 수 있다면 그 사람이 실제로 무엇을 보고 있는지, 실제로 어떤 종류의 정보를 받아들이고 있는지 매우 정확하게 알 수 있다. 텔레비전 광고를 만드는 사람들이 시선 추적에 집착하는 건 놀라운 일이 아니다. 아름다운 모델을 써서 맥주 광고를 만들면 광고 타깃에서 평균 22세 남성은 모델에만 시선을 고정시키거나 마지막에야 맥주캔으로 눈이 간다.

1975년에 〈세서미 스트리트〉팀은 같은 이유로 하버드를 찾았다. 아이들이 '오스카의 낱말조합'이나 '허그'를 볼 때 단어를 보며 배우고 있는가? 아니면 그냥 머펫만 보고 있는가?

이 실험은 스물두 명의 4~5세 아동들을 대상으로 진행되었다. 부모들이 하버드 교육대학원으로 아이들을 일주일간 데려왔다. 푹신한 머리받침대가 달린 오래된 이발소 의자에 아이들을 한 명씩 앉히고 약 3피트(약 90센티미터) 앞에 17인치 컬러텔레비전을 두었다. 그리고 바로 왼쪽에 걸프 앤드 웨스턴Gulf & Western 적외선 시야 모니터를 설치하여 각 아이의 중심와의 움직임을 추적하도록 주의 깊게 조절했다.

그들은 '허그'는 대성공이라는 것을 발견했다. 모든 시선의 76퍼센트가 글자에 맞추어졌다. 더 좋은 건 모든 취학 전 아동의 83퍼센트가 왼쪽에서 오른쪽 순서로 글자를 응시했다는 것이다. 실제 읽는 과정을 흉내낸 것이다.

반면 '오스카의 낱말조합'은 실패였다. 전체 시선의 35퍼센트만 글자에 맞추어졌다. 그리고 왼쪽에서 오른쪽으로 글자를 읽은 아동은 정확히 0퍼센트였다. 뭐가 문제였을까? 첫째, 글자가 화면의 맨 아래에 있어선 안 되었다. 거의 모든 안구운동 연구가 보여주는 것처럼, 텔레비전을 볼 때 사람들은 화면의 중앙에 시선을 고정시키는 경향이 있기 때문이다. 하지만 이것은 아이들이 오스카를 보느라 글자를 보지 않는다는 단순한 사실에 비하면 부차적인 문제였다. 모델만 보고 맥주캔을 보지 않는 것이다.

"'오스카의 낱말조합'을 기억해요." 플래그가 말한다. "오스카는 굉장히 활발했어요. 오스카는 뒤쪽에서 떠들고 있고 글자가 그의 가까이에 있지 않았어요. 오스카는 입을 크게 움직이고 손을 움직였어요. 손에 뭘 들고 있었고요. 주의를 분산시키는 요소들이 많았죠. 아이들이 글자에 전혀 집중하지 않은 이유는 오스카가 너무 재미있었기 때문이에요." 오스카는 고착성이 있었다. 그런데 교육내용은 그렇지 않았다.

〈블루스 클루스〉와 이야기

〈세서미 스트리트〉가 남긴 유산은 이것이다. 당신이 만든 자료의 구조와 구성방식에 세심하게 주의를 기울이면 고착성을 극적으로 끌어올릴 수 있다. 하지만 〈세서미 스트리트〉보다 더 고착성이 높은 프로그램을 만드는 게 가능할까?

1990년대 중반에 맨해튼에 있던 니켈로디언 네트워크의 젊은 텔레비전 프로듀서 세 명이 바로 이 질문을 던졌다. 충분히 던질 만한 질문이었다. 〈세서미 스트리트〉는 어쨌거나 1960년대의 산물이고 그 사이 30년 동안 아이들의 사고가 어떻게 작동하는지에 대한 이해에 중요한 진전이 이루어졌기 때문이다.

니켈로디언의 프로듀서들 중 한 명인 토드 케슬러는 실제로 〈세서미 스트리트〉에서 일하다 만족하지 못하고 떠난 사람이었다. "저는 〈세서미 스트리트〉를 좋아해요." 케슬러가 말한다. "하지만 저는 항상 아이들의 주의 지속 시간이 짧지 않고 쉽게 30분 동안 가만히 앉아 있을 수 있다고 믿었어요."

그는 전통적인 아동용 텔레비전 방송이 너무 정적이라고 생각했다. "아동용 방송은 시청자들이 말이 서툴거나 심지어 말을 배우기 전이기 때문에 이야기를 시각적으로 전하는 게 중요합니다." 그가 말을 이었다. "텔레비전은 시각적 매체예요. 내용을 충분히 이해시키고 효과를 발휘하려면 그 점을 이용해야 합니다. 말만 많은 아동 프로그램이 너무 많아요. 시청자들은 그걸 따라잡느라 힘이 들죠."

〈세서미 스트리트〉를 보며 자란 케슬러의 동료인 트레이시 산토메로도 비슷한 의구심을 품었다. "우리는 〈세서미 스트리트〉에서 배우고 한 단계 발전시키고 싶었어요." 산토메로가 말했다. "텔레비전은 훌륭한 교육 매체에요. 하지만 지금까지 사람들이 그 잠재력을 탐구하지 않았어요. 판에 박힌 방법으로만 이용해왔죠. 나는 우리가 그걸 바꿀 수 있다고 믿었어요."

그들이 떠올린 것은 〈블루스 클루스〉라는 프로그램이었다. 〈블루스 클루스〉는 한 시간이 아니라 30분짜리 프로그램이고 화려한 출연진도 없다. 사람은 스티브라는 동안의 20대 초반 배우 한 명만 나온다. 카키색 바지에 럭비 셔츠를 입은 그가 프로그램의 진행자 역할을 한다. 또 다양한 잡지 형식의 구성 대신 각 에피소드가 하나의 줄거리, 블루라는 이름의 애니메이션 강아지의 활약을 따라간다.

〈블루스 클루스〉는 텔레비전 프로그램이라기보다 그림책의 영상 버전에 더 가까운 평평한 이차원적 느낌을 준다. 이런 속도는 의도된 것이다. 대본에는 심하게 긴 침묵이 여기저기 끼어 있다. 〈세서미 스트리트〉의 특징인 유머나 말장난이나 영리함은 찾아볼 수 없다.

〈블루스 클루스〉에 나오는 애니메이션 캐릭터들 중 하나인 우체통은 그냥 우체통이라고 불린다. 고정적으로 나오는 다른 두 캐릭터인 삽과 들통도 그냥 삽과 들통으로 불린다. 물론 이 프로그램의 스타인 블루는 파란색 강아지라서 이름이 블루다.

어른들은 〈블루스 클루스〉를 보면서 이 프로그램이 〈세서미 스트리트〉를 개선시킨 것이 맞는지 의아해하기 마련이다. 하지만 개선시킨 게 맞다. 〈블루스 클루스〉는 1996년에 처음 선을 보인 뒤 몇 달만에 〈세서미 스트리트〉의 시청률을 깨트렸다. '방해꾼' 테스트에서는 아이들의 관심을 사로잡는 데 있어 경쟁 프로그램보다 높은 점수를 받았다.

앨라배마 대학교의 교육 연구가 제닝스 브라이언트는 120명의 아이들을 대상으로 〈블루스 클루스〉를 정기적으로 본 아이들과 다른 교육용 프로그램을 본 아이들이 일련의 인지 검사에서 받은 결과를 비교하였다.

브라이언트는 "6개월 뒤 아주 큰 차이가 나타나기 시작했습니다"라고 말한다. "유연한 사고와 문제 해결 능력에 대한 거의 모든 척도에서 통계적으로 유의미한 차이가 나타났습니다. 검사에 60개 항목이 있다면 〈블루스 클루스〉 시청자들은 그중 50개를 정확하게 식별한 반면 대조군은 35개를 식별했어요." 〈블루스 클루스〉는 지금껏 만들어진 가장 고착성이 높은 텔레비전 프로그램들 중 하나다.

그런 매력 없어 보이는 프로그램이 어떻게 〈세서미 스트리트〉보다 고착성이 높을까? 그 대답은, 〈세서미 스트리트〉는 훌륭한 프로그램이지만 그 프로그램에는 미묘하지만 사소하지는 않은 한계점이 많다는 것이다.

예를 들어 프로그램이 똑똑함을 강조하면서 생기는 문제를 살펴보자. 처음부터 〈세서미 스트리트〉는 아동과 성인 둘 다의 흥미를 끌려고 하였다. 아이들, 특히 저소득층 가정의 아이들이 직면한 큰 장애물들 중 하나가 부모가 교육을 장려하지 않거나 교육에 참여하지 않는 것이라는 생각 때문이었다. 〈세서미 스트리트〉를 만든 사람들은 엄마와 아이가 함께 보는 프로그램을 원했다.

〈세서미 스트리트〉에 '어른들에게 알맞은' 요소들, 즉 끊임없는 말장난, 몬스터피스 극장이나 사뮈엘 베케트를 패러디한 '엘모를 기다리며' 같은 대중문화 언급이 그토록 많은 이유는 이 때문이다. (이 프로그램의 수석 작가인 루 버거는 〈세서미 스트리트〉에 지원한 이유가 1979년에 아들과 함께 이 프로그램을 시청하다가 본 '커밋' 편 때문이었다고 말한다. "끝내주는 동화들 중 하나였어요. 그들은 곤경에 빠진 공주를 찾고 있었어요. 커밋이 이 머펫 공주에게 달려가 말했죠." 이 부분에서 버거는 완벽하게 커밋의 흉내를 냈다. "'실례합니다, 당신이 곤경에 빠진 여성 공주님female princess in distress인가요?' 그러자 그녀가 대답했어요. '이게 뭐처럼 보이나요? 여성용 바지 정장pant suit?' 그 장면을 보고 '굉장해, 저기서 일해야겠다'라고 생각했던 게 기억나요.")

문제는 취학 전 아동들은 이런 농담을 이해하지 못하고 '곤경 distress'과 관련된 정교한 말장난 같은 유머가 주의를 분산시킬 수 있다는 것이다. 1997년 크리스마스이브에 방송된 '로이Roy'라는 에피소드에 이를 보여주는 좋은 예가 나온다. 이 에피소드는 빅버드가

〈세서미 스트리트〉에 처음 온 우체부를 우연히 만나는 장면으로 시작된다. 우체부가 빅버드에게 소포를 건네주자 빅버드는 곧바로 어리둥절해져서 묻는다. "여기에 처음 오는데 어떻게 내가 빅버드인 걸 아세요?"

우체부 음, 당신을 쉽게 알아볼 수 있다는 건 인정해야죠! (빅버드를 가리키는 손짓을 하며)

빅버드 그래요? (자신을 살펴본다) 아, 알겠어요. 이 소포는 빅버드에게 온 것이고 난 큰 새니까요. 가끔 잊어먹어요. 내가 내 이름이랑 똑같다는 걸요. 빅버드는 큰 새죠.

빅버드는 슬퍼진다. 그는 다른 사람들은 모두 오스카나 스너피 같은 이름이 있는데 자신은 외모를 묘사한 이름뿐이라는 것을 깨닫는다. 그는 우체부에게 이름이 뭔지 물어본다. 그녀는 이모진imogene 이라고 대답한다.

빅버드 와, 멋진 이름이네요. (아쉬운 듯 카메라를 쳐다보며) 나도 그런 진짜 이름이 있었으면 좋겠어. 내가 무엇인지 말해주는 이름 말고. 꼭 내가 사과나 의자나 뭐 그런 거 같잖아.

그리하여 빅버드의 새 이름 찾기가 시작된다. 그는 스너피의 도움을 받아 〈세서미 스트리트〉를 돌아다니며 추천을 받는다. 잭클대

클, 부치, 빌, 오마, 래리, 새미, 에벤에셀, 짐, 나폴레옹, 랜슬럿, 록키 등의 이름이 나왔으나 결국 로이로 결정한다. 그런데 그 뒤 모든 사람이 새 이름으로 부르기 시작하자 빅버드는 그 이름이 마음에 들지 않는다는 것을 깨닫는다.

"왠지 잘못된 것 같아." 빅버드가 말한다. "내가 큰 실수를 한 것 같아." 그리하여 그는 원래 이름으로 돌아간다. "빅버드가 일반적인 이름은 아니지만 내 이름이고, 난 내 모든 친구들이 그 이름을 부르는 게 좋아"라는 결론과 함께.

이 에피소드는 적어도 표면적으로는 훌륭하다. 에피소드에 깔린 전제가 도전적이고 개념적이지만 대단히 흥미롭다. 감정을 솔직하게 다루고, 다른 아동 프로그램들과 달리 아이들에게 항상 행복하지 않아도 괜찮다고 말해준다. 무엇보다도 재미있다.

이 에피소드는 성공작이 되었을 것 같다. 그렇지 않은가?

그런데 아니었다. 〈세서미 스트리트〉의 조사팀이 '로이' 에피소드를 테스트해보았더니 몹시 실망스러운 수치가 나왔다. 스너피와 빅버드가 나오는 첫 번째 부분은 좋은 점수를 받았다. 예상할 수 있듯이 시청자들이 호기심을 느꼈다. 그런데 그 뒤부터 무너지기 시작했다. 거리 장면의 두 번째 부분에서 관심이 80퍼센트로 떨어졌고 세 번째 부분은 78퍼센트, 네 번째는 40퍼센트, 그 다음은 50퍼센트, 그 다음은 20퍼센트가 나왔다.

프로그램을 본 뒤에 아이들에게 그들이 본 내용에 관해 퀴즈를 냈다. "우리는 매우 구체적인 질문을 던졌고 명확한 대답을 들으려

했어요." 〈세서미 스트리트〉의 연구 책임자이던 로즈메리 트루글리오가 회상했다. "무엇에 관한 프로그램이었어? 이건 60퍼센트가 알고 있었어요. 빅버드는 뭘 하고 싶었어? 이건 53퍼센트가 알고 있었죠. 빅버드의 새로운 이름이 뭐였어? 이건 20퍼센트가 알고 있었어요. 결국 빅버드는 어떤 기분을 느꼈어? 이건 50퍼센트가 알고 있었어요." 반면 동시에 테스트한 다른 프로그램은 퀴즈에서 90퍼센트 이상의 정답률을 기록했다. 한마디로 '로이' 에피소드는 어떤 인상도 남기지 못했다. 고착성이 없었다.

왜 실패했을까? 근본적인 문제는 이 에피소드의 기본 전제, 그러니까 빅버드가 큰 새라고 불리길 원하지 않는다는 본질적인 농담에 있다. 이건 취학 전 아동들은 이해하지 못하는 말장난이다. 취학 전 아동들은 언어를 익히면서 단어와 의미에 관해 많은 가정을 한다. 그중 가장 중요한 것 하나가 심리학자 엘런 마크먼이 상호배타성 원리라고 부르는 개념이다.[8]

이 원리는 간단히 말해 어린아이들이 하나의 대상이 두 개의 이름을 가질 수 있다고 생각하기 힘들다는 뜻이다. 마크먼의 주장에 따르면 아이들은 사물이나 사람에게 두 번째 칭호가 주어지면 그 칭호는 분명 그 사물의 부차적 특성이나 속성을 지칭한다고 자연스럽게 가정한다. 세상의 모든 사물에 단어를 할당하는 엄청난 과제에 부딪친 아이들에게 이 가정이 얼마나 유용한지 짐작이 갈 것이다.

코끼리라는 단어를 배우는 아이는 이 대상이 개와는 다른 무언가라는 것을 절대적 확신을 가지고 알고 있다. 각각의 새로운 단어는 세상에 대한 아이의 지식을 더 정확하게 만들어준다. 반면 상호배타성이 없다면 아이는 코끼리가 단지 개를 부르는 다른 호칭이라고 생각하여 각각의 새로운 단어가 세상을 더 복잡하게 만들 것이다. 상호배타성은 또한 아이가 더 명확하게 사고하도록 돕는다.

마크먼은 "'사과'와 '빨강'을 이미 알고 있는 아이가 누군가가 사과를 '둥글다'라고 언급하는 것을 들었다고 하자. 상호배타성에 의해 아이는 '둥글다'의 의미로 사물(사과)과 그 사물의 색깔(빨강)을 제외하고 '둥글다'라고 부를 다른 속성을 찾아 사물을 분석하려 노력할 수 있다"고 썼다.

하지만 이 개념은 아이들이 두 가지 이름을 가지거나 이름을 바꾼 대상과 관련해 어려움을 겪는다는 것을 의미하기도 한다. 가령 아이는 참나무가 참나무이면서 나무이기도 하다는 개념을 이해하는 데 어려움을 겪는다. (예를 들어 아이가 집 앞의 나무를 참나무라고 알고 있을 때 누군가가 "나무가 멋지다"라고 말하면 아이는 "나무가 아니라 참나무야"라고 말한다.) 아이는 이런 경우 '나무'가 참나무 무리를 나타내는 단어라고 가정할 것이다.

그렇다면 빅버드가 더 이상 빅버드가 아니라 로이로 불리고 싶어 한다는 개념은 취학 전 아동들을 어리둥절하게 만들 게 분명하다. 이미 하나의 이름을 가진 누군가가 어떻게 다른 이름을 가지겠다고 결정하지? 빅버드는 빅버드라는 이름이 단순히 자신이 어떤 유형의 동물인지 묘사하는 명칭이어서 특별한 이름을 원한다고 말한다. 그는 나무가 되고 싶어 하지 않는다. 참나무가 되고 싶어 한다.

하지만 서너 살짜리 아이들은 나무가 참나무도 될 수 있다는 것을 이해하지 못한다. 이 상황에 대한 아이들의 이해범위 내에서는 아마 빅버드가 다른 무언가, 다른 종류의 동물이나 다른 동물 무리로 바뀌려 노력하고 있다고 생각할 것이다. 그런데 어떻게 그럴 수 있단 말인가?

또한 더 심각한 문제가 있다. 〈세서미 스트리트〉는 잡지 형식의 프로그램이다. 보통 한 회가 배우들과 머펫들이 나오는 거리 장면, 애니메이션, 스튜디오 외부에서 찍은 짧은 필름 등 적어도 40개의 별개의 부분들로 구성되어 있고 각 부분이 약 3분을 넘지 않는다. 1990년대 말의 '로이' 같은 에피소드에서 작가들은 처음으로 일부 부분들을 공통 주제로 연결하려고 시도하였다. 그러나 〈세서미 스트리트〉의 역사상 대부분의 기간 동안 각 부분은 전적으로 독자적이었다. 실제로 새로운 세서미 프로그램도 대부분 새로 찍은 거리 장면을 프로그램 자료실에서 가져온 애니메이션과 필름 장면들과 결합하여 구성되었다.

제작진이 〈세서미 스트리트〉를 이런 식으로 구성하고 싶어 한 데에는 이유가 있다. 그들은 취학 전 아동들은 아주 짧고 초점을 잘 맞춘 부분 이상은 집중력을 유지할 수 없다고 생각했다. "어린아이들의 시청 패턴을 살펴보았더니 아이들은 코미디 프로그램인 〈래프인 Laugh-in〉을 보고 있었습니다." 〈세서미 스트리트〉의 개발자들 중 한 명인 로이드 모리셋이 말한다. "그 점이 초기 〈세서미 스트리트〉에 아주 강력한 영향을 미쳤어요. 엉뚱하고 비교적 짧은 재치 있는 농담, 아이들은 그런 걸 좋아하는 것 같았습니다."

〈세서미 스트리트〉 제작진이 더 깊은 인상을 받은 건 텔레비전 광고의 힘이었다. 1960년대는 미국 광고계의 황금시대였고, 당시에는 60초짜리 텔레비전 광고가 네 살짜리 아이들에게 아침식사용 시리얼을 판매할 수 있다면 알파벳도 판매할 수 있다는 생각이 완벽하게 이치에 맞는 것처럼 보였다. 실제로 짐 헨슨과 머펫이 제작진의 흥미를 끈 이유들 중 하나가 헨슨이 1960년대에 매우 성공적인 광고회사를 운영했다는 점이었다.

가장 유명한 머펫들 중 다수가 광고 캠페인용으로 만들어졌다. 빅버드는 실제로 헨슨이 라초이 광고를 위해 만든 7피트(약 2미터)짜리 용을 변형한 것이고 쿠키 몬스터는 프리토레이의 광고모델이었다. 그로버는 IBM의 홍보영상에 사용되었다. (1950년대와 1960년대의 헨슨의 머펫 광고들은 웃음을 참지 못할 정도로 재미있으면서도 어둡고 예리한 면들도 있었지만 당연히 〈세서미 스트리트〉 작업에는 이런 면들이 빠져 있다.)

"광고 구성방식의 가장 중요한 특징이 딱 한 가지를 다루는 것이라고 생각해요." 〈세서미 스트리트〉의 초창기 프로듀서들 중 한 명인 샘 기번이 말한다. "광고는 한 가지 아이디어를 팔아요. 〈세서미 스트리트〉를 작은 단위로 나누어 한 번에 한 개의 글자 같은 한 가지 교육 목표를 해결하다는 개념은 그런 광고 기법에 많이 의지했습니다."

하지만 광고 이론이 학습에 적용될까? 대니얼 앤더슨의 새로운 연구에 따르면 아이들은 실제로는 우리 생각만큼 광고를 많이 좋아하지 않는다고 말한다. 광고는 "이야기를 들려주지 않는데 아이들에게는 이야기가 특히 주목을 끌고 중요하기 때문"이다. 원래의 〈세서미 스트리트〉는 반서사적이었고 서로 관련 없는 단편들을 의도적으로 모아놓았다.

"초기 〈세서미 스트리트〉가 광고의 영향만 받은 건 아니었어요." 앤더슨이 말한다. "취학 전 아동들은 긴 이야기를 따라가지 못한다는 (영향력 있는 아동심리학자) 피아제Piaget 이론에 부분적으로 근거한 당시의 이론적 관점도 영향을 미쳤어요."

그러나 1960년대 말 이후 이러한 생각이 완전히 뒤집혔다. 3~5세 아동들은 복잡한 줄거리와 부차적 줄거리를 따라가지 못할지 모른다. 하지만 현재 심리학자들은 이야기라는 형태가 아이들에게 절대적으로 중요하다고 생각한다.

뉴욕 대학교의 심리학자 제롬 브루너는 "이야기는 아이들이 세계와 경험을 정리하는 유일한 방법이다"라고 말한다. "아이들은 원인과 결과, 관계라는 측면에서 상황을 정리하는 원리들을 따라가지 못합니다. 그래서 상황을 이야기로 바꾸죠. 자신의 삶을 이해하려고 노력할 때 아이들은 자신의 경험을 이야기로 바꿔서 더 깊은 사고를 위한 기초로 사용합니다. 아이들이 이야기 구조에서 뭔가를 포착하지 못하면 기억에 잘 남지 않고 생각을 확장하기 위해 이용할 수 없는 것으로 보입니다."

브루너는 1980년대 초반에 많은 아동전문가의 견해를 바꾸는 데 중요한 역할을 한 '침대에서 한 이야기Narratives from the Crib'라는 매우 흥미로운 프로젝트에 참여했다. 이 프로젝트는 뉴헤이븐에 사는 에밀리라는 두 살짜리 여자아이를 중심으로 진행되었다. 둘 다 대학 교수였던 에밀리의 부모는 딸이 밤에 잠들기 전에 혼잣말을 한다는 걸 알아차렸다.

호기심을 느낀 두 사람은 에밀리의 침대에 작은 녹음기를 놔두고 그 후 일주일에 며칠씩 15개월 동안 딸을 재우면서 나눈 대화와 딸 이 잠들기 전에 한 혼잣말을 녹음했다. 그런 뒤 녹음된 내용을 받아 쓴 122개의 필기록을 하버드 대학교의 캐서린 넬슨이 이끄는 언어 학자와 심리학자들이 분석했다.[9]

이들은 에밀리가 자신들과 나눈 대화가 부모와 나눈 대화보다 수 준이 높다는 것을 발견했다. 에밀리의 녹음테이프를 분석하기 위해 모인 팀원들 중 한 명인 캐럴 플라이셔 펠드먼은 다음과 같이 썼다.

에밀리가 자신에게 하는 말이 (어른들에게 하는 말보다) 전반적으로 훨 씬 더 풍요롭고 복잡해서 언어 발달 연구자인 우리 모두는 지금까지 문헌에서 제시된 언어 습득의 양상이 어린아이의 언어 지식의 실제 패턴을 제대로 나타내지 못한 것이 아닌가 의심하기 시작했다. 일단 불이 꺼지고 부모가 방에서 나가면 에밀리는 아이의 (일상) 대화에서 는 생각하지 못할 깜짝 놀랄 수준의 숙달된 언어 형식을 보여주었다.

펠드먼이 말하는 건 에밀리가 한 독백의 어휘와 문법, 그리고 가 장 중요하게는 언어 구조 같은 부분이다. 에밀리는 자신에게 일어난 일들을 설명하고 조직화하는 이야기, 즉 서사를 구성하고 있었다. 이 이야기들은 언어학자들이 시간적 서술이라고 부르는 형태였다. 에밀리는 사건, 행동, 느낌을 하나의 구조로 통합하기 위해 이야기를 만들었는데, 이 과정은 아이의 정신 발달에 중요한 부분이다.

다음은 에밀리가 생후 32개월일 때 자신에게 들려준 이야기다. 아이들이 혼자 있을 때 하는 말의 수준이 얼마나 높은지 강조하기 위해 길게 인용하겠다.

내일 우리가 잠에서 깨면 먼저 나와 아빠, 엄마. 네가 아침을 먹어. 평소처럼 아침을 먹지. 그런 뒤 우리는 놀 거야. 그러다 곧 아빠가 나타나고 칼이 우리 집에 올 거야. 그러면 우리는 잠깐 동안 놀 거야. 그런 뒤 칼과 에밀리가 차에 타고 유치원에 갈 거야(속삭임). 유치원에 도착하면 우리는 차에서 내려 유치원에 들어갈 거야. 아빠는 우리에게 뽀뽀를 한 뒤 갈 거야. 그럼 우리는 작별 인사를 할 거야. 그런 뒤 아빠는 일하러 가고 우리는 유치원에서 놀 거야. 재미있을 것 같지 않니? 왜냐하면 나는 가끔 유치원 가는 날에 유치원에 가거든. 때로는 일주일 내내 탄타와 함께 있지. 때로는 엄마, 아빠랑 놀고. 하지만 보통은, 가끔, 나는, 음, 어, 유치원에 가. 아침에 아빠가, 평소에, 우리는 평소처럼 아침을 먹을 거야. 그런 뒤 우리는… 그런 뒤 우리는… 놀 거야. 그런 뒤 우리는, 초인종이 울릴 거야. 칼이 왔어. 그런 뒤에 칼이, 그런 뒤 우리는 모두 함께 놀 거야. 그런 뒤에….

에밀리는 자신의 금요일 일과를 묘사하고 있었다. 하지만 어느 특정한 금요일은 아니었다. 에밀리가 이상적이라고 생각하는 금요일, 에밀리가 원하는 모든 일이 일어나는 가상의 금요일이었다. 브루너와 조앤 루카리엘로는 이 부분에 대한 논평에서 다음과 같이 썼다.

놀라울 정도로 뛰어난 세계 구성 활동이다. (…) 에밀리는 어조를 강조하고 중요한 단어들을 길게 늘인다. 또 우리가 그 안에 있는 것 같은 사실주의적 영화를 연상시키는 일종의 '재연' 기법을 쓴다. (친구 칼은 집에 들어올 때 실제로 문을 지나면서 이야기를 했다.) 에밀리는 자신이 모든 것을 '완전히 이해하고 있다'는 것을 강조하려는 듯이 거의 노래를 부르듯 리드미컬하게 독백을 한다. 그리고 독백을 하는 중에 사건들이 일어나는 과정의 재미에 대해 거리낌 없이 코멘트도 한다. ('재미있을 것 같지 않니?')

이야기의 중요성에 대한 이런 증거를 보면 〈세서미 스트리트〉의 성공이 놀라울 수밖에 없다. 이 프로그램은 어린아이들에게 접근하기 위한 모든 방법들 중 가장 중요하다고 밝혀진 것을 회피했다. 또 성인들만 겨냥한 농담으로 취학 전 아동이 느낄 흥미를 희석시켰다. 하지만 어쨌거나 이 프로그램은 성공을 거두었다.

다른 상황에서였다면 대응하기 힘들었을 장애물들을 뛰어난 대본과 머펫들의 따뜻함, 카리스마를 통해 극복한 것이 〈세서미 스트리트〉의 비범함이다. 하지만 〈세서미 스트리트〉보다 더 고착성 높은 아동 프로그램을 어떻게 만들지 이해하기가 쉬워졌다. 취학 전 아동들을 혼란에 빠지게 하는 말장난이나 코미디 없이 완벽하게 사실에 충실한 프로그램을 만들면 된다. 그리고 아이들이 스스로에게 생각하는 법을 가르치는 바로 그 방식대로, 즉 이야기라는 형태로 아이들에게 생각하는 법을 가르치면 된다. 그게 바로 〈블루스 클루스〉다.

반복되는 수수께끼

〈블루스 클루스〉의 모든 에피소드도 같은 방식으로 구성되었다. 진행자인 스티브가 시청자들에게 애니메이션 강아지인 블루와 관련된 수수께끼를 낸다. 어떤 에피소드에서는 블루가 가장 좋아하는 이야기를 알아맞히는 것이 과제였고 또 다른 에피소드에서는 블루가 가장 좋아하는 음식을 알아내야 했다. 시청자들이 수수께끼 푸는 걸 돕기 위해 블루는 일련의 단서를 남긴다. 그 단서란 블루의 발자국이 찍힌 물건들이다. 단서를 발견하는 사이사이에 스티브는 시청자들과 전체 수수께끼와 관련된 주제로 일련의 게임(미니 수수께끼)을 한다.

예를 들어 블루가 가장 좋아하는 이야기를 다룬 에피소드에서는 미니 수수께끼 중 하나에 곰 세 마리와 함께 앉아 있는 스티브와 블루가 등장한다. 그리고 곰들의 죽 그릇이 뒤섞였으니 작은 그릇, 중간 그릇, 큰 그릇을 엄마 곰, 아빠 곰, 아기 곰에게 찾아달라고 시청자들에게 도움을 청한다.

프로그램이 진행되면서 스티브와 블루는 마법의 출입구를 통해 한 애니메이션 세트장에서 다른 세트장으로, 거실에서 정원을 거쳐 환상적인 장소들로 건너뛰며 시청자들을 발견의 여행으로 이끈다. 그러다 이야기가 끝날 즈음 스티브가 거실로 다시 돌아온다.

모든 에피소드의 클라이맥스에서 스티브는 편안한 의자에 앉아 곰곰이 생각한다. 글자 그대로인 〈블루스 클루스〉의 세계에서 이 의자는 당연히 생각하는 의자라고 불린다. 스티브는 블루의 세 가지 단서를 골똘히 생각하며 답을 떠올리려 애쓴다.

여기까지는 분명 〈세서미 스트리트〉에서 근본적으로 벗어났다. 하지만 〈블루스 클루스〉 제작진들은 〈세서미 스트리트〉가 남긴 유산의 어느 부분에서는 등을 돌렸다가, 다시 돌아가 효과적이라고 생각되는 부분들은 차용했다. 사실 차용하는 데 그치지 않고 고착성이 있는 요소들을 취하여 고착성을 더 높이려고 노력했다.

그 첫 번째가 아이들이 무언가를 보는 일에 지적으로 그리고 신체적으로 더 몰두할수록 더 기억에 남고 의미를 갖게 된다는 개념이었다.

니켈로디언 네트워크과 함께 〈블루스 클루스〉를 설계하는 작업을 했던 대니얼 앤더슨은 "저는 〈세서미 스트리트〉의 일부 부분들이 필요한 곳에서 아이들의 많은 상호작용을 이끌어냈다는 걸 알게 되었어요. 커밋이 화면 쪽에 손가락을 대고 애니메이션 글자를 쓰면 아이들도 손가락을 들어 따라서 글자를 쓰는 게 떠올랐어요. 아니면 가끔 〈세서미 스트리트〉의 캐릭터가 질문을 던지면 아이들이 큰 소리로 대답을 하죠.

하지만 〈세서미 스트리트〉는 왜 그런지 그 아이디어를 채택해서 활용하지 않았어요. 〈세서미 스트리트〉의 제작진은 아이들이 때때로 이렇게 한다는 걸 알았지만 그 아이디어를 중심으로 프로그램을 만들려고 시도하지는 않았어요. 니켈로디언은 〈블루스 클루스〉 이전에 아이들에게 분명하게 참여를 요청하는 시험 프로그램 몇 개를 만든 적이 있어요. 그랬더니 아닌 게 아니라 아이들이 정말로 참여를 한다는 많은 증거가 나왔어요.

따라서 이 개념들을 종합해보면 아이들은 텔레비전을 볼 때 지적인 활동에 관심을 느끼고, 기회가 주어지면 활동적으로 행동합니다. 이것이 〈블루스 클루스〉의 철학이 되었습니다."

그리하여 스티브는 화면에 등장하는 거의 모든 시간에 카메라를 향해 직접 이야기를 한다. 도움이 필요할 때면 실제로 시청자의 도움을 요청한다. 스티브의 얼굴이 자주 클로즈업되어 마치 그가 시청자와 같은 방에 있는 것처럼 느껴진다. 스티브는 질문을 던진 뒤에는 매번 말을 멈춘다. 하지만 평소에 말을 멈출 때와는 다르다. 어른들이 대답을 기다릴 때보다 몇 박자 더 오래, 아이들의 속도에 맞추어 빈 시간을 준다.

그러다 화면에 보이지 않는 스튜디오의 방청객들이 마침내 큰 소리로 답을 말한다. 하지만 집에 있는 아이들에게도 자신이 생각한 답을 외칠 기회가 주어진다. 때때로 스티브는 시치미를 떼며 모르는 척한다. 시청자들에게는 분명히 보이는 특정 단서를 발견하지 못하고 도와달라고 간청하듯 카메라를 바라본다.

자, 밑바탕이 된 생각은 동일하다. 프로그램을 시청하고 있는 아이들이 직접 말을 하면서 참여하고 적극적으로 개입하게 하려는 것이다. 아이들과 함께 〈블루스 클루스〉를 보면 이 전략이 성공했음을 분명하게 알 수 있다. 아이들은 마치 야구장의 뉴욕 양키스 골수팬들 같다.

〈블루스 클루스〉가 〈세서미 스트리트〉에서 채택한 두 번째 요소는 반복 개념이었다. 반복은 칠드런스 텔레비전 워크숍 개척자들의 마음을 사로잡았던 개념이다.

1969년에 파머와 레스가 필라델피아에 들고 갔던 다섯 개의 시험 프로그램에 '마녀 완다Wanda the Witch'라는 1분짜리 영상이 있었다. 'Wanda the Witch wore a wig in the windy winter in Washington'(마녀 완다는 바람 부는 겨울 날 워싱턴에서 가발을 썼어)라는 식으로 W 음을 계속 사용하는 영상이었다.

레서는 "구성요소들을 얼마나 많이 반복해도 되는지 감이 오지 않았어요"라고 말한다. "우리는 이 영상을 월요일에 세 번, 화요일에 세 번, 수요일에 세 번 집어넣었어요. 그러다 목요일엔 빼고 금요일 방송의 마지막에 다시 내보냈죠. 수요일 방송이 끝날 때쯤 어떤 아이들은 마녀 완다가 이제 안 나올 거라고 말했어요. 그러다 금요일에 완다가 돌아오자 펄쩍 뛰며 박수를 쳤죠. 아이들은 질리는 지점에 도달했어요. 하지만 그런 뒤 그리워하게 된 거죠."

얼마 지나지 않아 (그리고 상당히 우연히) 〈세서미 스트리트〉의 작가들은 아이들이 왜 그렇게 반복을 좋아하는지 알게 되었다. 배우 제임스 얼 존스가 나와 알파벳을 암송한 에피소드 덕분이었다. 원래 녹화할 때 존스는 글자와 글자 사이에 긴 간격을 두었다. 글자 사이에 다른 요소들을 삽입할 생각이었기 때문이다. 하지만 짐작하겠지만 존스가 너무도 매력적인 인물이어서 〈세서미 스트리트〉의 프로듀서들은 이 필름을 그대로 남겨두고 수년간 반복해서 방영했다.

A나 B 등의 글자가 화면에 나타난 뒤 긴 침묵이 이어진다. 그런 뒤 존스가 글자를 큰 소리로 읽으면 글자가 사라진다. 샘 기번은 "우리는 아이들이 처음에는 존스가 글자를 읽은 뒤 따라서 외치다가 두어 번 반복을 하고 나면 글자가 나타난 뒤 비어 있는 긴 시간 동안 존스보다 먼저 반응한다는 것을 알게 됐어요. 그러다 충분히 반복하고 나면 글자가 나타나기도 전에 예상을 했어요. 아이들은 순서대로 따라가고 있었어요. 처음에는 글자 이름을 배우고 그런 뒤 글자의 이름과 등장을 연관시키고 그 다음에는 글자의 순서를 익히는 거죠"라고 말한다.

성인들은 거듭되는 반복을 지루하다고 생각한다. 같은 경험을 몇 번이고 다시 해야 하기 때문이다. 하지만 취학 전 아동들에게는 반복이 지루하지 않다. 무언가를 볼 때마다 완전히 다른 방식으로 그것을 경험하기 때문이다. 칠드런스 텔레비전 워크숍에서는 반복을 통해 배운다는 개념을 '제임스 얼 존스 효과'라고 불렀다.

〈블루스 클루스〉는 본질적으로 제임스 얼 존스 효과를 중심으로 만들어진 프로그램이다. 니켈로디언은 다른 모든 텔레비전 프로그램처럼 새로운 에피소드를 차례로 방영한 뒤 나중에 재방송으로 반복하는 대신 같은 〈블루스 클루스〉 에피소드를 월요일부터 금요일까지 연달아 닷새 동안 방송한 뒤 다음 에피소드로 넘어갔다.

상상이 가겠지만 이 아이디어가 니켈로디언에서 쉽게 받아들여진 건 아니었다. 산토메로와 앤더슨은 사람들을 설득해야 했다. (니켈로디언이 〈블루스 클루스〉의 한 시즌 전체를 제작할 비용이 없었다는 점도 도움이 되었다.) "집에 견본 필름을 두었는데 당시 세살 반이던 딸이 그걸 계속 반복해서 보더군요." 앤더슨이 말했다. "쭉 관찰을 해봤더니 조금도 흥미를 잃지 않고 열네 번을 봤어요." 견본 필름을 현장에 가져가 테스트했을 때도 같은 현상이 일어났다.

제작진은 대규모의 취학 전 아동 집단에게 연이어 닷새 동안 그 필름을 보여주었는데 한 주가 지나가면서 관심과 이해도가 실제로 증가하였다. 가장 높은 연령대인 다섯 살짜리 아이들만 예외였다. 이 나이의 아이들은 제일 마지막에 가서는 관심이 떨어졌다. 제임스 얼 존스를 보던 아이들과 마찬가지로 아이들은 반복 시청을 할 때마다 다른 방식으로 쇼에 반응했고 더 활기에 넘쳤다. 그리고 스티브의 더 많은 질문에 점점 더 빨리 대답했다.

앤더슨은 "취학 전 아동들의 세계에 대해 생각해보면 그 아이들은 자신이 이해하지 못하는 일들, 생전 처음 보는 일들에 둘러싸여 있습니다. 따라서 취학 전 아동들을 움직이게 하는 힘은 더 나이 많은 아이들의 경우처럼 새로움에 대한 추구가 아니라 이해와 예측가능성에 대한 추구입니다"라고 말한다.

"어린아이들에게는 반복이 매우 가치가 높습니다. 아이들이 반복을 요구합니다. 아이들은 프로그램을 여러 번 다시 보면서 내용을 더 잘 이해할 뿐만 아니라, 이것도 효과의 한 형태이고요, 무슨 일이 일어날지 예측함으로써 확신감과 자아존중감을 느낀다고 생각됩니다. 그리고 〈블루스 클루스〉는 그런 느낌을 배가시킵니다. 아이들이 자신이 무언가에 참여하고 있다는 느낌을 받거든요. 자신이 스티브를 돕고 있는 것처럼 느끼죠."

물론 아이들이 항상 반복을 좋아하는 건 아니다. 반복 노출될 때마다 아이들이 점점 더 깊은 수준의 이해를 할 수 있을 만큼 충분히 복잡한 내용이어야 한다. 그러면서도 처음부터 아이들을 완전히 당황시켜 흥미를 잃게 만들 만큼 복잡해서는 안 된다. 이런 균형을 맞추기 위해 〈블루스 클루스〉는 〈세서미 스트리트〉와 유형은 같지만 훨씬 강도 높은 연구들을 많이 수행했다.

〈세서미 스트리트〉는 한 회를 한 번만, 그것도 완성된 뒤에 했지만 〈블루스 클루스〉는 방송 전에 세 번 테스트를 했다. 또 〈세서미 스트리트〉는 일반적으로 에피소드의 3분의 1만 테스트했지만 〈블루스 클루스〉는 전부 테스트했다.

나는 〈블루스 클루스〉의 연구팀이 취학 전 아동들과 이야기를 나누기 위해 매주 나가는 외근에 한 번 동행한 적이 있다. 팀의 리더는 이 프로그램의 연구 책임자인 앨리스 와일더로, 컬럼비아 대학교에서 교육학 박사학위 과정을 막 끝낸 짙은 색 머리의 활기찬 여성이었다. 그리고 둘 다 20대 초반의 여성인 앨리슨 길먼과 앨리슨 셔먼이 함께 갔다. 내가 동행한 날은 그리니치빌리지의 한 유치원에서 대본을 테스트했다.

그날 테스트한 대본은 동물의 행동에 관한 것이었다. 기본적으로 그 대본은 실제 에피소드가 텔레비전에서 한 장면씩 펼쳐질 방식에 대충 맞춰 그림책에 작성한 초안이었다. 〈블루스 클루스〉의 테스트 담당자들이 스티브 역할을 맡아 아이들에게 대본을 보여주며 아이들이 정확하게 대답한 질문과 아이들을 당황하게 만든 질문을 주의 깊게 기록했다.

예를 들어 한 번은 셔먼이 담황색 머리카락을 가진 다섯 살의 워커와 보라색과 흰색 체크무늬 치마를 입은 네 살 반 먹은 애나와 함께 앉았다. 셔먼이 대본을 읽기 시작했다. 블루에겐 좋아하는 동물이 있어. 그게 뭔지 알아내도록 도와줄까? 아이들은 셔먼을 유심히 쳐다보고 있었다. 셔먼은 부차적 수수께끼들을 하나씩 살펴보기 시작했다. 먼저 아이들에게 개미핥기의 그림을 보여주었다.

"개미핥기는 뭘 먹지?" 셔먼이 물었다.

워커가 대답했다. "개미요."

셔먼이 코끼리 그림이 있는 페이지로 책장을 넘긴 뒤 코를 가리켰다.

"이게 뭘까?"

워커가 유심히 살펴보더니 대답했다. "코."

이번에는 셔먼이 상아를 가리켰다. "이 하얀 것들이 뭔지 아니?"

워커가 다시 보더니 대답했다. "콧구멍이요."

이번에는 셔먼이 아이들에게 곰 사진을 보여주었고 그 뒤 블루의 첫 번째 단서가 나왔다. 흰색과 검은색 반점에 블루의 발자국이 찍혀 있었다.

"검은색과 흰색이네." 애나가 말했다.

셔먼이 아이들을 쳐다보았다. "블루는 어떤 동물에 대해 배우고 싶어 할까?" 그런 뒤 말을 멈추었다. 애나와 워커는 당황한 것 같았다. 마침내 워커가 침묵을 깼다.

"다음 단서를 찾는 게 낫겠어요."

수수께끼의 두 번째 단계는 좀 더 어려워졌다. 이번에는 새 그림이 나왔다. 아이들에게 새가 뭘 하고 있는지 물은 뒤(노래를 하고 있다는 대답이 나왔다) 새가 왜 그렇게 하고 있는지 물었다. 그리고 비버와 벌레에 대해 이야기하고 나자 블루의 두 번째 단서가 나왔다. 빙산이었다. 애나와 워커는 여전히 쩔쩔맸다. 세 번째 단계로 넘어가서는 물고기에 대해 오래 이야기했다. 셔먼은 아이들에게 위장을 한 채 바다 밑바닥에 붙어 큰 물고기를 보고 있는 작은 물고기의 그림을 보여주었다.

"왜 이 물고기가 숨어 있을까?" 셔먼이 물었다.

워커 큰 물고기 때문에요.

앤 얘가 잡아먹을까 봐서요.

이제 블루의 세 번째 단서가 나타났다. 블루의 발자국 모양을 잘

라낸 마분지였다. 셔먼은 이 발자국 마분지를 꿈틀꿈틀 아이들 쪽으로 움직였다.

"발자국이 뭘 하고 있을까?" 셔먼이 물었다.

워커가 집중하느라 얼굴을 찡그렸다. "인간처럼 걷고 있어요." 워커가 대답했다.

"인간처럼 꿈틀거리고 있어?" 셔먼이 물었다.

"뒤뚱뒤뚱 걷고 있어요." 애나가 대답했다.

셔먼은 단서들을 순서대로 다시 살펴보았다. 검은색과 흰색, 얼음, 뒤뚱뒤뚱 걷기.

그런 뒤 말을 멈추었다. 갑자기 워커의 얼굴이 밝아졌다. "펭귄이에요!" 워커가 발견의 기쁨에 들떠 소리쳤다. "펭귄은 몸이 까만색과 흰색이에요. 얼음 위에서 살고 뒤뚱뒤뚱 걸어요!" 〈블루스 클루스〉는 단서들의 순서가 적절해야만 발견의 이야기로서 성공을 거둔다. 쉽게 출발하여 시청자들에게 자신감을 준 뒤 서서히 더 어려워져 취학 전 아동들의 도전의식을 점점 더 북돋우고 아이들을 이야기에 끌어들여야 한다.

개미핥기와 코끼리에 관한 첫 번째 수수께끼가 비버와 벌레들에 관한 수수께끼보다 쉬워야 하고 두 번째 수수께끼가 물고기에 대한 마지막 수수께끼보다 쉬워야 한다. 쇼의 이런 단계적 구성이 아이들이 쇼를 네 번, 다섯 번 보게 만들 수 있었다. 연속해서 볼 때마다 아이들은 점점 더 내용을 숙달하여 더 어려운 부분까지 정확하게 추적하고 마지막에는 모든 대답을 예측할 수 있다.

오전에 테스트를 한 뒤 〈블루스 클루스〉 제작진은 수수께끼의 결과들을 하나씩 살펴보았다. 개미핥기가 개미를 먹는다고 정확하게 알아맞힌 아이는 스물여섯 명 중 열세 명이었다. 첫 번째 단서치고는 정답률이 좋지 않았다. 와일더는 "우리는 시작부터 효과적이길 원했습니다"라고 말했다.

팀원들은 자료들을 뒤적이며 검토를 계속했다. 비버에 관한 수수께끼의 결과를 보고 와일더가 얼굴을 찌푸렸다. 비버가 만든 댐의 그림을 보여주었을 때 아이들은 "비버가 뭘 하고 있니?"라는 첫 번째 질문에는 제대로 대답을 하지 못하다가 "왜 그걸 하고 있을까?"라는 두 번째 질문에는 대답을 잘 했다. (스물여섯 명 중 열아홉 명이 답을 알아맞혔다.) 와일더는 "단계가 바뀐 거죠"라고 말했다.

와일더는 좀 더 쉬운 질문을 먼저 하길 원했다. 다음은 물고기 관련 질문이었다. "왜 작은 물고기가 큰 물고기를 피해 숨어 있을까?" 셔먼이 자신이 기록한 내용들을 찾아보았다. "멋진 대답이 하나 있네요. '작은 물고기가 큰 물고기를 겁주고 싶지 않기 때문이에요.' 그래서 숨어 있었다는 거죠." 모두 웃음을 터뜨렸다.

마지막으로 가장 중요한 문제가 나왔다. 블루가 제시한 단서들의 순서가 적절했을까? 와일더와 길먼은 대본에 나온 순서대로 단서를 제시했다. 얼음, 뒤뚱뒤뚱 걷기, 그 다음에 검은색과 흰색. 첫 번째 단서에서 펭귄이라고 추측한 아이는 열일곱 명 중 네 명, 두 번째 단서에서는 여섯 명, 세 단서가 모두 나온 뒤에 알아맞힌 아이는 네 명이었다. 와일더는 다른 순서, 그러니까 검은색과 흰색, 얼음, 뒤뚱뒤뚱 걷기 순으로 단서를 제시한 셔먼을 쳐다보았다.

"제 경우에는 첫 번째 단서에서는 아홉 명 중 아무도 정답을 말하지 않았어요." 셔먼이 보고했다. "얼음 단서에서는 아홉 명 중 한 명, 뒤뚱뒤뚱 걷기에서는 아홉 명 중 여섯 명이 알아맞혔고요."

"결정적인 단서가 뒤뚱뒤뚱 걷기였네요? 그 단서가 효과적인 것 같군요." 와일더가 말했다. "하지만 도중에 아이들이 다른 동물의 이름을 많이 말했나요?"

"아, 네." 셔먼이 대답했다. "첫 번째 단서 뒤에 개, 소, 판다, 호랑이가 나왔어요. 얼음 단서 뒤에는 북극곰과 푸마가 나왔고요."

와일더가 고개를 끄덕였다. 셔먼이 제시한 단서들의 순서는 프로그램 초반에 아이들이 최대한 광범위하게 사고하도록 만드는 한편 끝까지 긴장감을 유지시켰다. 대본을 쓸 때 최상으로 보였던 단서들의 순서는 답을 너무 빨리 드러냈다. 셔먼이 제시한 순서는 긴장감을 주는데 원래의 순서는 그렇지 않았다.

테스트팀은 아이들과 함께 오전 시간을 보낸 뒤 원하던 것을 얻어 돌아왔다. 이것은 작은 변화일 뿐이다. 하지만 종종 작은 변화가 필요한 전부일 때가 있다.

이 모든 사례들에서 나타나는 고착성의 정의에는 뭔가 매우 반직관적인 부분이 있다. 원더맨은 황금시간대에 광고를 내보내지 않고 시청률이 낮은 시간대를 샀다. 이것은 광고의 모든 원칙에 어긋나는 선택이다. 또한 그는 저급해 보이는 '황금상자' 보물찾기에 번드르르한 '창의적' 메시지를 넣지 않았다. 레반탈은 학생들에게 겁을 주어 파상풍 주사를 맞게 하는 강압적 설득이 먹히지 않는다는 것을 알았다. 실제로 효과가 있었던 방법은 학생들이 이미 위치를 알고 있어서 안내해줄 필요가 없는 보건소의 지도를 주는 것이었다.

〈블루스 클루스〉는 〈세서미 스트리트〉를 그 세대에서 가장 사랑받는 텔레비전 프로그램으로 만들었던 영리함과 독창성을 제거하고 사실에 충실한 착실한 프로그램을 만들었고 각 에피소드를 다섯 번 연달아 반복해서 방영했다.

우리는 모두 누군가에게 영향을 미치는 데 가장 중요한 것이 우리가 제시하는 아이디어의 내재적 품질이라고 믿고 싶어 한다. 하지만 이 사례들 중 전하는 내용을 실질적으로 바꾼 경우는 없다. 대신 머펫들을 H-U-G 뒤에 세우고, 머펫 빅버드를 인간과 함께 두고, 에피소드와 토막극을 한 번 이상 반복하고, 스티브가 질문을 던진 다음 평소보다 잠깐 더 말을 멈추고, 작은 황금상자를 광고 귀퉁이에 넣는 등 아이디어를 제시하는 방법을 살짝 손봄으로써 메시지의 효과를 폭발시켰다.

반감과 수용 사이의 경계선, 다시 말해 일순간에 폭발적으로 번진 유행과 그렇지 않은 것 사이의 경계선은 때때로 보기보다 훨씬 더 좁다. 〈세서미 스트리트〉 제작진은 필라델피아에서의 실패 이후 프로그램 전체를 내다버리지 않았다. 단지 빅버드만 추가했을 뿐이고, 그 빅버드가 상황을 완전히 다르게 만들어놓았다. 하워드 레반탈은 학생들을 더 심하게 겁주어 파상풍 주사를 맞게 하려 하지 않았다. 단지 지도와 접종시간을 덧붙였을 따름이다.

소수의 법칙은 유행을 촉발시킬 수 있는 특출한 사람이 있다고 말한다. 우리가 해야 하는 일은 그런 사람들을 발견하는 것뿐이다. 고착성이 주는 교훈 역시 마찬가지다. 적절한 상황에서 도저히 거부할 수 없도록 정보를 포장하는 간단한 방법이 있다. 우리가 해야 하는 일은 그 방법을 찾는 것뿐이다.

TIPPING POINT

POINT 4장

**괴츠와
뉴욕의 범죄**

상황의 힘 법칙 1

Malcolm Gladwell

1984년 12월 22일, 크리스마스를 앞둔 토요일에 버나드 괴츠[1]는 맨해튼의 그리니치빌리지에 있던 자신의 아파트에서 나와 14번가와 7번대로가 교차하는 곳에 위치한 IRT 지하철역으로 걸어갔다. 그는 모래 빛깔의 머리카락을 가진 30대 후반의 호리호리한 남성으로 안경을 썼고 그날은 청바지와 바람막이를 입고 있었다. 지하철역에서 그는 시내 급행 2호선을 탄 뒤 네 명의 젊은 흑인들 옆에 앉았다. 당시 그 객차에는 약 스무 명이 타고 있었지만 대부분 그 네 명의 10대들을 피해 다른 쪽 끝에 앉아 있었다. 목격자들의 증언에 따르면 그 아이들이 '야단법석을 떨며' '난폭하게 행동하고' 있었기 때문이다.

괴츠는 아이들을 의식하지 못한 것 같았다. "안녕하슈?" 괴츠가 걸어들어 갔을 때 네 명의 아이들 중 한 명인 트로이 캔티가 말을 걸었다. 캔티는 지하철 의자에 거의 엎드려 있다시피 했다. 캔티와 또 다른 한 아이인 배리 앨런이 괴츠에게 다가가서 5달러를 요구했다. 세 번째 아이인 제임스 램서는 총이라도 가진 듯 주머니 안의 수상

쩍어 보이는 불룩한 것을 가리켰다.

"원하는 게 뭐지?" 괴츠가 물었다.

"5달러 내놓으라고." 캔티가 다시 말했다.

나중에 이야기한 것처럼, 괴츠가 아이를 올려다보니 캔티는 "눈을 반짝이며 즐기고 있었다. (…) 얼굴은 환하게 웃고 있었다." 그 미소와 눈이 괴츠를 폭발시켰다. 괴츠는 주머니에서 크롬 도금을 한 5연발 스미스웨슨 38구경 권총을 꺼내 네 아이를 차례차례 쏘았다. 네 번째 아이 대럴 캐비가 비명을 지르며 바닥에 엎드리자 괴츠가 다가가 "넌 멀쩡해 보이네. 한 방 더 쏴 주지"라고 말한 뒤 다섯 번째 총알을 캐비의 척수에 발사해 평생 전신마비로 살게 만들었다.

소동이 벌어지자 누군가가 비상 브레이크를 당겼다. 공포에 질려 얼어붙은 여성 두 명을 제외한 다른 승객들은 모두 다음 칸으로 달아났다. "괜찮으신가요?" 괴츠가 한 여자에게 정중하게 물었다. 여자가 괜찮다고 대답했다. 다른 여자는 바닥에 쓰러져 있었다. 그녀는 괴츠가 자신이 죽었다고 생각하길 바랐다. "괜찮으신가요?" 괴츠가 다시 물었다. 그녀는 고개를 끄덕였다. 그때 현장에 도착한 차장이 괴츠에게 경찰인지 물었다.

"아닙니다." 괴츠가 대답했다. "내가 왜 그랬는지 모르겠어요." 침묵. "놈들이 내게 돈을 뜯어내려 했어요." 차장이 괴츠에게 총을 달라고 했다. 괴츠는 거부했다. 그는 차 앞쪽의 출입문으로 걸어가 안전체인을 풀고 철로로 뛰어내린 뒤 캄캄한 터널 속으로 사라졌다.

IRT에서의 총격사건은 그 후 며칠간 온 나라를 충격에 빠뜨렸다.

네 아이들은 모두 전과기록이 있는 것으로 밝혀졌다. 캐비는 무장 강도짓으로, 캔티는 절도로 체포된 적이 있었다. 그중 세 명의 주머니에는 드라이버가 들어 있었다. 이 아이들은 거의 모든 도시 거주자들이 두려워하는 전형적인 젊은 폭력배들처럼 보였고 이들에게 총을 쏜 수수께끼의 총잡이는 복수의 사자처럼 보였다.

타블로이드 신문들은 괴츠를 "지하철의 자경단", "죽음의 사격수"라고 불렀다. 그는 청취자들이 전화로 참여하는 라디오 쇼와 거리에서 영웅 대접을 받았고, 지하철에서 강도를 당하거나 위협을 받거나 공격을 당한 적이 있는 모든 뉴욕 시민이 남몰래 품어온 환상을 충족시켜준 사람이 되었다. 총격이 일어나고 1주일 뒤인 새해 전야에 괴츠가 뉴햄프셔주의 한 경찰서에 자수했다.

그가 뉴욕으로 송환되었을 때 〈뉴욕포스트〉는 1면에 두 장의 사진을 실었다. 하나는 수갑을 차고 고개를 숙인 채 구속되는 괴츠의 사진이었고, 다른 하나는 눈을 반쯤 감고 팔짱을 낀 반항적인 모습의 흑인 트로이 캔티가 병원에서 퇴원하는 사진이었다. 사진에는 "부상당한 강도가 자유를 향해 걸어가는 동안 수갑을 찬 채 끌려가다"라는 헤드라인이 붙었다.

사건이 재판에 회부되었을 때 괴츠는 폭행과 살인미수 혐의에 대해 쉽게 무죄판결을 받았다. 판결이 나던 날 저녁, 괴츠의 아파트 밖에서는 시끌벅적한 즉석 거리 파티가 벌어졌다.

지옥의 영웅

괴츠 사건은 뉴욕시의 역사에서 범죄가 전염병 수준으로 번지던 어느 암흑기의 상징이 되었다. 1980년대에 뉴욕시는 평균적으로 살인이 연간 2천 건에 이르고 강력범죄는 60만 건을 웃돌았다. 지하철의 상황은 대혼란이라는 말로밖에 표현할 수 없었다.

그날 2호선에 타기 전에 버니 괴츠는 낙서로 뒤덮인 거무스름하고 축축한 벽들에 둘러싸인 어둑한 승강장에서 지하철을 기다렸다. 아마 지하철은 연착했을 것이다. 1984년에 뉴욕 지하철에서는 매일같이 어디선가 총격이 벌어지고 한 주 건너 한 번씩 탈선사고가 일어났기 때문이다.[2]

경찰이 찍은 범죄현장 사진을 보면 괴츠가 앉아 있던 객차 안은 지저분하기 짝이 없었다. 바닥에는 쓰레기가 어질러져 있고 벽과 천장은 낙서투성이였다. 하지만 보기 드문 광경은 아니었다. 1984년에 시 교통청이 보유한 6천 량의 지하철 차량은 미드타운의 근거리 왕복 열차를 제외하고는 하나같이 안과 밖 할 것 없이 천장부터 바닥까지 낙서로 덮여 있었기 때문이다. 겨울에는 충분히 난방이 된 차량이 드물어서 추웠고 여름에는 냉방이 되는 차량이 없어서 숨이 막힐 듯 더웠다.

오늘날 2호선은 챔버가의 급행 정류장을 향해 덜컹거리며 달릴 때 시속 40마일(약 64킬로미터) 이상으로 속도를 높인다. 하지만 괴츠가 탔던 열차가 그렇게 빨랐을지는 의심스럽다. 1984년의 뉴욕 지하철에는 선로가 손상되어 열차가 시속 15마일(약 24킬로미터) 이상으로 달리면 안전하지 않은 위험 구역이 500개에 이르렀기 때문이다.

무임승차가 너무 흔해서 교통청은 연간 1억 5천만 달러의 매출 손실을 입었다. 지하철에서 연간 약 1만 5천 건의 중범죄가 일어났으며 1980년대 말에는 연간 2만 건에 이르렀다. 승객들을 괴롭히는 거지와 잡범들이 판을 쳐서 지하철 이용자수가 지하철 시스템 역사상 최저 수준으로 떨어졌다.

나중에 뉴욕에서 실시하여 성공을 거두게 될 강력범죄와의 전쟁의 핵심인물인 윌리엄 브래튼은 보스턴에서 수년간 살다가 1980년대에 뉴욕의 전철을 탔을 때 본 기막힌 광경을 자서전에 썼다.

토큰을 사려고(당시에는 지하철을 탈 때 동전 모양의 토큰을 이용했다) 끝이 보이지 않는 줄을 서서 기다린 뒤 개찰구에 토큰을 넣으려고 했더니 누군가 일부러 고장을 내놓은게 아닌가. 요금을 내고 승강장에 들어갈 수 없어서 우리는 어느 꾀죄죄한 사람이 붙잡고 있는 문으로 들어가야 했다. 그는 한 손을 내밀고 있었다. 개찰구를 망가뜨려 놓고 승객들에게 토큰을 자신에게 달라고 요구하는 것이었다.

한편 그의 동료들 중 한 명은 토큰 투입구에 걸려 있는 동전을 입으로 빨아내느라 침 범벅을 해놓았다. 대부분의 사람들은 너무 겁에 질려 이 사람들에 맞서지 못했다. 자, 여기 있어, 빌어먹을 토큰 가져가, 내가 알 게 뭐야. 다른 시민들은 개찰구 위를 넘어가거나 아래로 들어가거나 옆으로 돌아가거나 해서 공짜로 통과했다. 마치 단테의 '지옥편'의 지하철 버전으로 들어가는 것 같았다.

이것이 1980년대의 뉴욕, 역사상 최악의 범죄 유행 사태들 중 하나에 시달리던 도시의 모습이다.

그런데 어떤 예고도 없이 갑자기 범죄 유행 양상이 급변했다. 1990년에 정점을 찍었던 범죄율이 가파르게 하락세로 돌아섰다. 살인 사건이 3분의 2 감소했고 강력범죄는 절반으로 줄었다. 같은 시기에 다른 도시들에서도 범죄가 감소했다. 하지만 뉴욕보다 폭력의 수준이 더 많이 혹은 더 빨리 낮아진 곳은 없었다.

1990년대 말에는 지하철 강력범죄가 1990년대 초에 비해 75퍼센트 줄어들었다. 1996년에 괴츠가 대럴 캐비가 제기한 민사소송의 피고인으로 두 번째 재판을 받을 때 이 사건은 언론에게 잊히다시피 했고 괴츠는 거의 시대착오적인 인물로 보였다.

뉴욕이 전국에서 가장 안전한 대도시가 되었을 때는 괴츠가 한때 상징했던 것이 무엇이었는지 정확하게 기억하기 어려웠다. 누군가가 지하철에서 권총을 뽑아 다른 사람에게 들이댔는데 영웅이라고 불리는 건 상상조차 할 수 없었다.

무엇이 범죄를 중단시켰나

범죄를 유행으로 보는 개념이 좀 이상하다는 것은 지적해야겠다. '폭력의 유행'이나 범죄의 폭풍 같은 표현을 쓰기는 하지만, 우리가 범죄가 정말로 가령 허시파피나 폴 리비어의 파발 같은 유행의 법칙들을 따른다고 믿는지는 분명하지 않다. 그런 유행에는 비교적 직접적이고 단순한 대상, 즉 제품과 메시지가 관련되어 있다.

반면 범죄는 하나의 별개의 대상이 아니라 엄청나게 다양하고 복잡한 일련의 행위를 표현하는 데 사용되는 단어다. 범죄행위는 심각한 결과를 낳는다. 범죄가 이루어지려면 범죄자가 자신을 엄청난 개인적 위험에 빠뜨리는 어떤 일을 해야 한다. 누군가를 범죄자라고 부르는 것은 그 사람이 악하거나 폭력적이거나 위험하거나 부정직하거나 불안정하거나 혹은 이런 상태들이 결합되어 있다고 말하는 것이다.

이 중 무엇도 한 사람에게서 다른 사람에게 일상적으로 전달될 것 같은 심리 상태는 아니다. 다시 말해 범죄자들은 전염성 있는 유행의 열풍에 휩쓸릴 수 있는 유형의 사람처럼 보이지 않는다. 그런데 어쨌든 뉴욕에서는 정확히 이런 현상이 일어났다.

1990년대 초부터 중반까지 수년 동안 뉴욕에서 인구 이동이 일어난 건 아니었다. 누군가가 거리로 나가 미래의 비행청소년들에게 옳고 그름의 구별을 성공적으로 가르친 것도 아니었다. 범죄 증가율이 절정이었을 때나 저점을 찍었을 때나 이 도시에는 심리적 손상을 입은 사람들, 즉 범죄 성향의 사람들이 똑같이 많이 살고 있었다.

하지만 어떤 이유에서인지 수만 명의 사람들이 갑자기 범죄 행위를 중단했다. 1984년에 분노한 지하철 승객과 네 명의 흑인 젊은이들 사이의 만남은 유혈 사태로 이어졌다. 오늘날 뉴욕의 지하철에서는 그런 만남이 더 이상 폭력으로 번지지 않는다. 어떻게 그렇게 된 걸까?

그 대답은 유행 전파의 세 번째 원칙인 상황의 힘 법칙에 있다. 소수의 법칙에서는 정보를 퍼뜨리는 데 결정적인 역할을 하는 사람들을 살펴보았다. 〈세서미 스트리트〉와 〈블루스 클루스〉를 다룬 장에서는 고착성 문제를 살펴보면서 유행을 촉발시킬 수 있으려면 아이디어가 기억할 만한 것이어야 하고 행동에 옮기게 만들어야 한다고 이야기했다. 지금까지 우리는 아이디어를 퍼뜨리는 사람들과 성공적인 아이디어들의 특성을 살펴보았다.

하지만 이 장의 주제인 상황의 힘 법칙도 앞의 두 법칙 못지않게 중요하다. 유행은 그 유행이 발생하는 시기와 장소의 상태와 환경에 민감하다.

볼티모어에서는 겨울보다 여름에 매독이 훨씬 많이 퍼진다. 허시파피는 유행의 최첨단 지역인 이스트 빌리지의 아이들이 신었기 때문에 급격한 인기를 얻었다. 이스트 빌리지는 다른 사람들이 그 신발을 새로운 시선으로 볼 수 있도록 돕는 환경이었다. 폴 리비어의 파발이 성공을 거둔 것은 어떤 면에서는 밤에 일어난 일이었기 때문이라는 주장도 가능하다. 밤에 사람들이 침대에 누워 있을 때는 낮에 볼일을 보거나 밭에서 일할 때보다 소식을 전하기가 훨씬 더 쉽다. 게다가 자고 있는 사람을 깨워 뭔가를 말하면 긴급한 소식일 것이라고 자동적으로 가정한다. '폴 리비어의 오후의 파발'이었다면 어땠을지는 상상에 맡기겠다.

여기까지는 비교적 단순하다. 하지만 상황의 힘 법칙이 주는 교훈은 우리가 그저 상황의 변화에 민감하다는 것 이상이다. 우리는 상황의 변화에 절묘하게 민감하다. 그리고 유행을 촉발시킬 수 있는 상황 변화는 우리가 보통 생각하는 것과는 매우 다르다.

깨진 유리창 이론

1990년대에 다수의 꽤 직접적인 이유들로 미국 전역에서 폭력범죄가 감소했다. 갱단과 마약 판매상들 사이에 많은 폭력사태를 발생시켰던 크랙 코카인의 불법거래가 줄어들기 시작했다. 경제의 극적인 회복은 범죄에 끌려들어갈 수 있던 많은 사람이 합법적인 직업을 얻었음을 의미하고, 인구의 노령화는 모든 범죄의 다수를 차지하는 연령대(18~24세 남성)의 구성원이 줄었다는 뜻이다.

그러나 왜 뉴욕에서 범죄가 감소했는지의 문제는 좀 더 복잡하다. 뉴욕의 범죄 유행이 약해지기 시작하던 시기는 시의 경제가 나아진 때가 아니었다. 경제는 여전히 침체되어 있었다. 사실 도시의 가장 빈곤한 동네들이 1990년대 초의 복지 프로그램 축소로 막 타격을 받은 때였다. 뉴욕에서 크랙 코카인의 유행이 약화된 것도 분명히 한 요인이었지만, 크랙 코카인은 범죄가 줄어들기 훨씬 전부터 꾸준히 감소 추세였다. 인구의 노령화에 관해 말하자면, 1980년대에 뉴욕에 유입된 대규모 이민으로 1990년대에 시의 평균 연령이 높아지기는커녕 오히려 낮아지고 있었다.

어쨌든 이 모든 동향들은 점진적 영향을 미칠 것으로 예상되는 장기적 변화였다. 그런데 뉴욕의 범죄 감소는 결코 점진적으로 이루어지지 않았다. 다른 무언가가 뉴욕의 범죄 유행을 뒤집는 데 한몫을 한 게 분명했다.[3]

그 '다른 무언가' 중 가장 흥미로운 후보는 깨진 유리창Broken Windows 이론이다. 깨진 유리창은 범죄학자 제임스 Q. 윌슨과 조지 켈링이 주창한 개념이다.[4] 두 사람은 범죄는 무질서의 필연적인 결과라고 주장했다. 건물의 창문이 깨졌는데 수리하지 않고 방치하면 지나가던 사람들은 그 건물에는 건물 관리자나 책임자가 없다고 결론내릴 것이다. 곧 더 많은 창문이 깨질 것이고 무법 상태라는 느낌이 그 건물에서 거리로 퍼져나가 무슨 짓이든 허용된다는 신호를 보낼 것이다.

윌슨과 켈링은 도시의 낙서, 공공 무질서, 공격적인 구걸 같은 비교적 사소한 문제들이 모두 깨진 유리창에 해당되며 더 심각한 범죄를 불러온다고 썼다.

우발적으로 범죄를 저지르건 직업적인 범죄자건, 소매치기건 강도건 간에 거리에 만연한 무질서의 상황에서, 잠재적 피해자들이 이미 겁을 먹은 곳에서 범행을 하면 붙잡히거나 신원이 밝혀질 가능성이 줄어든다고 믿는다. 도둑들은 성가신 거지를 행인에게서 떼어놓지 못하는 동네라면 경찰에게 전화를 걸어 수상한 사람의 신원을 확인해달라고 하거나 실제로 강도짓이 벌어지더라도 경찰이 개입할 가능성이 낮다고 추론할 수 있다.

이것이 범죄의 유행 이론이다. 이 이론은 패션 트렌드에 전염성이 있는 것처럼 범죄에도 전염성이 있고 그 유행은 깨진 유리창에서 시작해 공동체 전체로 퍼져나갈 수 있다고 주장한다. 하지만 이 유행에서의 티핑 포인트는 특별한 유형의 사람, 로이스 웨이스버그 같은 커넥터나 마크 앨퍼트 같은 메이븐이 아니다. 낙서 같은 물질적인 무언가다. 특정 유형의 행위에 참여하게 만드는 자극이 특정 유형의 사람이 아니라 환경의 특징에서 나온다.

1980년대 중반에 뉴욕 교통청에 컨설턴트로 채용된 켈링은 깨진 유리창 이론을 실행에 옮기자고 촉구했다. 교통청은 이 주장에 부응해 수십억 달러 규모의 지하철 재건 시스템을 감독할 새로운 지하철 책임자로 데이비드 건을 영입했다.

당시 많은 지하철 지지자들은 건에게 낙서 따위는 걱정하지 말고 범죄와 지하철의 신뢰성이라는 더 큰 문제에 초점을 맞추라고 말했고 이런 말들은 합리적인 조언처럼 보였다. 지하철 시스템 전체가 붕괴될 판인데 낙서를 걱정하는 건 타이태닉 호가 빙산 쪽으로 다가가고 있는데 갑판을 청소하는 것만큼 의미 없는 일로 보였다. 하지만 건은 고집을 부렸다.

그는 "낙서는 지하철 시스템 붕괴의 상징입니다"라고 주장했다. "조직의 재건과 사기 회복 과정을 검토해보면 낙서와의 전쟁에서 승리해야 합니다. 그 전쟁에서 이기지 못하면 모든 관리 개혁과 물리적 변화가 일어나지 않을 겁니다. 우리는 한 대에 약 1천만 달러에 달하는 새 열차를 곧 선보이려 합니다. 그 열차들을 보호하기 위해 뭔가를 하지 않으면 무슨 일이 벌어질지 우리는 알고 있습니다. 그 열차들은 하루도 못 가 훼손되어버릴 겁니다."

건은 새로운 관리 구조와 정확한 목표, 노선별로 지하철을 청소하기 위한 시간계획을 세웠다. 그리고 퀸스와 맨해튼 미드타운을 연결하는 7호차부터 시작하여 새로운 기술을 동원해 페인트를 깨끗이 닦아내는 실험에 착수했다. 스테인레스 차량에는 용매를 사용했고, 페인트칠된 차량에는 간단히 낙서에 덧칠을 했다. 건은 결코 물러서서는 안 되며 차량이 일단 '복구'되면 다시는 훼손되어서는 안 된다는 것을 원칙으로 삼았다.

그는 "우리는 거의 종교적인 태도로 그 일에 임했습니다"라고 말한다. 건은 열차들이 멈췄다가 회차하여 맨해튼으로 돌아가는 브롱크스의 1호선 종착역에 청소 기지를 세웠다. 낙서가 있는 열차가 들어오면 선로를 전환하는 동안 낙서를 지우거나 그 차량을 운행에서 제외했다. 낙서를 지우지 못한 '지저분한' 차량이 '깨끗한' 차량에 섞여 운행되는 일은 절대 없었다. 공공기물 파손자들에게 확실한 메시지를 보낸다는 생각에서였다.

"135번가의 할렘에 야간에 열차들을 세워두는 차고지가 있었어요." 건이 말한다. "아이들은 첫날 밤에 열차 옆면을 하얀색으로 칠하고 다음 날 밤에 페인트가 마른 뒤에 와서 밑그림을 그렸어요. 세 번째 날 밤에는 색칠을 했죠. 사흘에 걸친 작업이었어요.

우리는 아이들이 지저분한 열차들 중 하나에 작업을 한다는 걸 알고 있었어요. 그래서 아이들이 벽화를 완성하길 기다렸죠. 그런 뒤 롤러를 들고 가서 그 그림들에 덧칠을 했어요. 아이들이 눈물을 흘리겠지만 우리는 계속 덧칠을 했어요.

그건 아이들에게 보내는 메시지였습니다. 너희들이 사흘 밤이라는 시간을 열차를 훼손하는 데 쓰고 싶다면 좋아, 그렇게 해. 하지만 그 그림이 햇빛을 보는 일은 없을 거야."

건의 낙서 지우기는 1984년부터 1990년까지 이어졌다. 그 시점에 교통청이 윌리엄 브래튼을 대중교통 경찰국장으로 채용했고 지하철 시스템 교정의 2단계가 시작되었다. 브래튼은 건과 마찬가지로 깨진 유리창 이론의 신봉자였다. 실제로 켈링을 자신의 지적 멘토라고 표현하기도 했다. 따라서 경찰국장으로서 그가 취한 첫 번째 조치는 건과 마찬가지로 엉뚱해 보였다. 지하철에서의 강력범죄(중대범죄) 발생률이 사상 최고에 달하자 브래튼은 무임승차를 엄중 단속하기로 결정했다. 왜 그랬을까?

그는 무임승차가 낙서와 마찬가지로 훨씬 더 중대한 범죄를 불러일으키는 신호, 무질서의 작은 표현이라고 생각했기 때문이다. 매일 17만 명에 이르는 사람들이 이런저런 방법으로 토큰을 사지 않고 승강장으로 들어갔다. 그냥 개찰구를 뛰어넘는 아이들도 있고 몸을 낮춰 힘겹게 빠져나가는 사람도 있었다. 그리고 한 사람, 두 사람, 세 사람이 부정행위를 하기 시작하면 법을 어기는 짓은 생각해보지도 않았을 사람들도 남들이 요금을 내지 않으니 자신도 내지 않아야 된다고 생각하며 여기에 가담했다.

이렇게 하여 문제가 눈덩이처럼 커졌다. 그리고 무임승차와의 싸움이 쉽지 않다는 사실 때문에 문제는 더 악화되었다. 경찰들은 승강장과 열차 안에서 더 심각한 범죄들이 많이 일어나고 있는 때에 고작 1.25달러밖에 안 되는 돈 때문에 무임승차자를 쫓는 데 시간을 쓸 만한 가치가 없다고 느꼈다.

브래튼은 파란만장한 삶을 살아온 카리스마 넘치는 사람으로, 타고난 리더다. 그는 곧 자신의 존재감을 드러냈다. 아내가 보스턴에 남아 있었기 때문에 장시간 자유롭게 일할 수 있었던 그는 밤에 지하철을 타고 도시를 돌아다니며 무엇이 문제이고 어떻게 하면 그 문제들과 가장 잘 싸울 수 있을지 감을 잡았다.

먼저 그는 무임승차 문제가 가장 심각한 역들을 골라 사복 경찰을 열 명이나 개찰구에 배치했다. 이 팀은 무임승차를 하는 사람들을 한 명씩 붙잡아 사람들의 충분한 관심을 끌 때까지 승강장에 한 줄로 세워놓았다. 대중교통 경찰이 이제 무임승차자들을 엄중 단속할 것임을 가능한 한 공개적으로 알리겠다는 생각에서였다.

그 이전에는 경찰들이 무임승차자를 쫓아가는 걸 꺼렸다. 체포를 해서 경찰서로 데려가 필요한 서류를 작성하고 그 서류가 처리되길 기다리는 데 꼬박 하루가 걸렸기 때문이다. 보통 가벼운 처벌을 받는 범죄에 그 모든 시간을 써야 했다.

브래튼은 시내버스를 개조하여 팩시밀리, 전화기, 유치장, 지문 채취 장치를 갖춘 이동 경찰서를 만들었다. 얼마 지나지 않아 체포

처리 시간이 한 시간으로 줄어들었다.

브래튼은 또한 체포된 사람을 모두 검문해야 한다고 주장했다. 아니나 다를까, 붙잡힌 사람 일곱 명 중 한 명이 이전에 저지른 범죄로 영장이 발부되어 있었고 스무 명 중 한 명이 무기를 소지하고 있었다. 경찰관들에게 무임승차 문제와 씨름하는 게 타당한 것임을 설득하기가 갑자기 쉬워졌다.

브래튼은 "경찰들에게는 노다지였다"라고 썼다. "체포를 할 때마다 크래커 잭 상자를 여는 것과 비슷했다. 이번에는 어떤 장난감을 얻게 될까? 총? 칼? 체포영장? 여기서 살인자를 잡을까? (…) 얼마 후 악당들은 상황을 알아차리고 무기를 집에 놔두고 지하철 요금을 내기 시작했다."

브래튼이 취임하고 첫 몇 달 동안 만취나 부적절한 행동으로 지하철역에서 쫓겨난 사람이 세 배나 늘었다. 예전에는 눈에 띄지 않고 넘어갔던 가벼운 범죄로 체포된 건수는 1990년부터 1994년 사이에 다섯 배 상승했다. 브래튼은 대중교통 경찰을 가장 사소한 위반, 지하철의 세부적 문제들에 초점을 맞춘 조직으로 바꾸었다.

1994년에 루돌프 줄리아니가 뉴욕시장으로 선출된 뒤 브래튼은 뉴욕 경찰국장으로 임명되었다. 브래튼은 같은 전략을 시 전체에 적용했다. 그는 경찰들에게 삶의 질을 떨어뜨리는 범죄들을 강력 단속하라고 지시했다. 예를 들어 사거리에서 신호를 기다리는 차의 창문을 닦고 운전자에게 돈을 요구하는 '스퀴지맨squeegee men'이나 지하철 개찰구 뛰어넘기, 낙서하기 등 모든 범죄행위를 단속했다.

브래튼은 "이전의 경찰행정은 규제로 족쇄가 채워져 있었어요. 우리는 그 족쇄를 풀어버렸죠. 공공장소에서의 음주, 노상방뇨에 대한 법 집행을 강화하고 상습적인 위반자들을 체포했어요. 거리에서 빈 병을 던지거나 자산에 비교적 사소한 피해를 입힌 행위에 연루된 사람들도 포함해서요. 거리에 침을 뱉으면 감옥에 가게 되는 거죠."

지하철에서와 마찬가지로 빠르고 극적으로 시의 범죄가 줄어들기 시작하자 브래튼과 줄리아니는 같은 원인을 지목했다. 겉으로는 대수롭지 않아 보이지만 삶의 질을 떨어뜨리는 사소한 범죄들이 폭력범죄의 티핑 포인트라는 것이다.

깨진 유리창 이론과 상황의 힘 법칙은 동일하다. 둘 다 주변 환경의 가장 작은 세부적인 부분들을 손봄으로써 유행이 뒤바뀔 수 있고 급변할 수 있다는 전제를 바탕으로 한다. 생각해보면 이것은 매우 급진적인 생각이다. 예를 들어 버니 괴츠와 네 명의 젊은이 앨런, 램서, 캐비, 캔티가 지하철에서 맞닥뜨렸던 사건을 생각해보자.

일부 보도에 따르면 적어도 그중 두 명은 사건 당시 마약 중독 상태였던 것으로 보인다. 아이들은 전부 사우스 브롱크스에서 최악의 지역들 중 하나인 클레어몬트 빌리지 저소득층 주택단지 출신이었다. 당시 캐비는 무장 강도로 기소되어 있었고, 캔티는 장물을 소지하여 중죄로 체포된 적이 있었다. 앨런은 폭행미수로 체포된 적이 있었다. 또 앨런, 캔티, 램서 모두 고의적 범죄부터 좀도둑질까지 다양한 위법행위로 경범죄 판결을 받았다. 괴츠가 총을 쏘고 2년 뒤 램서는 강간, 강도, 남색, 성적 학대, 폭행, 총기의 불법 사용, 장물 소지로 25년형을 선고받았다. 이런 사람들이 폭력사건의 한가운데에 휘말린 것은 놀라운 일이 아니다.

그리고 괴츠가 있다. 그는 완전히 이례적인 행동을 했다. 백인 전문직들은 보통 지하철에서 흑인 젊은이들에게 총을 쏘지 않는다. 하지만 괴츠가 어떤 사람인지 자세히 살펴보면 그는 결국 폭력상황에 휘말리게 되는 전형적인 유형의 사람이다. 그의 아버지는 가혹한 성격의 엄격한 규율주의자였고 괴츠는 종종 아버지의 분노의 표적이 되었다. 학교에서는 급우들에게 괴롭힘을 당하고 게임에서 가장 마지막에 선택되는 아이, 종종 울면서 학교 문을 나서던 외로운 아이였다.

그는 대학을 졸업한 뒤 웨스팅하우스에서 핵잠수함을 구축하는 일을 했다. 하지만 오래가지는 않았다. 괴츠는 부당해 보이는 관행과 날림으로 처리하는 일들을 놓고 상사와 끊임없이 충돌했고 계약상 금지되어 있는 일을 해서 회사와 노동조합의 규칙을 깨뜨렸다.

그는 6번대로 근처의 맨해튼 14번가에 있는 아파트를 얻었다. 당시 그곳은 노숙과 마약 거래가 판을 치던 구역이었다. 괴츠와 가깝게 지내던 건물 수위들 중 한 명이 강도에게 흠씬 두들겨맞은 적도 있었다.

괴츠는 동네 청소에 집착했다. 자신이 사는 건물 근처의 빈 신문 가판대에 대해서도 끊임없이 불평했다. 부랑자들이 그 가판대를 쓰레기통으로 이용하고 소변을 보았기 때문이다. 어느 날 밤 누구 짓인지 모르지만 그 가판대가 불탔고 다음 날 괴츠가 거리에 나와 잔해를 치웠다.

한 번은 주민회의에서 "우리가 이 거리를 청소하는 유일한 방법은 스페인어를 쓰는 놈들과 깜둥이들을 제거하는 것뿐입니다"라고 말해 회의에 참석한 사람들을 충격에 빠뜨리기도 했다.

1981년의 어느 날 오후 괴츠는 커낼 스트리트 역으로 들어가다가 세 명의 흑인 젊은이들에게 습격을 당했다. 그는 역 밖으로 달려나왔고 세 명이 뒤쫓아왔다. 아이들은 그가 들고 있던 전자 장비를 낚아채고 그를 두들겨패다가 판유리 문으로 내던져 가슴에 영구적인 손상을 입혔다.

괴츠는 비번이던 한 환경미화원의 도움을 받아 세 명 중 한 명을 간신히 진압했다. 하지만 이 경험으로 적의를 품게 되었다. 그는 경찰서에서 여섯 시간을 보내며 경찰과 이야기했지만 그를 공격한 사람은 두 시간 뒤에 풀려났고 결국 고작 경범죄로 기소되었다. 그는 시에 총기소지 허가증을 신청했지만 거절당했다. 1984년 9월에 그의 아버지가 세상을 떠났다. 3개월 뒤 그는 지하철에서 네 명의 흑인 젊은이 옆에 앉아 있다가 총을 쏘았다.

다시 말해 그는 권위에 반항심을 가진 사람, 시스템이 제대로 돌아가지 않는다고 확신하는 사람, 최근에 굴욕을 당했던 사람이었다. 괴츠의 자서전을 쓴 릴리언 루빈은 14번가에 주거지를 정한 그의 선택을 우연으로 보기 힘들다고 썼다.

"괴츠에게는 그곳의 환경이 뭔가 매력적으로 보였다. 정확히 말하면 그곳의 결핍과 불편이 그의 내면에 있던 분노의 포괄적인 표적이 되었다. 그는 외부 세계에 분노의 표적을 맞춤으로써 내면의 분노를 마주 대하지 않아도 되었다. 그는 더러움, 소음, 취객, 범죄자, 밀매자, 마약중독자를 비난했다. 그리고 그런 비난에는 모두 그럴만한 이유가 있었다." 루빈은 괴츠의 총알이 "현재뿐 아니라 그의 과거에 존재하던 대상들까지 겨냥했다"고 결론내렸다.

2호선에서 일어난 사건을 이런 식으로 생각해보면 총격이 필연적으로 일어날 일이었다고 느껴지기 시작한다. 폭력배 네 명이 정신적 문제를 가진 사람과 맞닥뜨렸다. 총격 장소가 지하철이었던 것은 우연으로 보인다. 괴츠는 버거킹에서 그 아이들과 앉아 있었더라도 총을 쏘았을 것이다. 우리가 범죄 행위에 적용하는 대부분의 공식 설명들은 같은 논리를 따른다.

정신과 의사들은 범죄자들을 정신발달이 저해된 사람, 부모와 병리학적 관계를 가진 사람, 적절한 롤 모델이 없는 사람이라고 말한다. 특정 개인들이 범죄 성향을 결정짓는 유전자에 관해 논하는 비교적 최근의 문헌도 있다.

대중적으로는 범죄를 공동체, 학교, 그리고 더 이상 옳고 그름을 존중하며 아이를 기르지 않는 부모들의 윤리적 실패의 결과라고 이야기하는 보수주의자들의 저술이 수없이 많다. 이 견해들 모두는 본질적으로 범죄자가 한 성격 유형, 즉 정상 사회의 규범에 대한 둔감함으로 특징지어지는 성격 유형에 속한다고 말한다.

정신적 발달이 저해된 사람들은 어떻게 건전한 관계를 맺어야 하는지 알지 못한다. 폭력을 저지르기 쉬운 유전적 소인이 있는 사람들은 정상인들이 냉정을 잃지 않을 때 욱하고 화를 낸다. 옳고 그름을 구별하는 법을 배우지 않은 사람들은 무엇이 적절한 행위인지 무엇이 그른 행위인지 의식하지 못한다. 아버지 없이 가난하고 인종차별에 시달리며 자란 사람들은 건전한 중산층 가정 출신 사람들만큼 사회 규범에 충실하지 않다. 이런 면에서 괴츠와 지하철의 네 아이들은 제대로 기능하지 않는 그들만의 세상에 갇힌 죄수들이었다.

그런데 깨진 유리창 이론과 상황의 힘 법칙이 제시하는 것은? 정확히 그 반대다. 이 이론들은 범죄자가 근본적이고 내재적인 이유에 따라 행동하는 사람, 자신만의 세계에서 사는 사람과는 거리가 멀고 오히려 자신의 환경에 매우 예민하고 갖가지 신호들을 빈틈없이 경계하며 주변 세계에 대한 자신의 인식에 근거하여 범죄를 저지르는 사람들이라고 말한다.

이것은 놀라울 정도로 급진적이고 어떤 의미에서는 믿기 어려운 개념이다. 그런데 여기에는 훨씬 더 급진적인 면이 있다. 상황의 힘 법칙은 환경론적 주장이다. 이 법칙은 행동이 사회적 상황과 함수관계에 있다고 말한다. 하지만 이 법칙은 매우 특이한 유형의 환경결정론이다.

1960년대에 자유주의자들이 비슷한 주장을 펼쳤지만, 그들이 말하는 환경의 중요성은 기본적인 사회적 요인들의 중요성이었다. 그들은 범죄는 사회적 불평등, 구조적인 경제 불평등, 실업, 인종차별, 수십 년에 걸친 제도적, 사회적 방치의 결과라고 말했다. 따라서 범죄를 멈추게 하고 싶다면 꽤 영웅적인 조치들을 취해야 했다.

하지만 상황의 힘 법칙은 정말로 중요한 건 사소한 것들이라고 말한다. 이 법칙은 지하철에서 괴츠와 네 명의 아이들 사이에 벌어진 결전은 결국 괴츠의 헝클어진 병적인 정신 상태와도, 그에게 말을 건 네 젊은이의 배경이나 가난과도 거의 관계가 없으며 벽의 낙서들과 개찰구의 무질서가 보내는 메시지와 관련이 있다고 말한다. 또 범죄를 해결하기 위해 큰 문제들을 해결할 필요가 없다고 말한다. 낙서를 지우고 무임승차하는 사람들을 체포하기만 해도 범죄를 막을 수 있다.

범죄의 유행에는 볼티모어의 매독이나 허시파피 같은 패션 트렌드만큼 단순하고 간단한 티핑 포인트가 있다. 내가 상황의 힘 법칙을 급진적 이론이라고 부르는 건 이런 의미에서다.

일반적으로 보수주의자와는 거리가 멀다고 알려진 줄리아니와 브래튼은 실제로 범죄 문제에 관해 상상할 수 있는 가장 극단적인 자유주의의 입장을 나타낸다. 너무도 극단적인 입장이어서 거의 받아들이기 불가능할 정도다. 어떻게 괴츠의 머릿속에서 일어나고 있던 일이 중요하지 않을 수 있단 말인가? 그리고 정말로 중요하지 않다면 그 사실을 믿기가 왜 그렇게 힘들단 말인가?

상황에 따라 변하는 성격

2장에서 마크 앨퍼트 같은 사람이 입소문 유행에 왜 그렇게 중요한지 논의하면서 나는 직관에 어긋나 보이는 설득의 두 가지 측면에 관해 이야기했다.

하나는 ABC에서 피터 제닝스가 진행하는 뉴스를 본 사람들이 톰 브로코나 댄 래더의 뉴스를 본 사람들보다 공화당에 표를 던질 가능성이 더 높았고, 그 이유는 제닝스가 부지불식간에 공화당 후보에 대한 애정을 암시했기 때문이라는 것을 보여준 연구였다.

두 번째 연구는 카리스마가 강한 사람들이 한마디 말도 없이 아주 짧게 노출되어도 다른 사람에게 자신의 감정을 옮길 수 있다는 것을 보여주었다.

이 두 연구가 함축하는 의미는 소수의 법칙의 핵심을 찌른다. 이 연구들은 우리가 내면적 상태라고 생각하는 선호와 감정이 실제로는 사소해 보이는 개인적 영향, 하루에 몇 분 보는 뉴스진행자나 2분 짜리 실험에서 옆자리에 말없이 앉아 있던 누군가에 의해 강하고 미세하게 영향을 받는다고 제시하기 때문이다.

상황의 힘 법칙의 핵심은 특정 유형의 환경들도 같은 역할을 한다는 것이다. 즉 우리의 내면 상태는 외부의 상황들이 불러온 결과이며 그 영향을 우리가 꼭 인식하는 것은 아니다. 심리학 분야에는 이 사실을 증명해주는 실험이 많다. 그중 몇 가지만 살펴보자.

1970년대 초에 필립 짐바르도가 이끄는 스탠퍼드 대학교의 사회학자들이 대학 심리학과 건물의 지하에 모의 감옥을 만들기로 결정했다.[5] 이들은 복도의 35피트(약 10미터) 구획에 조립식 벽을 세워 수감동을 만들었다. 실험실을 6×9피트(약 1.8×2.7미터)짜리의 작은 감방 세 개로 개조하고 철창과 검은색으로 칠한 문을 달았다. 벽장은 독방이 되었다. 그런 뒤 지역 신문에 실험 참가에 동의하는 자원자를 구하는 광고를 냈다.

일흔다섯 명이 지원했고, 짐바르도와 동료들은 심리검사를 통해 그중에서 가장 정상적이고 건전하다고 나타난 사람 스물한 명을 선발했다. 여기서 절반 가량 무작위로 뽑아 간수 역을 맡기고 제복과 검은색 안경을 주면서 그들의 책임은 감옥의 질서 유지라고 알려주었다. 그리고 나머지 절반에게는 죄수 역할을 해야 한다고 말했다.

짐바르도는 팰로앨토 경찰서의 경찰들이 집에 있던 죄수들을 '체포'하여 수갑을 채우고 경찰서로 데려오게 했다. 그리고 그들을 가상의 범죄 혐의로 기소하고 지문을 채취한 뒤 눈가리개를 해서 심리학과 지하에 있는 감옥으로 데려갔다. 그런 뒤 옷을 벗기고 죄수복을 주었다. 죄수복 앞뒤에는 감금되어 있는 동안의 유일한 식별 수단인 번호가 적혀 있었다.

실험의 목적은 감옥이 왜 그렇게 끔찍한 곳인지 파악하는 것이었다. 감옥에 끔찍한 사람들이 가득해서인가, 아니면 감옥이 사람들을 끔찍하게 만드는 끔찍한 환경이기 때문인가? 이 질문에 대한 답에는 분명 괴츠와 지하철 정화작업이 제기한 질문, 즉 직접적인 주변 환경이 사람들의 행동 방식에 얼마나 많은 영향을 미치는가에 대한 답이 있다.

실험 결과는 짐바르도를 충격에 빠뜨렸다. 간수들은 엄격한 규율주의자 역할에 금세 빠져들었다. 그중 일부는 이전에 자신을 평화주의자라고 밝힌 사람들이었다.

첫날 밤에 그들은 새벽 두 시에 죄수들을 깨워 팔굽혀펴기를 시키고, 벽을 따라 줄을 세우고, 그 외의 임의적인 과제들을 수행하게 했다. 둘째 날 아침에 죄수들이 반란을 일으켰다. 죄수들은 죄수복에서 번호를 뜯어내고 감방 안에 바리케이드를 치고 들어앉았다. 간수들은 죄수들의 옷을 벗기고, 소화기를 뿌리고, 반란 주도자를 독방에 집어넣으며 대응했다.

한 간수는 "우리가 죄수들의 면전에 대고 고함을 지르며 매우 폭력적이었던 적도 있었습니다"라고 기억한다. "전체적인 공포 분위기의 일부였죠." 실험이 진행되면서 간수들은 조직적으로 더 잔인해지고 가학적이 되었다. 짐바르도는 "우리가 예상하지 못한 것은 변화의 강도와 속도였습니다"라고 말한다.

간수들은 죄수들에게 서로를 사랑한다고 말하라고 시키는가 하면 수갑을 차고 머리에 종이봉지를 씌운 채 복도를 행진하게 했다. "지금의 내 행동들과는 완전히 반대였어요." 또 다른 간수가 회상했다. "나는 정신적 잔인성 측면에서 적극적으로 창의적이 되었던 것 같아요."

서른여섯 시간 후에 한 죄수가 히스테리를 부리기 시작하여 감옥에서 내보내야 했다. 또 '극도의 정서적 우울, 울음, 분노, 극심한 불안'으로 네 명을 더 풀어주어야 했다. 짐바르도는 원래 2주 동안 실험을 진행할 계획이었지만 6일 뒤에 중단했다.

죄수 역할을 했던 한 사람은 실험이 끝난 뒤 "내가 아무리 조리 있게 생각해도 내 머릿속 사고 안에서 생각할 수밖에 없었고 죄수로서의 내 행동은 내가 인식하는 것보다 자주 내 통제를 벗어났다는 걸 이제 알겠어요"라고 말했다.

또 다른 사람은 "내 정체성을 잃은 것처럼 느껴지기 시작했어요. 내가 불렀던 사람, 나를 이 감옥(그곳은 내게 감옥이었기 때문에 지금도 내게 감옥이에요. 난 그걸 실험이나 시뮬레이션으로 생각하지 않아요)에 집어넣게 자원했던 사람이 나에게서 동떨어져 멀어지다가 마침내 내가 그 사람이 아니게 되었어요. 난 416번이었어요. 나는 내 번호였고 사실상 416이라는 번호가 내가 무엇을 할지 결정했어요"라고 말했다.

짐바르도는 우리의 내재적 성향을 압도해버릴 수 있을 정도로 너무도 강력한 특정 상황이 있다는 결론을 내렸다.

여기에서 키워드는 상황이다. 짐바르도가 말하는 건 환경, 우리 모두의 삶에 중요한 영향을 미치는 외부적 영향이 아니다. 짐바르도가 부모들이 우리를 어떻게 키웠는지가 우리가 어떤 사람인지에 영향을 미친다거나 우리가 다닌 학교나 친구들, 혹은 사는 동네가 우리의 행동에 영향을 미친다는 것을 부인하는 건 아니다.

이 모든 것들은 분명 중요하다. 또한 그는 유전자가 우리가 어떤 사람인지를 결정하는 데 한몫을 한다는 것도 부정하지 않는다. 대부분의 심리학자들은 천성(유전)이 우리가 어떤 식으로 행동하는 이유의 절반 정도를 설명해준다고 믿는다. 짐바르도의 주장은 그런 천성 중 많은 부분이 완전히 사라져버리는 특정한 시간과 장소, 상태가 있으며 좋은 학교와 행복한 가정, 쾌적한 동네 출신의 정상적인 사람들을 택하여 단지 그들이 직면한 상황의 세부사항을 바꾸기만 해도 그들의 행동에 강력한 영향을 미칠 수 있는 경우들이 있다는 것이다.

이와 같은 주장은 1920년대에 뉴욕의 연구자들인 휴 하트숀과 M.A. 메이가 수행한 획기적인 실험에서 더 명쾌하게 제시되었다.[6] 하트숀과 메이는 8~16세 사이의 학생 약 1만 1천 명을 대상으로 몇 개월에 걸쳐 말 그대로 수십 번의 테스트를 했다. 모두 정직성을 측정하기 위해 설계된 테스트였다. 하트숀과 메이가 사용한 테스트의 유형들이 결과에 매우 중요한 영향을 미치기 때문에 그중 몇 가지를 좀 상세하게 알아보겠다.

예를 들어 한 테스트는 현재 SAT를 개발하는 단체의 전신인 교육 연구소가 개발한 간단한 적성검사였다. 문장완성 검사에서는 아이들에게 빈칸에 단어를 채우도록 했다. 예를 들어 '가난한 어린 _____은 _____할 _____가 아무것도 없다. 그는 배가 고프다'라는 문장이 나왔다. 수학 시험에서는 '설탕이 1파운드에 10센트라면 5파운드는 얼마이겠는가?' 같은 질문을 주고 여백에 답을 쓰게 했다.

필요한 시간보다 아주 짧은 시간만 주었기 때문에 아이들이 답을 쓰지 못한 문제가 많았다. 시간이 다 되면 검사지를 모아 점수를 매겼다.

다음 날 학생들은 문제는 다르지만 난이도는 동일한 같은 유형의 테스트를 받았다. 하지만 이번에는 학생들에게 답안지를 주고 최소한의 감독 아래 직접 채점하라고 말했다. 다시 말해 하트숀과 메이가 함정수사를 준비한 것이다.

풀지 못한 문제가 많은데 답안지를 손에 쥔 학생들은 부정행위를 할 충분한 기회를 얻었다. 전날 본 테스트가 있기 때문에 하트숀과 메이는 첫째 날의 대답을 두 번째 날의 대답과 비교하여 각 학생이 얼마나 많이 부정행위를 했는지 파악할 수 있었다.

스피드 테스트라고 불린 또 다른 테스트는 훨씬 간단한 능력 측정 검사였다. 이 검사에서는 학생들에게 56쌍의 숫자를 주고 덧셈을 해보라고 하거나 알파벳을 무작위로 수백 개 배열해놓고 쭉 읽으면서 A에 밑줄을 치라고 했다. 각 테스트를 완료하는 데 1분이 주어졌다. 그런 뒤 같은 유형의 또 다른 테스트를 하되 이번에는 시간제한을 두지 않고 학생들이 원하는 만큼 계속 문제를 풀 수 있게 했다.

두 심리학자는 셀 수 없이 많은 다른 상황에서 셀 수 없이 많은 다른 테스트들을 실시했다. 턱걸이나 멀리뛰기 같은 신체 능력 검사도 하여 아이들이 자신의 기록을 보고할 때 속이는지 몰래 관찰했다. 또 아이들이 사전을 찾아보거나 도움을 청할 기회가 많은 가정에서 하는 테스트도 주어 부정행위가 불가능한 학교에서 실시한 비슷한 테스트의 결과와 비교했다. 두 사람이 얻은 결과는 세 권의 두꺼운 책을 가득 채웠고, 그 과정에서 성격이 무엇인지에 대한 많은 선입견에 이의를 제기했다.

두 사람이 내린 첫 번째 결론은, 아니나 다를까, 많은 부정행위가 있었다는 것이다. 어떤 경우에는 부정행위가 가능한 테스트의 점수가 '정직한' 점수보다 평균 50점이 높을 정도였다.

하트숀과 메이가 부정행위의 패턴들을 찾아보니 일부 결과들은 마찬가지로 빤히 예상 가능한 것들이었다. 똑똑한 학생들이 덜 똑똑한 학생들보다 부정행위를 좀 덜 저질렀다. 여학생들이 남학생들 못지않게 많은 부정행위를 했다. 나이가 더 많은 아이들이 더 어린 아이들보다 부정행위를 더 많이 했고 안정적이고 행복한 가정의 아이들이 불안정하고 불행한 가정의 아이들보다 부정행위를 좀 더 적게 했다. 데이터를 분석해보면 테스트들 사이에서 전반적으로 일관된 행동 패턴을 발견할 수 있다.

하지만 일관성이 결코 예상만큼 높지는 않다. 하나의 철저한 부정행위자 집단과 하나의 철저하게 정직한 학생 집단이 있는 게 아니었다. 어떤 아이들은 집에서는 부정행위를 했는데 학교에서는 하지 않았다. 학교에서는 부정행위를 했지만 집에서는 하지 않은 아이들도 있었다. 어떤 아이가 문장완성 검사에서 부정행위를 했는지의 여부가 그 아이가 A에 밑줄을 긋는 스피드 테스트에서 부정행위를 할지를 확고하게 예측하는 변수가 되지 못했다.

하트숀과 메이가 6개월 뒤에 같은 아이들에게 같은 상황에서 같은 테스트를 해보니 같은 아이들이 두 경우에서 모두 같은 방식으로 부정행위를 했다. 하지만 그 변수들 중 무언가(테스트의 내용이나 테스트를 실시하는 상황)를 바꾸면 부정행위의 유형도 바뀌었다.

하트숀과 메이가 내린 결론은 정직성 같은 것은 근본적 특성, 혹은 그들의 표현에 따르면 '일원화된unified' 특성이 아니라는 것이다. 두 사람은 정직성 같은 특성은 상황에 상당한 영향을 받는다는 결론을 내렸다.

대부분의 아이들은 어떤 상황에서는 부정행위를 하고 다른 상황에서는 하지 않을 것이다. 이 연구에서 사용한 테스트 상황들로 측정된 거짓말, 부정행위, 도둑질은 서로 매우 느슨한 상관관계만 있다. 심지어 교실에서의 부정행위는 테스트에 따른 특정성이 상당히 높다. 한 아이가 수학 시험에서는 부정행위를 하고 철자 시험에서는 하지 않을 수 있기 때문이다. 아이가 어떤 주어진 상황에서 속임수를 쓸지는 부분적으로는 아이의 지능, 연령, 출신 가정 등에, 부분적으로는 상황 자체의 특성과 아이와 상황과의 관계에 달려 있다.

이 주장은 직관에 크게 어긋나 보인다. 내가 당신에게 가장 친한 친구의 성격을 묘사해보라고 하면 당신은 "내 친구 하워드는 믿을 수 없을 정도로 관대하지만 내가 그에게 뭔가를 부탁할 때만 관대하고 가족들이 부탁할 때는 안 그래요"라거나 "내 친구 앨리스는 사생활에서는 놀라울 정도로 정직하지만 직장에서는 아주 약삭빠른 사람일 수 있어요"라는 식으로 말하지는 않을 것이다. 그보다는 친구 하워드는 관대하고 앨리스는 정직하다고 말할 것이다.

우리 모두는 성격에 관해서는 자연스럽게 절대적인 측면에서 생각한다. 한 사람이 특정한 면이 있거나 없다는 식이다. 하지만 짐바르도, 하트숀, 메이의 연구결과는 이런 사고는 오류이며 우리가 내재적 특성이라는 측면에서만 생각하고 상황의 역할을 잊어버리면 인간 행위의 실제 원인을 오해하게 된다고 말한다.

그렇다면 우리는 왜 이런 오류를 저지르는 걸까? 아마 진화하면서 우리의 뇌가 조직화된 방식의 결과일 것이다. 예를 들어 버빗원 숭이를 연구한 인류학자들은 이 원숭이들이 나무에 걸려 있는 영양의 시체(근처에 표범이 있다는 분명한 신호다)나 왕뱀이 지나간 흔적의 의미를 잘 알아채지 못하는 것을 발견했다.[7] 버빗원숭이들은 금방 왕뱀이 지나간 흔적을 무시하고 당당하게 덤불 속으로 들어갔다가 실제로 뱀과 마주치면 기겁한다.

그렇다고 버빗원숭이들이 멍청하다는 뜻은 아니다. 버빗원숭이들은 다른 버빗원숭이들과 관련된 문제에 있어서는 지적 수준이 매우 높다. 그들은 한 수컷 버빗원숭이가 부르는 소리를 들으면 같은 무리의 원숭이인지, 이웃 무리의 원숭이인지 알아차린다. 또 새끼 버빗원숭이가 고통스러워서 우는 소리를 들으면 새끼가 있는 쪽이 아니라 어미를 찾는다. 누구의 새끼인지 바로 알기 때문이다.

다시 말해 버빗원숭이들은 자신들과 관련된 특정 유형의 정보를 처리하는 데는 매우 능숙하지만 다른 종류의 정보 처리에는 서툴다.

인간도 마찬가지다.

다음의 어려운 문제를 살펴보자. 내가 당신에게 각각 알파벳 A, D 와 숫자 3, 6이 적힌 카드 네 장을 주었다고 해보자. 각각의 카드 한쪽 면에는 알파벳, 반대쪽 면에는 숫자가 쓰여 있다. 게임의 규칙은 모음이 적힌 카드의 뒷면에는 항상 짝수가 있다는 것이다. 이 규칙이 사실이라는 것을 증명하려면 어떤 카드를 뒤집어야 할까?

정답은 A가 적힌 카드와 3이 적힌 카드다. 하지만 이 테스트를 받은 사람들 중 대다수가 답을 맞히지 못했다. 사람들은 그냥 A 카드만 말하거나 A카드와 6이 적힌 카드라고 대답하는 경향이 있다. 이건 어려운 문제다.

그렇다면 이제 다른 문제를 내보겠다. 네 사람이 바에서 무언가를 마시고 있다고 생각해보자. 한 사람은 코카콜라를 마시고 있다. 다른 한 사람은 열여섯 살이다. 또 다른 사람은 맥주를 마시고 있다. 마지막 사람은 스물다섯 살이다. 스물한 살이 되지 않은 사람은 맥주를 마셔서는 안 된다는 규칙을 고려했을 때 법이 지켜지고 있음을 확인하려면 누구의 신분증을 검사해야 할까?

이번에는 대답하기 쉽다. 실제로 나는 거의 모든 사람이 정답을 말할 것이라고 확신한다. 정답은 맥주를 마시고 있는 사람과 열여섯 살짜리다.

이 예를 생각해낸 레다 코스미데스는 이 문제가 A, D, 3, 6 문제와 똑같다고 지적한다. 차이점은 문제를 숫자나 문자 대신 사람으로 바꾼 것뿐이다. 인간인 우리는 추상적인 세계보다 서로에 관해 더 섬세하게 사고한다.

우리가 성격을 일원화되고 포괄적인 것으로 생각할 때 저지르는 실수는 우리가 정보를 처리하는 방식에 있어 일종의 사각지대와 흡사하다. 심리학자들은 이런 경향을 기본적 귀인오류Fundamental Attribution Error라고 부른다.[8]

이 용어는 인간이 다른 사람의 행동을 해석할 때 항상 기본적인 성격적 특성을 과대평가하고 상황과 맥락의 중요성은 과소평가한다는 말을 고급스럽게 표현한 것이다. 우리는 사건을 설명할 때 그 사건이 일어난 맥락이 아니라 행위자의 '기질'과 연결지어 설명하려고 한다.

예를 들어 한 실험에서 사람들에게 재능이 비슷한 선수들로 이루어진 두 농구팀의 플레이를 보게 했다. 첫 번째 팀은 밝은 체육관에서 슛을 하고 두 번째 팀은 어두운 체육관에서 슛을 했다. (그러니 당연히 두 번째 팀이 실패한 슛이 많았다.) 그런 뒤 사람들에게 선수들이 얼마나 잘하는지 판단해달라고 하자 밝은 체육관의 선수들이 더 우수하다는 평가를 받았다.

다른 예에서는 한 그룹의 사람들을 실험에 데려와 퀴즈 게임을 하겠다고 이야기했다. 둘씩 짝을 지어 추첨을 했고, 한 사람이 '출전자'라고 적힌 카드를 뽑으면 다른 사람은 '질문자'가 되었다. 그런 다음 질문자에게 특정한 관심사나 전문 분야에 관한 '어렵지만 대답하기 불가능하지는 않은' 질문 열 개의 목록을 작성하게 했다.

예를 들어 질문자가 우크라이나 민속음악에 관심 있는 사람이라면 여기에 관한 일련의 질문들을 떠올렸을 것이다. 질문자가 자신이 작성한 열 개의 질문들을 출전자에게 던지고, 퀴즈가 끝난 뒤 두 사람에게 상대의 전반적인 지식 수준을 평가해보라고 했다. 그러면 언제나 출전자들이 질문자가 자신보다 훨씬 더 똑똑하다고 평가했다.

당신은 이런 유형의 실험을 수없이 다양한 방식으로 실시할 수 있고 대답은 거의 항상 같은 방식으로 나온다. 심지어 평가해달라고 요청한 행동에 대해 분명하고 직접적인 환경적 설명을 해주어도 마찬가지다.

즉 첫 번째 사례에서는 체육관에 전등이 거의 켜져 있지 않았고, 두 번째 사례에서는 출전자에게 자신이 풀 문제들이 굉장히 편향되고 급조된 것이었다고 설명해주어도 마찬가지 대답이 나온다.

결국 이런 설명은 별로 소용이 없다. 우리 모두에게는 본능적으로 주변 세계를 사람의 본질적 특성이라는 측면에서 설명하고 싶게 만드는 무언가가 있다. 그가 더 나은 농구선수이고 그 사람이 나보다 더 똑똑하다는 식이다.

우리가 이렇게 하는 것은 버빗원숭이들처럼 상황적 단서보다 개인적 단서에 훨씬 더 익숙하기 때문이다. 또한 기본적 귀인오류는 세상을 훨씬 더 단순하고 이해하기 쉬운 곳으로 만들어준다.

예를 들어 성격을 설명하는 가장 기본적 요인들 중 하나가 출생순서라는 생각이 최근 많은 관심을 끌었다. 손위형제들은 고압적이고 보수적이며 손아래형제들은 더 창의적이고 반항적이라는 것이다.[9] 하지만 실제로 이 주장을 검증하려 시도한 심리학자들이 내놓은 답은 하트숀과 메이가 내린 결론과 비슷해 보인다.

사람들은 출생순서에 따른 영향을 보여주긴 하지만, 심리학자 주디스 해리스가 《양육가설The Nurture Assumption》에서 지적한 것처럼 가족 주변에서만 그러하다. 가족을 벗어나면, 즉 다른 환경이 되면 더 이상 손위형제들이 다른 사람들보다 고압적이 되고 손아래형제들이 반항적이 될 가능성이 없다. 출생순서에 관한 통념은 기본적 귀인오류의 실제 예다.

하지만 왜 우리가 그런 통념에 이끌리는지는 알 수 있다. 사람들을 단지 그들의 가족 특성 측면에서 정의하는 것이 훨씬 쉽기 때문이다. 주변 사람들에 대한 모든 평가를 끊임없이 수정해야 한다면 어떻게 세계를 이해하겠는가? 우리가 누구를 좋아하는지, 사랑하는지, 신뢰하는지, 혹은 조언을 해주고 싶은지에 관해 수천 번의 판단을 해야 한다면 얼마나 힘들겠는가?

심리학자 월터 미셸은 인간은 "실제 행동에 빈번한 변화가 관찰되는데도 불구하고 지속적인 인식을 만들어내고 유지하는" 일종의 "감압밸브"를 가지고 있다고 주장한다.[10] 그는 다음과 같이 썼다.

어떤 때는 적대적이고 심하게 독립적인데 또 다른 어떤 때는 수동적, 의존적이고 여성적인 사람을 보면 우리의 감압밸브는 보통 두 태도 사이에 선택을 한다. 우리는 한 패턴이 다른 패턴을 위한 것이거나 두 패턴 모두 세 번째 동기를 위한 것이라고 판단한다. 그 여성은 겉모습은 수동적이지만 실제로는 사나운 여성임에 틀림없다거나 겉으로는 공격적인 모습으로 자신을 보호하고 있지만 아마도 따뜻하고 수동적, 의존적인 여성이라고 생각하는 것이다.

하지만 천성은 우리 생각보다 훨씬 광범위해서 한 여성이 적대적이고, 심하게 독립적이고, 수동적이고, 의존적이고, 여성적이고, 공격적이고, 따뜻하고, 사나운 성격을 전부 가지고 있을 수 있다. 물론 특정 순간에 그 여성이 이중 어떤 성격을 나타낼지가 완전히 무작위적이거나 전혀 예측할 수 없는 것은 아니다. 그건 그녀가 누구와 있는지, 언제인지, 어떤 기분인지, 그리고 훨씬 더 많은 다른 것들에 달려 있다. 하지만 그녀의 자아의 이런 측면들 각각은 그녀의 전체 존재의 실제적인 진짜 측면이다.

그렇다면 성격은 우리가 생각하는 것과 다르다. 아니 더 정확하게 말하면 우리가 원하는 것과 다르다. 성격은 쉽게 식별 가능한, 서로 밀접하게 관련된 안정적인 특성들의 집합이 아니다. 우리의 뇌 구조의 작은 결함 때문에 그렇게 보일 뿐이다.

성격은 서로 느슨하게 결합되고 특정한 때의 환경과 맥락에 좌우되는 일단의 습관, 성향, 관심에 더 가깝다. 대부분의 사람들이 일관된 성격을 가진 것처럼 보이는 이유는 대부분의 사람들이 자신의 환경을 매우 능숙하게 통제하고 있기 때문이다.

나는 디너파티가 아주 재미있다. 그래서 디너파티를 많이 열고, 파티에서 나를 본 친구들은 내가 재미있는 사람이라고 생각한다. 하지만 내가 디너파티를 많이 열지 않았다면, 친구들이 내가 거의 혹은 전혀 통제하지 못하는 수많은 다른 상황에서 나를 보았다면, 가령 지저분하고 망가진 지하철에서 네 명의 적대적인 젊은이와 마주한 나를 본다면 더 이상 나를 재미있는 사람이라고 생각하지 않을 것이다.

사람을 바꾸는 환경의 조건

몇 년 전 프린스턴 대학교의 두 심리학자 존 달리와 대니얼 뱃슨이 성경의 선한 사마리아인 이야기에 감화를 받아 실험을 해보기로 결정했다.[11] 여러분도 기억하겠지만 신약 〈누가복음〉에 나오는 이 이야기는 강도를 만나 두들겨맞고 가진 것을 뺏긴 뒤 예루살렘과 예리코 사이의 길가에 방치되어 죽어가던 한 여행자에 관한 것이다.

귀하고 신앙심 깊은 제사장과 레위인은 그 사람을 봤지만 멈추지 않고 '피하여 지나갔다.' 유일하게 도움을 준 사람은 경시받던 소수민족의 일원인 사마리아인이었다. 사마리아인은 '그에게 다가가서 상처를 싸매주고' 주막으로 데려갔다.

달리와 뱃슨은 프린스턴 신학교에서 이 이야기를 재현하는 실험을 해보기로 했다. 이것은 상당부분 기본적 귀인오류에 관한 실험이며, 상황의 힘이 단지 폭력범죄뿐만 아니라 갖가지 사회적 유행에 대한 우리의 사고방식에 미치는 영향을 입증해준다.

달리와 뱃슨은 한 그룹의 신학생들을 개별적으로 만나 성경에 나오는 이 주제로 즉흥 설교를 준비하여 근처 건물로 걸어가 설교를 해달라고 부탁했다. 설교를 하러 가는 길에 각 학생은 골목에 쓰러져 고개를 숙이고 눈을 감은 채 기침과 신음을 하고 있는 남성과 맞닥뜨렸다.

문제는 누가 발길을 멈추고 도울 것인가였다. 달리와 뱃슨은 결과를 더 의미 있게 만들기 위해 이 실험에 세 가지 변수를 넣었다.

첫째는 실험을 시작하기 전에 학생들에게 왜 신학 공부를 선택했는지에 대해 설문조사를 했다. 종교를 개인적, 정신적 성취를 위한 수단으로 생각했는가? 아니면 일상생활에서 의미를 찾기 위한 현실적 도구를 찾고 있었는가?

두 번째로 두 사람은 학생들에게 부탁한 설교의 주제에 차이를 두었다. 어떤 학생들에게는 직업적 성직자와 종교적 소명의식과의 관계에 관해 이야기해달라고 했고, 다른 학생들에게는 선한 사마리아인의 우화를 주제로 주었다.

마지막으로, 각 학생에게 주는 지시에도 차이를 두었다. 어떤 경우에는 학생을 옆 건물로 보내면서 실험자가 시계를 보며 "오, 늦었어요. 사람들이 몇 분 전부터 기다리고 있거든요. 빨리 움직여야겠어요"라고 말하고 다른 경우에는 "사람들이 설교를 들을 준비를 하는데 몇 분 걸릴 것 같지만 지금 출발하는 편이 낫겠어요"라고 말했다.

사람들에게 어떤 신학생이 선한 사마리아인이 되었을지 물어보면 매우 일관된 대답이 나온다. 거의 모든 사람이 타인을 돕기 위해 성직자의 길에 들어선 학생들과 선한 사마리아인의 우화를 막 읽어서 동정심의 중요성을 다시 깨달은 학생들이 걸음을 멈출 가능성이 가장 높다고 대답한다. 대부분의 사람이 그런 결론에 동의할 것이라고 생각된다. 그런데 실제로는 두 요인 다 아무 차이를 낳지 않았다.

달리와 뱃슨은 "선한 사마리아인에 대해 생각하고 있는 사람보다 곤경에 처한 남을 돕는 행위와 관련된 규범이 더 와 닿을 만한 조건을 떠올리기 힘들다. 하지만 이 요인이 돕는 행위를 상당히 증가시키지는 않았다"라는 결론을 내렸다. "실제로 몇몇 경우 선한 사마리아인 우화에 관해 이야기하러 가던 신학생이 부리나케 가다가, 말 그대로 피해자를 넘어서 가기도 했다." 정말로 중요한 유일한 요인은 학생이 급하게 가는 중인지, 아닌지였다. 급하게 가던 학생들 중에는 10퍼센트가 가던 길을 멈추고 도운 반면 몇 분 여유가 있다는 걸 알던 학생들은 63퍼센트가 걸음을 멈추었다.

다시 말해 이 연구가 제시하는 것은 마음속 확신과 실제 생각하는 내용은 직접적인 상황보다 행동을 유도하는 데 덜 중요하다는 것이다. "오, 늦었어요"라는 말이 평소에 인정 많던 사람을 고통에 무관심한 사람으로 만드는 결과를 낳았다. 그 특정 순간에 다른 사람으로 바꿔놓은 것이다.

유행은 근본적으로 이러한 변화의 과정이다. 어떤 아이디어나 태도나 제품을 유행시키려 할 때 우리는 작지만 중요한 측면에서 수용자들을 변화시키려 노력한다. 그들에게 영향을 미쳐 우리가 유행시키려는 것에 휩쓸리게 하고 반감을 수용으로 바꾸려고 노력한다.

이는 엄청난 인맥을 보유한 특별한 유형의 사람들이 미치는 영향력을 통해 이루어질 수 있다. 이것이 소수의 법칙이다.

또 전달하는 내용을 바꾸고 사람들의 머릿속에 고착되어 행동할 수밖에 없게 하는 인상적인 메시지를 만들면 된다. 이것이 고착성 법칙이다.

나는 두 법칙 모두 직관적으로 이해할 수 있다고 생각한다. 그리고 또 하나 상황의 작은 변화도 유행을 일으키는 데 마찬가지로 중요하다는 점을 기억해야 한다. 하지만 이 사실은 우리 안에 깊이 뿌리박혀 있는 인간의 본성에 대한 몇몇 가정들을 위배하는 것처럼 보인다.

우리의 내면 심리상태와 개인적 이력이 우리의 행동을 설명하는 데 중요하지 않다는 뜻은 아니다. 예를 들어 폭력행위에 가담한 사람들 중에는 정신 장애가 있거나 몹시 불안정한 배경을 가진 사람이 엄청난 비율을 차지한다.

하지만 폭력 성향이 있는 것과 실제로 폭력행위를 저지르는 것 사이에는 하늘과 땅만큼의 차이가 있다. 범죄는 비교적 드물고 일탈적인 사건이다. 범죄가 일어나려면 문제 있는 사람을 자극해 폭력을 저지르게 하는 추가적인 요인이 있어야 하고, 상황의 힘 법칙은 그러한 티핑 포인트가 낙서, 무임승차 같은 일상적인 무질서의 신호처럼 단순하고 사소한 것일 수 있다고 말한다.

이 개념은 엄청난 의미를 지닌다. 사람의 기질이 가장 중요하다는 기존의 개념, 폭력행위의 원인이 항상 '반사회적 인격'이나 '결함이 있는 초자아', 혹은 만족 지연 능력의 부재나 악한 유전자 때문이라는 개념은 결국 범죄에 관한 가장 수동적이고 사후 대응적인 생각이다.

이런 개념은 일단 범인을 잡으면 항우울제를 처방하거나 치료를 받게 하거나 사회복귀를 돕는 등 교화를 도울 수 있지만 애초에 범죄 발생을 막기 위해 할 수 있는 일은 거의 없다고 말한다.

범죄 유행을 다루는 기존의 이해는 필연적으로 범죄에 대한 방어적 조치들에 몰두하게 만든다. 절도범의 작업 속도를 늦추거나 혹은 옆집으로 발길을 돌리도록 문에 추가적인 잠금장치를 하라. 나머지 사람들에게 피해를 줄 기회를 줄이기 위해 범죄자들을 더 오래 감옥에 가두어라. 범죄자들 대다수와 가능한 한 멀리 떨어지도록 교외로 이사를 가라.

그러나 상황이 중요하다는 것과 환경의 구체적이고 비교적 작은 요소들이 티핑 포인트 역할을 할 수 있다는 것을 이해하면 그러한 패배주의가 뒤집힌다.

환경적 티핑 포인트는 우리가 변화시킬 수 있는 것들이다. 우리는 깨진 유리창을 수리할 수 있고 낙서를 지울 수 있으며 애초에 범죄를 유발하는 신호들을 바꿀 수 있다. 범죄를 이해하는 데 그치지 않고 예방할 수 있다.

이 문제에는 더 광범위한 관점이 있다. 주디스 해리스는 아이가 어떻게 크는가에는 가족보다 또래집단과 공동체가 미치는 영향이 더 중요하다고 설득력 있게 주장한다. 예를 들어, 청소년 비행과 고등학교 중퇴율에 관한 연구들은, 좋은 동네의 문제 있는 가정 출신의 아이가 문제 있는 동네의 좋은 가정 출신 아이보다, 청소년 비행률과 고등학교 중퇴율이 더 낮다는 것을 보여준다.

우리는 가족의 중요성과 영향력을 너무 오랜 시간 찬양해왔기 때문에 언뜻 보면 이 말이 사실일 리 없다고 느낄 수 있다. 하지만 사실 이 말은 상황의 힘 법칙의 분명하고 상식적인 연장선일 뿐이다.

아이들이 외부 환경에 의해 강력한 영향을 받고 우리 바로 가까이의 사회적·물리적 세계의 특징, 즉 우리가 걸어다니는 거리와 마주치는 사람들이 우리의 정체성과 행동을 형성하는 데 엄청난 역할을 한다는 말이기 때문이다.

결국 환경적 신호에 민감한 것은 심각한 범죄행위뿐만이 아니다. 모든 행위가 다 그렇다. 이상하게 들리겠지만 스탠퍼드 대학교의 감옥 실험과 뉴욕 지하철 실험의 의미를 더해 보면 쓰레기와 낙서로 덮인 거리나 지하철보다 깨끗한 거리나 지하철에서 더 나은 사람이 될 가능성이 있다.

"이런 상황에서는 전투상황에 처하게 되죠." 총격을 벌이고 바로 며칠 뒤 괴츠가 이웃 미라 프리드먼과의 전화통화에서 괴로워하며 한 말이다.[12] "정상적인 사고가 되질 않아요. 기억이 제대로 돌아가지 않고요. 너무 초조하죠. 시각이 변해요, 시야가 바뀌어요. 능력이 바뀌고, 할 수 있는 일이 바뀌어요." 괴츠가 말을 이었다. "그는 포악하고 무자비하게 행동했어요. (…) 쥐를 구석에 가두고 죽이려 한다고 해봐요, 이해하겠어요? 내가 반응한 방식은 딱 그렇게, 그 쥐처럼 포악하고 무자비했어요."

물론 그는 그렇게 반응했다. 그는 독 안에 든 쥐였다.

TIPPING POINT

5장

던바와 150

상황의 힘 법칙 2

Malcolm Gladwell

1996년, 배우이자 극작가 출신의 레베카 웰스가 《야야 자매단의 신성한 비밀Divine Secrets of the Ya-Ya Sisterhood》이라는 책을 발간했다. 이 책의 출간은 문학계에서 중대한 사건은 아니었다. 웰스가 그 전에 썼던 《어디에나 있는 작은 재단들Little Altars Everywhere》은 그녀가 살던 시애틀과 그 주변에서 소소한 컬트적 인기를 누렸다.

하지만 그녀는 대니얼 스틸이나 메리 히긴스 클라크가 아니었다. 책이 출판된 뒤 웰스가 코네티컷주 그리니치에서 낭독회를 열었을 때 참석자는 고작 일곱 명뿐이었다. 이곳저곳에서 조금씩 리뷰가 나왔고 대부분 긍정적인 내용이어서 결국 그녀의 책은 양장본으로서는 꽤 괜찮은 판매부수인 1만 5천 부가 팔려나갔다.

1년 뒤 《야야 자매단의 신성한 비밀》의 문고본이 나왔다. 그런데 예상을 뛰어넘어 초판 1만 8천 부가 몇 달 만에 품절되었다. 초여름까지 문고본의 총 판매부수가 3만 부에 이르렀다.

웰스와 편집자는 뭔가 이상하고 멋진 일이 벌어지려 한다는 느낌을 받기 시작했다. 나중에 웰스는 "책 사인회를 하는데 여성들이 예닐곱 명씩 함께 와서는 3~10권의 책을 내밀며 사인을 받고 싶다고 했어요"라고 회상했다.

웰스의 편집자 다이앤 레버랜드는 마케팅 담당자를 찾아가 광고 캠페인을 해야 할 때라고 말했다. 그들은 〈뉴요커〉의 목차 페이지 맞은편에 광고 자리 하나를 잡았고, 한 달 동안 판매부수가 두 배로 뛰어 6만 부가 되었다. 전국을 돌며 낭독회를 하던 웰스는 청중 구성에 변화가 생기는 것을 보기 시작했다.

"어머니와 딸이 함께 오는 모습이 눈에 띄기 시작했어요. 딸들은 30대 후반이나 40대 초반이었고 어머니들은 제2차 세계대전 때 고등학교를 다닌 세대였어요. 그러다 가족 3대가 함께 오고 20대들도 오기 시작하더군요. 그런 뒤에는 너무나 기쁘게도, 그리고 나중에서야 일어난 일이지만, 10대들과 5학년 학생들도 왔어요."

《야야 자매단의 신성한 비밀》은 그때까지 베스트셀러 목록에 오르지 않았다. 1998년 2월이 되어서야 베스트셀러 목록에 올라 48쇄를 찍고 250만 부가 팔려나갔다. 전국적인 언론의 관심(인기 여성 잡지에 실린 기사들과 웰스를 유명인사로 만든 텔레비전 출연)도 아직 시작되기 전이었다. 하지만 입소문에 힘입어 그녀의 책이 갑자기 폭발적 인기를 얻었다. 웰스는 "내게 터닝 포인트는 문고본이 나온 뒤 겨울, 캘리포니아 북부에서였을 겁니다"라고 말한다. "갑자기 낭독회에 700명, 800명이 몰려드는 상황이 벌어졌어요."

《야야 자매단의 신성한 비밀》이 유행을 탄 이유는 무엇일까? 돌이켜 생각해보면 답은 매우 간단해 보인다. 책 자체가 따뜻하고 아름답게 쓰였을 뿐만 아니라 우정과 모녀관계에 관한 눈을 뗄 수 없는 흥미진진한 이야기를 펼쳐놓기 때문이다. 이 책은 사람들에게 이야기를 걸었다. 고착성이 있었다. 게다가 웰스가 배우라는 사실도 한몫을 했다. 웰스는 전국을 돌며 낭독회를 할 때 그냥 소설을 읽기보다 각 캐릭터를 뛰어난 솜씨로 연기해서 낭독회를 공연으로 만들었다. 웰스는 전형적인 세일즈맨이다.

하지만 눈에 덜 띄는 세 번째 요인이 있는데, 이 요인은 유행의 마지막 원칙과 관련이 있다. 《야야 자매단의 신성한 비밀》의 성공은 상황의 힘 법칙의 효력, 좀 더 구체적으로 말하면 상황의 한 특정한 측면의 힘을 입증해준다. 그건 바로 집단이 사회적 유행에서 수행하는 중요한 역할이다.

야야 자매단의 비밀

어떤 면에서 이것은 뻔한 소리다. 영화관에서 영화를 본 사람이라면 영화관 안에 관객이 얼마나 많은지가 그 영화가 얼마나 재미있는 영화로 보이는지에 큰 영향을 미친다는 것을 안다. 관객이 꽉 들어찬 영화관에서 보는 코미디 영화가 가장 웃기다. 관객이 꽉 들어찬 영화관에서 보는 스릴러 영화가 가장 흥분된다.

심리학자들은 이와 같은 이야기를 많이 한다. 한 집단에 속한 구성원으로서 증거를 검토하거나 결정을 내려달라고 요청했을 때와 단독으로 같은 요청을 받았을 때, 사람들은 매우 다른 결론을 내린다. 일단 한 집단의 일원이 되면 동료들의 압력과 사회적 규범, 그 밖에 우리를 유행의 시작에 휩쓸리게 하는 데 중요한 역할을 할 수 있는 많은 다른 영향에 민감해진다.

예를 들어 종교운동이 어떻게 시작되는지 궁금했던 적이 있는가? 보통 우리는 사도 바울이나 빌리 그레이엄, 브리검 영 같은 카리스마 넘치는 복음 전도자가 종교운동을 일으킨다고 생각한다. 하지만 새롭고 전염성 있는 이념의 확산은 집단의 힘을 능숙하게 이용한 덕이 크다.

예를 들어 18세기 말과 19세기 초에 영국과 북미에서 감리교 운동이 유행하여 1780년대의 5~6년 동안 미국의 감리교 신자가 2만 명에서 9만 명으로 급증했다.

하지만 감리교 창시자인 존 웨슬리는 결코 그 시대의 가장 카리스마 강한 설교자가 아니었다. 그 시대 최고 설교자의 영예는 너무도 강력하고 카리스마 넘치는 웅변가여서 교회와 담을 쌓고 지내던 벤저민 프랭클린조차 5파운드의 헌금을 냈을 정도였다는 조지 휫필드에게 돌아갔다.

그렇다고 웨슬리가 장 칼뱅이나 마르틴 루터의 전통을 잇는 뛰어난 신학자도 아니었다. 그의 천재성은 조직화에 있었다. 웨슬리는 영국과 북미를 돌아다니며 수천 명 앞에서 야외 설교를 했다. 하지만 그냥 설교만 한 게 아니었다. 각 도시에 오래 머물며 개종자들 중 가장 열성적인 사람들로 종교단체를 만들고 이를 다시 각각 열두 명 정도로 구성된 작은 반으로 나누었다.

개종자들에게는 매주 모임에 참석하고 엄격한 행동강령을 지키도록 요구했다. 감리교의 기준에 따라 생활하지 않으면 단체에서 쫓겨났다. 다시 말해 단체가 중요한 무언가를 상징했다.

그는 평생 쉬지 않고 이 단체들을 돌아다니며 감리교 신앙의 교리를 강조했다. 말을 타고 이동한 거리가 1년에 4천 마일(약 6,400킬로미터)이 넘었다. 그는 전형적인 커넥터였다. 슈퍼 폴 리비어였다. 하지만 차이점은 그는 많은 사람이 아니라 많은 단체와 연결되어 있던 사람이라는 것이다. 이것은 작지만 중요한 차이다.

웨슬리는 사람들의 신앙과 행동에 근본적인 변화, 오래 지속되고 다른 사람들에게 모범이 될 수 있는 변화를 일으키길 원한다면 그러한 새로운 믿음을 실천하고 표현하고 육성할 수 있는 공동체를 만들어야 한다는 것을 깨달았다.

나는 이 점이 《야야 자매단의 신성한 비밀》의 폭발적 유행을 설명하는 데에도 도움이 된다고 생각한다. 이 책이 처음 베스트셀러 목록에 오른 곳은 캘리포니아 북부 독립 서점에서 집계하는 차트였다. 캘리포니아 북부는 웰스가 낭독회에 700~800명이 나타나기 시작했다고 말한 곳이다. 야야 유행이 시작된 곳이다.

왜 하필 그곳이었을까? 레버랜드에 따르면 샌프란시스코 지역은 미국에서 독서회 문화가 가장 발달한 곳들 중 하나이고 《야야 자매단의 신성한 비밀》은 처음부터 출판업자들이 '독서회용 도서'로 부르던 책이기 때문이다.

《야야 자매단의 신성한 비밀》은 정서적으로 복잡하고 캐릭터 중심이며 다층적인 소설이어서 많은 생각과 토론을 불러오는 유형의 책이다. 독서회들은 이 책으로 몰려들었다. 웰스의 낭독회에 왔던 여성 무리들은 독서회 회원들이었다. 그들은 가족과 친구뿐만 아니라 독서회의 다른 회원들을 위해서도 책을 추가로 구입했다. 게다가 단체로 토론하고 읽었기 때문에 책 자체의 고착성이 그만큼 높아졌다. 어쨌든 무언가에 관해 친한 친구들과 두 시간 동안 토론을 하면 기억하고 진가를 알기가 더 쉬워진다. 하나의 사회적 경험, 대화의 대상이 되는 것이다.

《야야 자매단의 신성한 비밀》은 독서회에 뿌리를 내리면서 더 광범위한 입소문 유행을 촉발시켰다.

웰스는 낭독회 마지막의 질의응답 시간에 여성들이 "우리는 2년 동안 독서회 활동을 하다가 이 책을 읽었는데 그 뒤 뭔가 변화가 일어났다"고 말했다고 회상한다.

"우정에 더 가까운 수준으로 함께하기 시작한 거죠. 여성들은 함께 해변에 가거나 서로의 집에서 파티를 하기 시작했다고 말했어요." 여성들은 책에 묘사된 모임을 흉내 내 자신들만의 야야 자매단을 만들기 시작했고 웰스에게 모임 사진을 가져와 사인을 부탁했다. 웨슬리의 감리교가 영국과 미국에서 삽시간에 퍼져나간 이유는 웨슬리가 수백 개 단체들을 돌아다녔고 각 단체가 그의 메시지를 받아 더 고착성 있게 만들었기 때문이다.

《야야 자매단의 신성한 비밀》에 대한 소문도 한 독서회에서 다른 독서회로, 한 야야 모임에서 다른 야야 모임으로, 웰스의 낭독회 중한 곳에서 다른 낭독회로 같은 방식으로 퍼져나갔다. 그녀가 1년에 걸쳐 다른 일을 다 중단하고 쉬지 않고 전국을 돌았기 때문이다.

《야야 자매단의 신성한 비밀》과 존 웨슬리가 주는 교훈은 결속력 강한 작은 단체들이 메시지나 아이디어가 유행할 수 있는 잠재력을 증대시킨다는 것이다. 하지만 그 결론은 여전히 풀리지 않는 많은 의문을 남긴다. 예를 들어 단체라는 단어는 농구팀부터 전미트럭운 전사 조합까지, 휴일에 만난 두 부부부터 공화당에 이르기까지 온갖 모임을 묘사하는 데 사용된다.

유행을 일으키는 데, 즉 티핑 포인트에 이르는 데 관심이 있을 경우 가장 효과적인 집단은 무엇일까? 진정한 사회적 권위를 가진 집단과 거의 힘이 없는 집단을 구분하는 경험 법칙이 있을까? 밝혀진 바에 의하면 그런 법칙이 있다. '150의 법칙'이라고 불리는 이 법칙은 상황이 사회적 유행 과정에 영향을 미치는 예상 밖의 신기한 방식들을 보여주는 흥미로운 예다.

150이라는 한계

인지심리학에는 우리 뇌에서 특정 유형의 정보를 담당하는 공간의 크기를 가리키는 채널용량channel capacity이라는 개념이 있다. 예를 들어 내가 여러 개의 다른 음을 무작위로 연주하고 당신에게 각 음에 번호를 매겨 감별해보라고 요청했다고 하자. 내가 아주 저음을 연주하면 당신은 그 음을 1번, 중간 음을 2번, 고음을 3번이라고 부를 것이다.

이 테스트의 목적은 서로 다른 음들을 어디까지 구별할 수 있는지 보는 것이다. 절대음감을 가진 사람은 당연히 이 게임을 한없이 계속할 수 있다. 그런 사람들에게는 수십 개의 음을 들려줘도 다 구별할 수 있을 것이다. 하지만 대부분의 사람에게 이 게임은 어렵다. 대부분의 사람들은 음을 약 여섯 개 범주로 구분하고 나면 그 뒤부터는 실수를 저지르기 시작하여 다른 음들을 같은 범주로 묶는다. 이것은 매우 일관성 있는 결과다.

예를 들어 내가 다섯 개의 초고음을 연주하면 당신은 그것들을 구분할 수 있을 것이다. 초저음을 다섯 개 연주해도 구분할 수 있을 것이다. 그렇다면 당신은 내가 그 고음들과 저음들을 결합하여 한꺼번에 연주하면 음들을 열 개의 범주로 나눌 수 있을 것이라고 생각한다. 하지만 그렇게 할 수 없다. 당신은 여전히 여섯 개 범주에 갇혀 있을 것이다.

이런 타고난 한계는 간단한 실험들에서 되풀이하여 나타난다. 각각 설탕의 양을 달리한 스무 잔의 아이스티를 주고 단맛에 따라 분류해보라고 요청하면 겨우 예닐곱 개의 범주로 분류한 뒤부터는 실수를 하기 시작할 것이다. 당신 앞의 화면에 점들을 아주 빠른 속도로 휙휙 지나가게 한 후 얼마나 많은 점을 봤는지 헤아려보라고 하면 일곱 개 정도의 점까지만 제대로 헤아리고 그 뒤에는 추측을 해야 할 것이다.

심리학자 조지 밀러는 유명한 논문 〈마법의 숫자 7The Magic Number Seven〉에서 "우리에게는 학습이나 신경계의 구조에 의해 채널용량을 이러한 일반적 범위 내로 유지시키는 어떤 한계가 내재되어 있는 것처럼 보인다"라는 결론을 내렸다.[1]

전화번호가 일곱 자리인 것은 이런 이유 때문이다. 프린스턴 대학교의 기억연구자 조너선 코헨은 "벨은 최대한 많은 번호를 만들 수 있도록 가능한 한 길지만 사람들이 기억하지 못할 정도로 길어서는 안 되는 자릿수를 원했다"라고 설명한다. 지역 전화번호가 여덟 자리나 아홉 자리이면 사람들의 채널용량을 넘어버려 잘못 걸린 전화가 훨씬 많아질 것이다.

다시 말해 인간은 한 번에 그만큼의 정보만 처리할 수 있다. 일단 특정 범위를 넘어서면 압도당해버린다. 내가 지금까지 설명한 것은 지적 능력, 즉 가공되지 않은 정보를 처리하는 능력이다. 하지만 생각해보면 우리에게는 분명 감정의 채널용량도 있다.

예를 들어 누군가가 죽었다는 소식을 들었을 때 당신이 정말로 큰 충격을 받을 사람의 목록을 작성해보라. 아마 열두 명 정도가 떠오를 것이다. 대부분의 사람들이 이 질문에 내놓는 평균적인 대답이 이 정도다. 이 이름들이 심리학자들이 말하는 공감 집단을 구성한다.

왜 집단이 더 크지 않은 것일까? 부분적으로는 시간이 문제다. 당신의 공감 집단 목록에 오른 이름들을 살펴보면 당신이 전화나 직접 만나서 혹은 생각하고 걱정하면서 가장 많은 관심을 쏟는 사람들일 것이다. 그런데 목록이 두 배 더 길어 서른 명의 이름이 올라 있다면,

그래서 각 사람에게 절반의 시간밖에 쓰지 못한다면 그래도 그 모두와 친하게 지낼 수 있을까? 아마 아닐 것이다.

누군가의 가장 친한 친구가 되기 위해서는 최소한의 시간투자가 필요하다. 하지만 그보다 더 필요한 것은 감정적 에너지다. 누군가에게 깊이 마음 쓰는 건 고단한 일이다. 너무 많은 음을 구분해야 할 때와 마찬가지로 우리는 10~15명 사이의 어느 지점에서 과부하가 걸리기 시작한다. 인간은 이렇게 만들어져 있다. 진화생물학자 S. L. 워시번의 다음 글을 보자.[2]

인류 진화의 대부분은 사람들이 작은 집단을 이루어 대면하며 살게 된 농업의 출현 이전에 이루어졌다. 그 결과 인간의 생명활동은 대체로 소멸된 조건들에 대한 적응 메커니즘으로 진화해왔다. 인간은 소수의 사람들, 짧은 거리, 비교적 짧은 시간 간격을 강하게 느끼도록 진화했고, 이런 것들은 여전히 인간에게 삶의 중요한 차원이다.

그러나 아마 가장 흥미로운 타고난 한계는 사회적 채널용량이라고 불리는 개념일 것이다. 사회적 용량을 가장 설득력 있게 주장한 사람은 영국의 인류학자 로빈 던바다. 던바의 연구는 단순한 관찰에서 시작된다.[3]

영장류(원숭이, 침팬지, 개코원숭이, 인간)는 모든 포유류 중에서 뇌가 가장 크다. 더 중요한 점은 인간과 다른 영장류들의 뇌의 특정 부분(복잡한 사고와 추론을 담당하는 신피질이라고 불리는 영역)이 포유류의 기준에서 봤을 때 크다는 것이다. 수년 동안 과학자들은 그 이유에 대해 서로 반론을 주고받았다.

한 이론은 우리의 뇌가 진화한 이유가 영장류 조상들이 좀 더 복잡한 식량채집에 나서기 시작했기 때문이라고 주장한다. 즉 그냥 풀과 잎만 먹는 대신 과일을 먹기 시작했는데, 여기에는 더 많은 사고력이 요구된다. 과일을 찾으려면 잎을 찾을 때보다 더 멀리까지 가야 하기 때문에 머릿속에 지도를 그릴 수 있어야 한다. 과일이 익었는지도 걱정해야 한다. 과육을 먹으려면 껍질을 벗겨내야 한다.

이 이론의 문제는 영장류들의 뇌의 크기를 식이 패턴과 연결시켜 보면 맞지 않는다는 것이다. 잎을 먹지만 뇌가 큰 영장류가 있고 과일을 먹는데 뇌가 더 작은 영장류도 있다. 마찬가지로 음식을 찾으러 먼 거리를 이동하지만 신피질이 작은 영장류도 있고 집에 머물며 먹을 것을 구하는데 뇌가 큰 영장류도 있다. 따라서 이 주장은 막다른 골목에 부딪쳤다.

그렇다면 무엇이 뇌의 크기와 상관관계가 있을까? 던바는 그 답이 집단의 크기라고 주장한다. 영장류의 어떤 종(각종 원숭이와 유인원)을 살펴봐도 신피질이 클수록 그들이 이루고 사는 집단의 평균 규모가 크다.

던바는 뇌가 진화하면서 더 큰 사회적 집단의 복잡성을 처리하기 위해 커진다고 주장한다. 그는 당신이 다섯 명으로 이루어진 집단에 속해 있으면 열 개의 개별적 관계, 즉 당신과 다른 네 명의 관계와 다른 사람들 사이의 양방향 관계 여섯 개에 계속 주의를 기울여야 한다고 지적한다. 집단 내의 모든 사람을 안다는 건 그런 뜻이다.

집단 내의 개인적 역학을 이해해야 하고 다른 성격들을 잘 조절하여 공존해야 하며 사람들을 계속 행복하게 만들고 당신의 시간과 관심에 대한 요구들을 관리해야 하는 등 할 일이 많다.

그런데 스무 명으로 이루어진 집단에 속하면 계속 주의를 기울여야 할 양방향 관계가 190개로 늘어나버린다. 당신 자신과 관련된 관계 열아홉 개와 나머지 사람들과 관련된 171개의 관계가 생기는 것이다. 집단의 크기는 다섯 배 늘어났는데 집단 내의 다른 사람들을 '아는 데' 필요한 정보처리의 양은 스무 배 늘어난다. 다시 말해 집단의 크기가 조금만 커져도 사회적·지적 부담이 상당히 커진다.

인간은 모든 영장류 중에서 가장 대규모 집단을 이루어 어울린다. 우리는 그런 복잡한 사회적 조정을 처리할 수 있을 정도로 큰 뇌를 가진 유일한 동물이기 때문이다. 던바는 실제로 대부분의 영장류에게 적용되는 수식을 개발했다.

이 수식에 그가 특정 종의 신피질 비율이라고 부른 값(뇌의 크기 대비 신피질의 크기 비율)을 대입하면 그 동물의 예상되는 최대 집단의 크기가 나온다. 호모사피엔스의 신피질 비율을 대입하면 147.8명, 즉 약 150명이라는 집단 크기가 추산된다.

"150이라는 숫자는 우리가 진정한 사회적 관계를 맺을 수 있는 사람의 최대 수를 나타내는 것으로 보인다. 이것은 그들이 어떤 사람인지, 우리와 어떻게 관련되어 있는지 알고 있는 관계를 말한다. 달리 말하면, 술집에서 우연히 만났을 때 초대받지 않고 술자리에

합석해도 어색하지 않을 사람의 수다."

인류학 문헌들을 샅샅이 뒤져본 던바는 150이라는 숫자가 자꾸 나타나는 것을 발견했다. 예를 들어 오스트레일리아의 왈비리족부터 뉴기니의 타우아데족, 그린란드의 아마살리크족, 티에라델푸에고의 오나족에 이르기까지 명백한 역사적 증거가 있는 스물한 개 수렵 채집 사회를 살펴보았더니 마을의 주민 수가 평균 148.4명이었다.

군사조직에도 같은 패턴이 딱 들어맞는다. 던바는 "수년에 걸쳐 군사 기획가들은 기능적인 전투부대의 병사 수가 실질적으로 200명을 넘어서는 안 된다는 경험법칙에 도달했다"라고 썼다. "내가 생각하기에 이것은 단순히 후방의 장군들이 부대를 어떻게 통제하고 조정하는지의 문제 때문이 아닌 것 같다. 제1차 세계대전 이후 통신기술의 모든 발전에도 불구하고 중대들이 이 규모를 고집스럽게 고수했기 때문이다.

더 정확히 말하면, 마치 기획자들이 여러 세기에 걸쳐 시행착오를 거쳐 발견한 법칙처럼 보인다. 이보다 인원이 많으면 하나의 기능적 부대로 협력할 수 있도록 병사들을 서로 충분히 친숙해지게 만들기 어렵다." 물론 더 규모가 큰 집단들로 군을 운영하는 것이 가능하기는 하다. 하지만 규모가 커지면 충성심과 결속력을 얻기 위해 복잡한 계급제, 규칙, 규제, 공식 조치들이 시행되어야 한다.

던바는 병사 수가 150명 이하일 경우 같은 목표를 비공식적으로 성취하는 것이 가능하다고 주장한다. "이 규모에서는 개인적 충성심과 직접적인 대면 접촉을 바탕으로 명령이 시행되고 제멋대로 구는 행위를 통제할 수 있다. 더 큰 집단에서는 이렇게 하는 것이 불가능해진다."

또 후터파라고 불리는 종교집단의 예도 있다. 후터파는 수백 년 동안 유럽에서 자급자족하는 농촌 공동체를 이루며 살다가 20세기 초 이후부터 북미에 거주했다. 후터파(아미쉬파, 메노파와 같은 가지에서 나왔다)에는 한 공동체의 주민 수가 150명에 가까워질 때마다 둘로 나누어 새로운 공동체를 만드는 엄격한 정책이 있다.

스포캔 외곽에 있는 한 후터파 공동체의 지도자들 중 한 명인 빌 그로스는 내게 "구성원을 150명 이하로 유지하는 것이 한 집단을 관리하는 데 가장 효과적이고 좋은 방법처럼 보입니다"라고 말했다. "집단이 그보다 커지면 사람들이 서로에게 모르는 사람이 됩니다."

후터파가 현대 진화심리학에서 이 아이디어를 얻은 건 분명 아니다. 그들은 수세기 동안 150의 법칙을 따르고 있다. 하지만 그들이 내세운 근거는 던바의 이론과 완벽하게 일치한다. 후터파는 구성원이 150명이 되면 하룻밤 새에 공동체의 성격을 바꿔놓는, 설명할 수는 없지만 대단히 현실적인 어떤 일이 일어난다고 믿는다.

"집단이 작을수록 사람들이 훨씬 더 가까워요. 서로 결속되죠. 이건 효과적이고 성공적인 공동체 생활을 원한다면 매우 중요한 문제입니다." 그로스가 말한다. "집단이 너무 커지면 공동으로 하는 일이 충분하지 않게 됩니다. 공통분모가 충분하지 않으면 서로 모르는 사람이 되기 시작하고 긴밀한 유대감을 잃기 시작하죠."

그로스의 말은 경험에서 나온 것이었다. 그는 그 마법의 숫자에 가까워진 공동체들에 속해 있다가 상황이 어떻게 변하는지 목격했다. "집단이 그렇게 커질 때 나타나는 현상은 저절로 일종의 파벌이 생기기 시작한다는 겁니다." 그는 분열을 표현하려는 듯 손짓을 했다. "큰 집단 내에 두세 개의 집단이 생기죠. 이건 막으려고 매우 노력해야 하는 상황입니다. 서로 갈라서기 딱 좋은 상황이거든요."

적당한 크기

지금까지 우리는 외부 환경의 비교적 사소한 변화들이 우리가 어떻게 행동하는지, 우리가 어떤 사람인지에 극적인 영향을 줄 수 있다는 것을 살펴보았다. 낙서를 깨끗이 지웠을 때, 그러지 않았다면 범죄를 저질렀을 사람이 갑자기 범죄를 저지르지 않게 된다. 신학생에게 서둘러야 한다고 말하면 곤경에 처한 행인을 갑자기 못 본 체한다. 150의 법칙은 집단의 규모도 큰 차이를 불러올 수 있는 그런 미묘한 맥락 요인들 중 하나라고 제시한다.

후터파의 경우, 구성원이 150명 이하일 때는 기꺼이 집단에 동조하고 집단의 기풍에 쉽게 물들 수 있는 사람들이 공동체 크기에 아주 작은 변화만 생겨도 갑자기 분열되고 멀어진다. 일단 그 선, 그 티핑 포인트를 넘으면 행동이 아주 달라지기 시작한다.

《야야 자매단의 신성한 비밀》이나 초기 감리교 교회의 경우처럼 집단이 전염성 있는 메시지의 인큐베이터 역할을 하길 원한다면 집단을 150명이라는 티핑 포인트 이하로 유지해야 한다. 그 지점을 넘어서면 집단이 의견을 모으고 한목소리로 행동하는 데 구조적 방해가 나타나기 시작한다.

가령 주변 동네들의 유해한 분위기에 성공적으로 대처할 수 있도록 낙후된 지역들에 학교를 세우고자 한다면, 큰 학교 한두 개보다 작은 학교 여러 개를 만드는 편이 더 나을 것이다. 150의 법칙은 급속도로 확장되고 있는 교회의 신도들이나 사교모임 회원들, 혹은 공동의 이상을 널리 전파할 목적으로 집단 활동을 하는 사람은 누구라도 대형화의 위험에 특히 주의를 기울여야 한다고 말한다. 150명이라는 선을 넘는 것은 큰 차이를 불러올 수 있는 작은 변화다.

아마도 이 문제를 성공적으로 다룬 조직의 가장 좋은 예는 델라웨어주 뉴어크에 있는 수백만 달러 규모의 민간 첨단기술회사 고어어소시에이츠일 것이다. 고어는 방수 고어텍스 직물뿐만 아니라 글라이드 치실, 컴퓨터 케이블용 특수 절연 피복, 그리고 자동차, 반도체, 제약, 의료산업용의 갖가지 정교한 전문 카트리지, 필터 백, 튜브를 제작하는 회사다.

고어에는 직함이 없다. 이 회사에서 일하는 사람에게 받은 명함을 보면, 연봉이 얼마건, 얼마나 많은 책임을 맡고 있건, 얼마나 오래 근무했건 상관없이 이름과 그 아래에 '동료associate'라는 단어만 적혀 있는 것을 볼 수 있다. 상사도 없고 관심사들을 지켜보는 후원자(멘토)만 있다. 조직도, 예산도, 상세한 전략 계획서도 없다. 급여는 집단적으로 결정된다. 회사 본사는 낮고 수수한 붉은색 벽돌 건물이다. 좁은 복도에 늘어선 '임원' 사무실들은 소박한 가구가 비치된 작은 방이다. 보통 최고 간부들이 차지하는 코너의 사무실들은 회의실로 쓰거나 빈 공간으로 두어 누구 사무실이 더 권위 있다고 말할 수 없다.

나는 델라웨어에 있는 이 회사의 공장들 중 한 곳에 방문해 밥 헨이라는 '동료'와 만났을 때 그의 직위를 들으려고 애썼지만 실패했다. 내가 그를 추천받았다는 사실로 미루어볼 때 최고 간부들 중 한 명이라고 짐작은 되었다. 하지만 그의 사무실 크기는 여느 사무실과 다름없었다. 명함에는 그냥 '동료'라고만 적혀 있었다. 비서도 없는 것 같았지만, 결국 비서를 보기는 했다. 옷차림도 여느 직원들과 다를 게 없었고, 내가 계속 묻고 또 묻자 그가 마침내 활짝 웃으며 했던 말은 "난 참견하는 사람이에요"였다.

요컨대 고어는 명확하고 조리 있는 철학을 가진 매우 특이한 회사다. 작은 스타트업처럼 행동하려고 시도하는 대규모 중견 기업이다. 그리고 어느 모로 보나 그 시도는 큰 성공을 거두어왔다. 기업 전문가들이 가장 일하기 좋은 미국 기업의 목록을 만들 때마다 혹은 컨설턴트들이 가장 관리가 잘된 미국 기업들에 관해 강연을 할 때마다 그 목록에 고어의 이름이 올라 있다.

고어의 직원 이직률은 업계 평균의 약 3분의 1에 불과하다. 35년 연속 흑자를 기록했으며, 업계의 부러움을 사는 성장률과 혁신적이고 높은 이윤을 내는 제품 라인을 보유했다. 고어는 대단히 전염성 강하고 고착성 높은 소기업의 기풍을 만들어 수천 명의 직원을 보유한 10억 달러 규모의 회사로 성장했다. 그 비결이 뭘까? (여러 이유 중에서도 특히) 150의 법칙을 고수한 덕분이었다.

물론 창업자인 고 윌버트 '빌' 고어가 후터파나 로빈 던바의 생각들로부터 영향을 받은 건 아니었다. 그들과 마찬가지로 고어도 시행착오를 거쳐 이 원칙을 발견한 것처럼 보인다.

몇 년 전 인터뷰에서 그는 "우리는 사람이 150명이 되면 다루기 힘든 상황이 된다는 걸 몇 번이나 발견했어요"라고 말했다. 그래서 공장 하나당 150명의 직원을 두는 것이 회사의 목표가 되었다. 전자부문에서 이 목표는 어떤 공장도 5만 제곱피트(약 1,400평) 이상으로 지어서는 안 된다는 뜻이다. 그 정도 크기의 건물에 150명 이상의 사람을 집어넣을 방법이 거의 없기 때문이다.

"사람들은 제게 장기 계획을 어떻게 세우는지 물어보곤 합니다." 헨이 설명했다. "그러면 저는 '그건 쉬워요. 우리는 주차장에 150개의 주차공간을 만들어놔요. 그러다 사람들이 풀밭에 주차를 하기 시작하면 새 공장을 지어야 할 때라는 걸 알죠'라고 대답합니다."

새 공장이 멀리 떨어져 있을 필요는 없다. 예를 들어 고어의 창업지인 델라웨어주에는 세 개의 공장이 서로 보이는 곳에 서 있다. 실제로 델라웨어주와 메릴랜드주에는 반경 12마일(약 19킬로미터) 내에 열다섯 개의 고어 공장이 있다. 각 건물은 개별적인 문화가 허용될 정도로만 떨어져 있으면 된다.

이 회사에서 오래 일한 버트 체이스는 내게 "우리는 주차장이 건물들 사이에 큰 간극을 만든다는 걸 발견했어요. 자리에서 일어나 다른 건물의 주차장까지 걸어가려면 아주 힘들죠. 차로 5마일(약 8킬로미터)을 운전하는 것만큼의 노력이 들어요. 건물을 분리해놓기만 해도 많은 독립성이 생깁니다."

최근 회사가 성장하면서 고어는 거의 끊임없는 분리와 재분리 과정을 겪었다. 다른 기업들이라면 주 공장을 계속 증축하거나 생산라인을 확장하거나 2교대제를 실시할 것이다. 고어는 집단들을 점점 더 작은 부분으로 나누려고 노력했다. 예를 들어 내가 방문했을 때 고어는 150명 제한선을 지키기 위해 고어텍스 의류 사업을 두 그룹으로 막 분리한 뒤였다. 일반 소비자를 겨냥한 더욱 패션 지향적인 등산화, 배낭, 등산장비 사업이 독립하고 소방관과 군인용 고어텍스 유니폼을 만드는 기관 사업이 남았다.

고어의 이러한 조직 구조와 색다르고 자유로운 경영방식 간 연관관계는 쉽게 알 수 있다. 던바가 작은 집단에 관해 설명한 유대감은 본질적으로 일종의 동료 압력이다. 사람들을 잘 알고 있기 때문에 그들이 당신을 어떻게 생각하는지가 중요한 문제가 되는 것이다.

중대가 군사조직의 기본 단위인 것은 "150명 이하의 집단에서는 개인적 충성심과 직접적인 대면 접촉을 바탕으로 명령이 시행되고 제멋대로 구는 행위를 통제할 수 있기 때문"이라는 던바의 말을 기억하라. 빌 그로스가 후터파 공동체에 대해 했던 말도 마찬가지다.

몸집이 너무 커진 후터파 공동체에서 그들이 보았던 분열은 일부 구성원들 사이의 유대가 약해졌을 때 나타나는 분열이었다. 고어의 작은 공장들에 공식적 관리구조가 필요하지 않은 이유는 (일반적인 중간급, 고위급 관리층이 필요하지 않다) 비공식적인 소규모 인간관계가 더 효과적이기 때문이다.

고어에서 오래 일한 짐 버클리는 내게 "우리가 공장에서 효율적으로 일하지 않을 경우, 회사를 위해 괜찮은 수익을 내지 못할 경우 견뎌야 하는 압력, 동료들로부터 받는 압력은 믿기 어려울 정도입니다"라고 말했다. "이것이 모든 사람이 모든 사람을 알고 있는 작은 팀에서 일어나는 일입니다. 동료 압력은 상사 개념보다 훨씬 더 강력합니다. 백 배, 천 배 더 강력하죠. 사람들은 자신이 받는 기대에 부응하길 원하거든요."

버클리는 전통적인 규모의 더 큰 제조공장에서도 같은 유형의 압력을 볼 수 있다고 말한다. 하지만 그런 압력은 공장의 특정 부분들에만 작용한다. 고어 공장의 이점은 어떤 제품의 설계, 제조, 마케팅 과정의 모든 부분이 동일한 집단의 주시를 받는다는 것이다.

"바로 얼마 전 뉴저지의 루슨트 테크놀로지에 갔다왔어요." 버클리가 말했다. "휴대전화를 작동시키는 셀, 그러니까 I-95 고속도로 위아래에 설치해 신호를 전달하는 장치들을 만드는 공장이에요. 그 공장에서 하루를 보냈죠. 650명의 직원이 있더군요. 생산 부문 직원들은 디자인 담당자들을 기껏해야 몇 명만 알고 있어요. 하지만 그게 전부예요. 그들은 세일즈맨은 아무도 몰라요. 영업지원 담당자들도 모르고 연구개발 쪽 직원들도 몰라요. 아는 사람이 없을 뿐만 아니라 다른 분야에서 무슨 일이 생겼는지도 몰라요.

제가 말하는 압력은 세일즈맨이 생산 부문의 직원들과 같은 세계에 있고, 고객의 주문이 처리되길 원하는 세일즈맨이 생산 부문의 아는 사람을 직접 찾아가 그 주문이 처리되어야 한다고 말할 수 있을 때 생기는 압력이에요.

두 사람이 있다고 해봐요. 한 사람은 제품을 만들려고 노력하고 있고 다른 사람은 제품을 세상에 널리 알리려고 노력하고 있어요. 이 두 사람이 직접 만나 이야기를 나눠요. 이게 동료 압력이에요.

루슨트에서는 이런 모습을 볼 수 없어요. 사람들이 동떨어져 있어요. 생산 부문에는 150명의 직원이 있었는데 그들끼리는 긴밀하게 협력해서 일했어요. 어떻게 하면 최고가 될지, 가장 혁신적이 될지에 대한 동료 압력도 존재했고요. 하지만 이런 압력이 그 집단 밖까지 확대되지 않아요. 집단끼리는 서로 알지 못해요. 구내식당에 가면 무리지어 앉은 사람들이 별로 없어요. 고어에서 일하는 건 색다른 경험이에요."

버클리가 이야기하는 것은 결속의 이점, 복잡한 기업 내의 모든 사람이 공통 관계를 공유하게 할 때의 이익이다. 버클리의 이야기를 훨씬 더 명확하게 만들어줄 유용한 개념이 심리학에 있다. 버지니아 대학교의 심리학자 대니얼 웨그너가 '분산기억transactive memory'이라고 부른 개념이다.[6]

우리는 기억에 관해 이야기할 때 단지 우리 머릿속에 저장되어 있는 생각이나 인상이나 사실을 이야기하는 게 아니다. 우리가 기억하는 것의 엄청나게 많은 부분이 실제로는 우리 뇌의 바깥에 저장되어 있다. 사람들은 대부분 필요한 전화번호의 대다수를 일부러 암기하지는 않는다. 하지만 전화번호부나 명함정리기 등 그 전화번호를 어디서 찾아야 하는지 기억한다. 혹은 114라는 번호를 기억했다가 전화를 걸어 물어볼 수도 있다. 또 대부분의 사람들은 파라과이나 잘 모르는 나라의 수도를 잘 알지 못한다. 왜 굳이 기억하려고 애쓰겠는가? 지도책을 구입해 그런 유형의 정보를 저장해놓는 편이 훨씬 더 쉽다.

하지만 아마도 가장 중요한 점은 우리가 다른 사람들과 함께 정보를 저장한다는 것이다. 커플들은 자동적으로 이렇게 한다. 웨그너는 적어도 3개월 동안 데이트를 해온 59쌍의 커플에게 기억력 실험을 해보았다. 커플들 중 절반은 함께 있게 하고 나머지 절반은 서로 떨어져 모르는 사람과 짝이 되었다. 웨그너는 모든 커플에게 64개의 문장을 읽게 했는데, 각 문장에는 한 단어에 밑줄이 그어져 있었다. '미도리는 일본의 멜론 리큐어다'라는 식이었다.

모든 문장을 읽고 5분 뒤 커플들은 기억나는 단어를 최대한 써보라는 요청을 받았다. 아니나 다를까, 서로 아는 커플들이 모르는 사람과 짝이 된 커플들보다 상당히 더 많은 항목을 기억했다.

웨그너는 사람들이 서로를 잘 알면 누가 어떤 유형의 일을 기억하는 데 가장 적합한지에 대한 이해를 바탕으로 암묵적인 합동기억 체계(분산기억 체계)를 형성한다고 주장한다. 그는 "관계의 발달은 종종 상호간의 자기 노출 과정으로 이해된다"라고 썼다. "이를 사람과 사람 사이의 새로운 발견과 수용 과정으로 생각하는 것이 더 낭만적이겠지만 이 과정은 또한 분산기억에 필요한 전조로도 인식될 수 있다."

분산기억은 친밀감이 뜻하는 의미의 일부분이다. 웨그너는 이런 유형의 합동기억의 상실이 실제로 이혼을 고통스럽게 만드는 데 한 몫을 한다고 주장한다. 그는 "이혼한 사람들이 우울증을 겪고 인지 기능 장애를 호소하는 건 외부 기억 체계의 상실을 표현하는 것일 수 있다"라고 썼다. "그들은 한때 자신들의 경험을 논의하여 공통된 이해에 도달할 수 있었다. (…) 한때는 상대의 광범위한 기억 저장고에 접근하여 의지할 수 있었는데, 이제 이것이 사라져버렸다. (…) 분산기억의 상실은 마치 머릿속의 한 부분을 잃은 것처럼 느껴진다."

가족에서는 이러한 기억의 공유 과정이 더 두드러지게 나타난다. 대부분의 사람은 그날그날의 세세한 일들과 가족사를 극히 일부분만 기억한다. 하지만 궁금증에 대한 답을 어디에서 찾을지를 은연중에 알고 있다. 열쇠를 어디에 두었는지 기억하는 건 배우자, 컴퓨터 작업 방법은 열세 살짜리 아이, 어린 시절의 세부적인 일들을 아는 건 어머니에게 맡겨져 있다.

가장 중요한 점은 새로운 정보가 발생했을 때 그 정보를 머릿속에 저장할 책임이 누구에게 있는지 안다는 것이다. 열세 살짜리 아이가 가족의 컴퓨터 전문가가 된 건 단지 아이가 가족 중에서 전자장비에 가장 재능이 있거나 컴퓨터를 가장 많이 사용하는 사람이기 때문만은 아니다. 가족의 컴퓨터와 관련된 새로운 정보가 생길 때마다 그걸 기억하는 일이 자동적으로 아이에게 맡겨지기 때문이다. 전문지식을 가진 사람이 더 많은 전문지식을 습득하게 마련이다. 바로 가까이에 있는 아들이 대신 해줄 수 있는데 뭐 하러 애써 소프트웨어 설치법을 기억하겠는가?

정신적 에너지에는 제한이 있기 때문에 우리는 자신이 가장 잘하는 일에 집중한다. 현대의 맞벌이 가정에서도 여성들이 육아의 '전문가'가 되는 경향이 있는 것은 여성들이 처음에 아이를 키우는 데 훨씬 더 많이 관여하면서 육아 정보의 저장을 남성보다 여성에게 더 의지했기 때문이다. 그런 초기의 전문지식이 육아문제에 대해 여성에게 더 의지하게 만들어 결국, 종종 본의 아니게 여성이 아이에 대한 지적 책임의 대부분을 짊어지게 되는 것이다.

웨그너는 "각자가 특정 과제와 사실에 대해 집단적으로 인정된 책임을 가지면 필연적으로 효율성이 더 높아진다"라고 말한다. "각 영역은 책임질 수 있는 소수에 의해 처리되며, 영역에 대한 책임은 상황에 따라 일시적으로 주어지는 게 아니라 지속된다."

그렇다면 고어에서 일하는 것이 '색다른 경험'이라는 짐 버클리의 말은 부분적으로는 고어가 매우 효과적인 제도적 분산기억을 가지고 있다는 뜻이다. 예를 들어 작은 공장에서 '안다'라는 것이 어떤 의미인지 고어의 한 동료의 설명을 들어보자.

"단순히 누군가를 아는 게 아니에요. 사람들의 기술과 능력과 열정까지 알 정도로 정말 잘 아는 거예요. 그 사람이 좋아하는 것, 원하는 것, 정말로 잘하는 것을 아는 거죠. 좋은 사람이라고 아는 정도가 아니라." 이 동료가 말하는 것이 분산기억의 심리적 전제조건이다. 누군가를 그가 뭘 알고 있는지 알 만큼 잘 아는 것, 그가 자기 전문 분야의 일들을 안다고 믿을 수 있을 만큼 잘 아는 것이다. 이것은 가족에 존재하는 친밀성과 신뢰성을 전체 조직 수준에서 재현하는 것이다.

물론 종이타월을 제작하거나 너트와 볼트를 찍어내는 회사에 다닌다면 그리 신경을 쓰지 않을 수 있다. 모든 회사가 그 정도의 유대감이 필요한 것은 아니다. 하지만 시장에서 우위를 차지하기 위해서 까다롭고 수준 높은 고객에게 신속하게 대응하고 혁신하는 능력이 관건인 고어 같은 첨단기술회사에서는 이러한 포괄적인 기억체계가 중요하다.

이런 기억체계는 기업을 믿을 수 없을 정도로 효율적으로 만든다. 협력이 더 쉬워진다. 일을 완료하거나 팀을 꾸리거나 문제의 답을 찾기 위해 훨씬 더 신속하게 움직일 수 있다. 한 부문의 사람들이 회사 내 완전히 다른 부문의 사람들의 생각과 전문지식에 접근할 수 있다.

루슨트에서는 제조 부문에서 일하는 150명이 자체적인 기억 네트워크를 보유했을 수 있다. 하지만 고어처럼 공장의 모든 사람이 같은 분산기억 체계에 속한다면, 연구개발 부문이 디자인 부문과, 디자인 부문이 제조 부문과, 제조 부문이 영업 부문과 연결되어 있다면 회사가 얼마나 훨씬 더 효율적이 되겠는가?

"사람들과 이야기를 할 때 곧바로 나오는 반응들 중 하나는 '당신 회사의 체계는 혼란스러워 보여요. 분명한 권한 없이 대체 어떻게 일을 할 수 있죠?'예요. 하지만 혼란스럽지 않아요. 문제도 없습니다." 버트 체이스가 말한다. "그 안에서 일하지 않는 한 인정하기 어려워요. 사람들의 강점을 이해할 때 얻는 이점이 있습니다. 어디에서 최고의 조언을 얻을지 알 수 있죠. 사람들에 대해 좀 알면 그렇게 할 수 있습니다."

요컨대 고어가 만들어낸 것은 조직을 돌아다니는 새로운 아이디어와 정보가 집단의 한 사람 혹은 한 부분에서 집단 전체로 일시에 퍼지기 훨씬 쉽게 만드는 조직적 메커니즘이다. 이것이 150의 법칙을 고수할 때의 이점이다.

150의 법칙을 지키면 기억의 결합과 동료 압력을 활용할 수 있다. 고어가 각 직원을 한 명씩 접촉하려 했다면 훨씬 더 힘들었을 것이다. 레베카 웰스가 낭독회에서 예닐곱 명씩 무리지은 독자들은 만나지 않고, 개별적으로 혼자 온 독자들은 각각 만나야 했다면 훨씬 더 힘들었을 것과 마찬가지다. 또 고어가 모든 사람을 하나의 큰 공간에 집어넣으려 했다면 그 역시 효과가 없었을 것이다. 고어는 하나로 결속되기 위해, 회사의 특정 사상을 직원 전체에 전파하기 위해 조직을 반半자치적인 작은 부분들로 나누었다.

이것이 유행의 역설이다. 하나의 전염성 있는 운동을 만들기 위해서는 종종 여러 작은 운동들을 먼저 만들어야 한다. 《야야 자매단의 신성한 비밀》의 유행이 확산될 때 레베카 웰스는 그 유행이 사실은 자신이나 심지어 자신의 책에 관한 것이 아님을 깨달았다. 그것은 모두 《야야 자매단의 신성한 비밀》을 주축으로 하여 늘어난 집단들에 초점이 맞추어진 수천 개의 다른 유행들이었다. 웰스는 말한다. "저는 이 여성들이 그들만의 야야 관계를 구축했다는 걸 깨닫기 시작했어요. 책이 아니라 서로와의 관계를요."

TIPPING POINT

POINT

6장

——

루머와
에어워크

——

사례 연구 1

Malcolm Gladwell

에어워킹은 스케이트보더가 램프에서 도약한 뒤 발 밑으로 보드를 밀어내고 공중에서 한두 걸음 크고 과장되게 걷다가 착지하는 스케이트보딩 동작에 붙여진 이름이다. 이것은 전통적인 스케이트보딩의 전형적 묘기이자 기본기다. 1980년대 중반, 두 명의 기업가가 열성 스케이트보더들을 겨냥한 운동화를 제작하겠다고 결심한 것은 이 때문이었다.

두 사람은 이 회사의 이름을 에어워크Airwalk라고 지었다. 에어워크는 샌디에이고 외곽을 기반으로 그 지역 10대들의 해변-스케이트 문화에 뿌리를 내렸다. 처음에 이 회사는 일종의 독특한 대안적 패션이 된 튀는 색상과 문양의 캔버스화를 만들었다. 스웨이드 소재의 전문 스케이트보드 슈즈도 만들었는데, 이 신발은 밑창이 두껍고, 엄청난 쿠션을 댄 갑피는 적어도 처음에는 거의 스케이트보드만큼 뻣뻣했다.

하지만 스케이터들은 지극정성으로 이 신발을 여러 번 빨고 자동차 바퀴가 신발 위를 지나가게 해 길을 들였다. 에어워크는 잘 나갔다. 전문 스케이트보더들을 후원하고 스케이트보드 행사를 따라다니는 열광적 추종자들을 양산해 몇 년 뒤에는 수월하게 연 1,300만 달러의 수익을 올리는 기업으로 성장했다.

기업들은 그 수준에서, 그러니까 소규모이지만 충성스러운 고객을 상대하며 낮은 수준의 평형상태를 유지하며 계속 사업을 할 수 있다. 하지만 에어워크의 소유주들은 그 이상을 원했다. 그들은 국제적인 브랜드로 크길 원했고, 그래서 1990년대 초에 방향을 변경했다. 사업 조직을 개편하고 신발의 디자인을 바꿨다.

스케이트보드뿐만 아니라 서핑, 스노보딩, 산악자전거, 자전거 경주까지 포함하도록 포커스를 확대하여 그 모든 종목의 선수들을 후원하고 에어워크를 활동적이고 대안적인 라이프스타일의 동의어로 만들었다. 에어워크는 젊은층을 겨냥한 신발가게의 구매자들에 맞춘 적극적인 풀뿌리 캠페인에 착수했다. 스포츠 브랜드 전문 유통업체인 풋로커에게 에어워크의 제품들을 시험적으로 한번 판매해보라고 설득했고, 무대에 서는 얼터너티브 록 밴드들에게 자사 신발을 신겼다.

그리고 무엇보다도 가장 중요한 일은 자사의 마케팅 캠페인을 재고하기 위해 램베시스라는 작은 광고대행사를 고용하기로 결정한 것이었다. 램베시스의 지휘 아래 에어워크는 폭발적으로 성장했다.

1993년에 1,600만 달러 규모였던 기업이 1994년에 4,400만 달러의 매출을 올렸다. 1995년에는 매출이 1억 5천만 달러로 뛰어올랐고 그 다음 해에는 1억 7,500만 달러를 기록했다. 최전성기에 에어워크는 한 주요 마케팅 조사업체가 선정한 세계 10대들 사이에서 '가장 멋진' 브랜드 13위에 이름을 올렸다. 신발 브랜드로는 나이키와 아디다스를 이어 3위였다.

아무튼 1~2년 만에 에어워크는 남부 캘리포니아 해변에서의 고요한 평형상태에서 급작스럽게 벗어났다. 에어워크는 1990년대 중반에 폭발적인 성장을 했다.

지금까지 이 책은 유행을 정의하고 유행 전파의 원칙들을 설명하는 데 관심을 기울였다. 폴 리비어의 경험, 〈세서미 스트리트〉, 뉴욕의 범죄와 고어 어소시에이츠는 각각 티핑 포인트의 법칙들 중 하나를 보여주었다. 그러나 일상생활에서 우리가 직면하는 문제들과 상황에서 항상 유행의 법칙들이 그렇게 깔끔하게 나타나는 것은 아니다. 지금부터는 좀 덜 직접적인 문제들을 살펴보고 메이븐, 커넥터, 고착성, 상황이라는 개념이 단독으로 혹은 서로 결합하여 어떻게 이 문제들을 설명하는지 알아보겠다.

예를 들어 에어워크가 폭발적으로 성장한 이유는 무엇일까? 간단히 대답하자면 램베시스가 탁월한 광고 캠페인을 내놓았기 때문이다. 램베시스의 광고제작 감독 채드 파머는 처음에 작은 예산으로 작업을 하면서 일련의 극적인 이미지들을 내놓았다.

신발을 좀 기이하게 이용하는 에어워크 사용자들을 보여주는 사진들이었다. 한 사진에서는 젊은 남성이 에어워크 운동화를 머리에 올려놓았고 운동화 끈이 땋아 내린 머리처럼 늘어져 있다. 그리고 이발사가 그 운동화 끈을 자르고 있다. 다른 사진에서는 가죽옷을 입은 소녀가 반짝이는 비닐 에어워크 운동화를 거울처럼 들고 립스틱을 바르고 있다. 이런 광고들이 광고판과 공사장 울타리에 나붙고 대안 잡지들에 실렸다.

에어워크가 성장하면서 램베시스는 텔레비전까지 진출했다. 초기 에어워크 광고들 중 하나에서는 카메라가 벗어놓은 옷들이 흩어져 있는 침실 바닥을 보여준다. 그런 뒤 카메라가 침대 밑으로 들어가 멈추면 끙끙대는 소리, 헉헉거리는 소리, 침대 스프링이 위아래로 움직이며 삐걱거리는 소리로 가득 찬다. 마침내 카메라가 침대 밑에서 나오면 손에 에어워크 운동화를 들고 침대에서 펄쩍펄쩍 뛰며 천장에 붙은 거미를 죽이려고 하지만 성공하지 못하는 약간 멍해 보이는 젊은이가 보인다.

에어워크의 광고들은 전 세계 젊은이들에게 어필하기 위해 설계된 완전히 시각적인 광고였다. 세부묘사가 풍부하고 시각적으로 시선을 사로잡았다. 또 모든 광고에 반항적이고 약간 괴상한 반영웅이 등장했다. 에어워크의 광고들은 모두 세련되고 재미있었다. 뛰어난 광고였다.

에어워크의 첫 광고가 나오고 몇 년 동안 '쿨하게' 보이고 싶은 다른 기업들이 그 캠페인의 외형과 느낌을 계속해서 모방했다. 하지만 램베시스 캠페인의 강점은 광고의 외형에만 있는 게 아니었다. 에어워크가 폭발적 성장을 한 이유는 이 기업의 광고가 명백하게 유행 전파의 원칙들에 기초하여 만들어졌기 때문이다.

마케터의 과제

램베시스가 한 일을 이해하는 가장 좋은 방법은 사회학자들이 말하는 확산 모형diffusion model을 살펴보는 것이다. 이 모형은 전염성 있는 아이디어나 제품이나 혁신이 사람들 사이를 어떻게 움직이는지 살펴보는 상세하고 학문적인 방법이다. 가장 유명한 확산 연구들 중 하나는 1930년대에 아이오와주 그린 카운티에서 교배종 옥수수 종자가 확산된 방식에 대한 브루스 라이언과 닐 그로스의 분석이다.[1]

1928년에 아이오와주에 새로운 옥수수 종자가 도입되었다. 이전 수십 년 동안 농민들이 사용해오던 종자보다 모든 면에서 우수한 품종이었다. 하지만 이 종자가 농민들 사이에 일시에 도입된 건 아니었다. 라이언과 그로스가 연구한 259명의 농민들 가운데 1932년과 1933년 사이에 이 새 종자를 심기 시작한 농부는 소수에 불과했다. 1934년에는 열여섯 명이 새 종자 도입을 단행했다. 1935년에는 스물한 명이, 그 다음 해에는 서른여섯 명이 그 뒤를 따랐다. 그리고 그 다음 해에는 예순한 명으로 확 증가한 뒤 다시 마흔여섯 명, 서른여섯 명, 열네 명으로 줄어들다가 1941년에 이르자 259명 중 두 명을 제외하고 새 종자를 사용하고 있었다.

확산 연구에서 사용하는 용어에 따르면 1930년대의 아주 초기에 교배종 종자를 시험 삼아 사용해보기 시작한 소수의 농부들은 모험심이 강한 혁신수용자innovator다.

그리고 이들에게 영향을 받은 약간 더 큰 집단은 이른바 선각수용자early adopter다. 선각수용자들은 공동체의 여론 주도자들로, 무모한 혁신수용자들이 하는 일을 지켜보고 분석한 뒤 따라하는 존경받고 사려 깊은 사람들이다.

1936년, 1937년, 1938년에 새 종자를 도입한 많은 농민은 전기 다수수용자early majority이며, 그 다음이 후기 다수사용자late majority다. 후기 다수사용자는 가장 존경받는 농부들이 먼저 시도할 때까지 아무것도 시도하지 않는 신중하고 회의적인 다수의 사람이다.

후기 다수수용자가 새 종자라는 바이러스에 감염되면 마침내 지각수용자laggard에게 이를 옮긴다. 지각수용자는 변화해야 할 긴급한 이유가 있다고 생각하지 않는 가장 보수적인 사람들이다.

이런 진행양상을 도표로 나타내보면 완벽한 전염병 곡선을 형성한다. 처음에는 서서히 시작되었다가 선각수용자들이 종자를 사용하기 시작하면서 양상이 급변하여 다수수용자들이 감염되면 급격하게 상승했다가 마지막에 지각수용자들이 뒤늦게 감염되면 하강한다.

이 사례의 메시지(새 종자)는 전염성이 매우 높고 고착성이 강하다. 어쨌든 농부들은 봄에 씨를 뿌리고 가을에 추수를 하면서 새 종자가 예전 종자보다 얼마나 나은지 자기 눈으로 볼 수 있다. 이렇게 특별하고 혁신적인 메시지가 어떻게 폭발적 인기를 끌지 않겠는가? 하지만 많은 경우, 새로운 아이디어가 전염병처럼 확산되는 건 사실 꽤 힘들다.

예를 들어 비즈니스 컨설턴트인 제프리 무어는 첨단기술을 예로 들어 트렌드와 아이디어를 창안하는 사람들과 결국 이를 받아들인

대다수 사람 사이에는 상당한 차이가 있다고 주장했다.[2]

이 두 집단은 입소문이 전해지는 연속선상에서 서로의 옆에 위치할 수 있다. 하지만 두 집단이 특별히 잘 소통하는 건 아니다. 첫 두 집단(혁신수용자와 선각수용자)은 선지자들이다. 그들은 경쟁자들과 자신을 구분시킬 무언가 혁신적인 기회를 원한다. 이들은 새로운 기술이 완벽해지거나 검증되거나 가격이 내려가기 전에 구입하는 사람들이다. 말하자면 소기업이다. 바로 착수한다. 엄청난 위험을 기꺼이 무릅쓴다.

반면 전기 다수수용자는 대기업이다. 그들은 어떤 변화가 자사의 복잡한 공급업체 및 유통업체 체계에 맞을지 걱정해야 한다.

무어는 "선지자들의 목표가 비약적 발전이라면 실용주의자들의 목표는 개선, 점진적이고 측정 가능하며 예측 가능한 발전을 이루는 것이다"라고 썼다. "이들은 새로운 제품을 설치할 때 다른 사람들이 그 제품을 사용해보니 어떤지 알고 싶어 한다. 이들의 어휘집에서 위험은 부정적인 단어다. 기회나 흥분이 아니라 돈과 시간을 낭비할 기회를 의미한다. 필요할 때는 위험을 무릅쓰지만 먼저 안전망을 쳐놓고 위험을 매우 면밀하게 관리할 것이다."

무어의 주장은 선각수용자와 전기 다수수용자의 태도는 기본적으로 양립될 수 없다는 것이다. 혁신적 아이디어는 한 집단에서 다음 집단으로 쉽사리 움직이지 않는다. 그들 사이에는 깊은 간극이 있다. 갖가지 첨단기술 제품들이 선각수용자들을 넘어서지 못하고 실패하는 이유는 그 제품을 만든 기업들이 선각수용자에게 완벽하게 통하는 아이디어를 전기 다수수용자에게 완벽하게 통하는 아이디어로 바꿀 방법을 발견하지 못했기 때문이다.

무어의 책은 전적으로 첨단기술 위주로 쓰여 있다. 하지만 그의 주장이 다른 유형의 사회적 유행에도 적용된다는 데에는 의문의 여지가 없다.

허시파피의 경우 이 브랜드를 재발견한 맨해튼 도심의 아이들이 이 신발을 신은 이유는 허시파피가 시대에 뒤떨어지고 고급스럽지 않은 1950년대 이미지로 인식되어 있었기 때문이다. 다른 사람은 아무도 신지 않는 신발이라서 신은 것이다. 그 아이들이 패션에서 찾고 있던 것은 혁신적 선언이었다. 그 아이들은 자신을 돋보이게 하려고 기꺼이 위험을 무릅썼다.

하지만 전기 다수수용자와 후기 다수수용자 대다수는 패션으로 혁신적 선언을 하거나 위험을 무릅쓰길 원하지 않는다. 어떻게 허시파피가 한 집단에서 다음 집단 사이의 간극을 뛰어넘었을까. 램베시스에게 주어진 것은 스케이트보딩이라는 남부 캘리포니아의 한 하위문화에 한정적으로 어필하는 신발이었다.

그들의 과제는 이 신발을 전 세계 10대들의 흥미를 끌어당기는 감각적인 제품으로 만드는 것이었다. 심지어 평생 스케이트보딩을 해보지 않은 아이들, 스케이트보딩이 특별히 멋지다고 생각하지 않는 아이들, 발이 보드에 잘 붙어 있게 하는 넓은 밑창과 공중 묘기를 할 때 충격을 완화해 줄 푹신한 갑피가 필요하지 않은 아이들에게도 말이다.

이건 분명 쉬운 과제가 아니었다. 그런데 어떻게 해냈을까? 세련된 아이들만 신던 그 괴상하고 특이한 신발이 어떻게 주류로 들어간 걸까?

내 생각에, 커넥터, 메이븐, 세일즈맨이 가장 중요한 역할을 하는 것이 이 부분이다. 소수의 법칙을 다룬 장에서 나는 그들의 특별한 사회적 재능이 어떻게 유행을 촉발시킬 수 있는지 이야기했다. 하지만 여기에서는 그들이 하는 일에 관해 훨씬 더 구체적으로 이야기할 수 있다. 그들은 혁신적 아이디어들이 이러한 간극 문제를 극복할 수 있게 만드는 사람들이다.

그들은 통역자다. 즉 매우 전문화된 세계에서 아이디어와 정보를 취해 나머지 사람들이 이해할 수 있는 언어로 통역한다.

내가 원조 메이븐이라고 묘사한 텍사스 대학교의 교수 마크 앨퍼트는 당신의 집에 들러 아주 복잡한 소프트웨어를 설치하거나 고치거나 조작하는 법을 알려줄 유형의 사람이다. 전형적인 세일즈맨인 톰 가우는 세법과 은퇴계획이라는 매우 난해한 분야를 고객들이 정서적으로 이해할 수 있는 용어들로 재포장한다. 커넥터인 로이스 웨이스버그는 정치, 연극, 환경보호주의, 음악, 법, 의학 등 수많은 다른 세계에 속해 있고 그녀가 하는 중요한 일들 중 하나가 다른 사회 세계들 사이의 중개자 역할이다.

램베시스의 핵심 인물들 중에 시장 조사 책임자 디디 고든이 있다. 고든은 주기적으로 젊은이들의 문화를 휩쓸고 지나가는 패션 트렌드에서도 같은 과정이 일어난다고 말한다. 혁신수용자가 새로운 무언가를 시도한다. 그런 뒤 누군가(메이븐이나 커넥터나 세일즈맨에 해당되는 10대)가 그걸 보고 도입한다.

"그 아이들은 그걸 주류의 구미에 더 맞도록 만듭니다. 그들은 진짜 특이한 아이들이 뭘 하고 있는지 보고는 그걸 살짝 비틀어요. 직접 그걸 사용하기 시작하지만 약간 바꾸죠. 더 사용하기 편리하게 만들어요. 학교에서 자전거 배달 일을 하는 아이가 청바지를 접어올려 밑단을 테이프로 동여매고 왔다고 해보죠. 커넥터가 그 모습을 보고 마음에 들었어요. 하지만 커넥터는 테이프를 사용하지 않아요. 대신 찍찍이가 붙은 띠를 구입해서 바지 밑단을 동여매죠. 아니면 베이비돌 티셔츠 같은 예도 있어요.

한 여자아이가 깡똥한 티셔츠를 입기 시작했어요. 아이는 토이저러스에 가서 바비 티셔츠를 샀죠. 그러자 다른 아이들이 너무 멋지다고 말해요. 하지만 커넥터는 그렇게 작은 티셔츠를 사지 않아요. 바비 프린트가 있는 티셔츠도 안 사고요. 커넥터는 그 패션을 보고 '저건 좀 너무 나갔어. 하지만 저걸 바꿔서 괜찮게 만들 수 있는 방법이 있어'라고 말해요. 그러면 커넥터가 변형한 패션이 급격하게 인기를 얻죠."

이러한 통역 과정에 대한 가장 정교한 분석은 루머에 대한 연구에서 나온다. 루머는 모든 사회적 메시지 중에서 분명 가장 전염성이 강할 것이다. 사회학자 고든 올퍼트는 저서《루머의 심리학The Psychology of Rumor》에서 제2차 세계대전 말, 일본이 연합군에게 항복하기 직전인 1945년 여름에 휴가를 떠나 메인주를 여행한 한 중국

인 교사가 연루된 루머에 관해 썼다.[3]

그 교사는 들고 다니던 안내책자에 어떤 언덕 꼭대기에 올라가면 아름다운 시골 풍경을 볼 수 있다고 나와 있는 걸 보고 작은 마을에 들러 길을 물었다. 그 무고한 질문에서 루머가 삽시간에 퍼져나갔다. 한 일본인 스파이가 지역 사진을 찍으려고 언덕에 올라갔다는 루머였다.

올퍼트는 "이 루머에서 '진실의 알맹이'를 이루는 단순하고 꾸밈없는 사실들은 처음부터 세 방향으로 왜곡되었다"라고 썼다.

첫째, 이야기가 수평화leveled되었다. 사건의 진짜 의미를 이해하는 데 필수적인 갖가지 세세한 내용이 생략되었다는 말이다. 올퍼트는 "현지인에게 예의바르고 소심하게 길을 물어본 방문자의 태도, 방문자의 정확한 국적이 알려지지 않았다는 사실, 방문자가 도중에 만나는 사람들이 자신을 쉽게 알아볼 수 있게 했다는 사실에 관해서는 아무 언급도 없었다"라고 지적했다.

그런 뒤 이야기가 첨예화sharpened되었다. 이야기에 남아 있던 세부사항들이 더 구체적이 되었다. 그 남자는 스파이가 되었다. 아시아인으로 보이는 누군가는 일본인이 되었다. 관광은 스파이행위가 되었다. 교사가 손에 들고 있던 안내책자는 카메라가 되었다.

마지막으로, 루머를 퍼뜨리는 사람들이 더 잘 이해할 수 있도록 이야기가 바뀌는 동화assimilation과정이 일어난다. 올퍼트는 "대부분의 농민들은 휴가 중인 중국인 교사라는 생각을 떠올릴 수 없었다. 그들은 미국의 일부 대학들이 중국인 학자들을 채용했고 그 학자들에게도 다른 교수들과 마찬가지로 여름휴가가 주어졌다는 사실을 몰랐기 때문이다. 처음 보는 새로운 상황이 가장 유효한 준거틀에 맞춰지며 필연적으로 동화되었다"라고 썼다.

그렇다면 그 준거틀이 무엇이었을까? 거의 모든 가정이 전쟁활동에 연루된 아들이나 친척을 두고 있던 1945년 메인주의 시골지역에서 이 이야기를 이해하는 유일한 방법은 전쟁이라는 상황에 맞추는 것이었다. 그리하여 아시아인은 일본인이 되고 안내책자는 카메라가 되었으며 관광은 스파이행위가 되었다.

심리학자들은 이런 왜곡 과정이 루머의 확산에서 거의 보편적으로 일어난다는 것을 발견했다. 실험대상자들에게 어떤 이야기를 읽게 하거나 그림을 보게 하고 몇 달 뒤에 그들에게 보여주었던 것을 재현해달라고 요청하는 기억력 실험을 하면 예외 없이 상당한 수평화가 발생한다. 몇 가지를 제외하고는 모든 세부사항이 생략된다. 그런 동시에 특정 세부사항들은 첨예화된다.

한 고전적인 예에서는 실험 대상자들에게 세 개의 선으로 양분된 육각형의 맨 위에 같은 크기의 원 일곱 개가 겹쳐 있는 그림을 보여주었다. 한 전형적인 실험대상자는 7개월 뒤 두 개의 선으로 양분된 사각형 가장자리에 서른여덟 개의 작은 원들이 배열되어 있었다고 기억했다.

올퍼트는 "어떤 그림이나 이야기도 기억 속에서는 그 자신의 삶에서 친숙한 것, 그 자신의 문화와 일치하는 것, 그에게 특별한 정서적 의미를 가지는 것 쪽에 끌리는 경향이 있다"라고 썼다. "실험대상자는 의미를 구성하려고 노력하면서 더 나은 '형태', 더 나은 마무리, 더 단순하고 더 의미 있는 배치를 얻기 위해 압축하거나 무언가를 채워넣는다."

이것이 통역의 의미다. 메이븐과 커넥터와 세일즈맨이 어떤 아이디어를 전염성 있게 만들기 위해 하는 일은 본질에서 벗어난 세부사항들은 제거하고 다른 세부사항들은 과장하여 메시지 자체가 더 심오한 의미를 획득하도록 아이디어를 변형시키는 것이다.

신발이건 행동이건 소프트웨어건 유행을 일으키고 싶은 사람은 어떻게든 커넥터, 메이븐, 세일즈맨을 바로 이런 식으로 활용해야 한다. 혁신수용자의 메시지를 나머지 사람들이 이해할 수 있는 무언가로 통역할 사람이나 방법을 찾아야 하는 것이다.

쉽게 통역하라

이 책 초반에서 약물과 질병 문제에 관해 이야기했던 도시 볼티모어에 이런 전략을 실행한 훌륭한 예가 있다. 볼티모어는 마약 중독자가 많은 여러 지역들과 마찬가지로 시에서 매주 정해진 시간에 도심지역의 특정 길목에 깨끗한 주사기 수천 개를 실은 차량을 보낸다. 마약 중독자들이 이미 사용한 더러운 주사기를 가져오면 공짜로 깨끗한 주사기로 바꿔준다는 아이디어였다.

주사기 교환은 이론상으로는 에이즈와 싸우는 좋은 방법처럼 보인다. 에이즈 바이러스에 오염된 주사기의 재사용이 바이러스 전파의 주요 원인이 되기 때문이다. 하지만 적어도 처음 검토할 때는 이 프로그램에 명확한 한계가 있는 것처럼 보였다.

일단 약물중독자들은 체계적이고 신뢰할 만한 사람들이 아니다. 그런 사람들이 정기적으로 주사기 차량을 찾아간다는 보장이 있겠는가?

둘째, 대부분의 헤로인 중독자들은 주사기 끝이 뭉툭해져 쓰지 못하게 될 때까지 적어도 대여섯 번(그 이상은 아니더라도) 약물을 주사하여 하루에 한 개 정도의 주사기를 사용한다. 따라서 많은 주사기가 필요하다. 일주일에 한 번 오는 차량이 어떻게 밤낮으로 마약을 주사하는 중독자들의 수요를 충족할 수 있겠는가? 차량이 화요일에 오는데 토요일 밤에 중독자가 가진 주사기가 다 떨어지면 어떻게 되는가?

1990년대 중반, 주사기 프로그램이 얼마나 잘 진행되고 있는지 분석하기 위해 존스홉킨스 대학교의 연구자들이 주사기 교환 차량과 함께 다니며 주사기를 가져온 사람들과 이야기를 나누었다. 연구자들은 놀라운 사실들을 알게 되었다. 그들은 중독자들이 각자 자신이 쓴 오염된 주사기를 가져와 당신이나 내가 우유를 사듯 새 주사기를 구할 것이라고 생각했다. 상점이 문을 열면 가서 그 주에 쓸 충분한 수량을 집어드는 식으로 말이다.

하지만 연구자들은 매주 소수의 중독자들이 한 번에 300개, 400개의 오염된 주사기가 가득 든 배낭을 들고오는 것을 발견했다. 분명 본인이 직접 쓴 주사기보다 훨씬 많은 수량이었다. 오염된 주사기와 새 주사기를 교환한 이들은 거리로 돌아가 깨끗한 주사기를 하나에 1달러씩 받고 팔았다. 다시 말해 주사기 교환 차량이 일종의 주사기 도매상이었다. 소매상은 거리와 마약 주사 맞는 곳을 돌아다니며 오염된 주사기를 주운 뒤 깨끗한 주사기로 교환하여 팔아서 먹고 사는 이 소수의 사람들이었다.

이런 사실을 알게 된 프로그램 진행자들은 처음에는 이 프로그램을 다시 생각해보았다. 세금으로 마련한 주사기를 마약중독자들의 자금을 대는 데 쓰길 원하는가? 하지만 그들은 주사기 교환 프로그램의 한계에 대한 해결책을 우연히 발견했다는 것을 깨달았다. 존스홉킨스 공공보건대학에서 학생들을 가르치는 톰 발렌티는 "훨씬, 훨씬 더 나은 시스템이었어요"라고 말한다.[4]

"많은 사람이 금요일과 토요일 밤에 마약 주사를 맞습니다. 그러다 보니 평소 외출하기 전에 깨끗한 주사기를 마련해야 한다는 이성적인 생각을 꼭 하지는 못합니다. 사람들이 마약을 맞는 시간에는 주사기 교환 차량이 없어요. 마약을 맞는 곳에도 없고요. 하지만 이들(소수의 대량 교환자들)은 사람들이 마약을 맞을 때, 깨끗한 주사기가 필요할 때 그 자리에 있을 수 있습니다. 그들은 일주일 내내 하루 24시간 서비스를 제공할 수 있어요. 우리에겐 아무 비용도 추가되지 않고요."

주사기 차량과 함께 다녔던 연구자들 중에 톰 정이라는 전염병학자가 있었다. 그는 대량 교환자들을 불러 세워 인터뷰를 했다. 그가 내린 결론은 대량 교환자들이 매우 독특하고 특별한 집단이라는 것이었다.

"그들은 모두 마당발이었어요." 정이 말한다. "볼티모어 안팎에 빠삭했어요. 어떤 종류의 마약과 주사기를 구하려면 어디로 가야 하는지 알고 있고, 거리도 훤히 꿰고 있었죠. 아는 사람도 많고요. (…) 그들의 근본적 동기는 재정적 혹은 경제적인 것이라고 말해야겠지만, 사람들을 돕는 데에도 분명 관심이 있었어요."

어디서 많이 들어본 말 아닌가? 대량 교환자들은 볼티모어 마약계의 커넥터다. 존스홉킨스 대학교 사람들이 하고 싶었던 일은 대량 교환자들을 이용해 마약단속 유행을 일으키는 것이었다.

이렇게 사정을 잘 알고 있고 인맥이 풍부한 데다 이타적인 사람들에게 콘돔을 나눠주게 하거나 마약 중독자들에게 절실히 필요한 건강 정보를 교육시킨다면? 이 대량 교환자들은 생명을 구할 수 있는 정보와 기관으로부터 대책 없이 고립되어 있는 대다수의 마약 사용자들과 의료계 사이의 틈을 연결시키는 기술을 갖춘 것처럼 보였다. 이들은 건강증진의 용어와 개념들을 다른 마약 중독자들이 이해할 수 있는 형태로 통역하는 능력을 가진 것 같았다.

새로운 감성을 담은 한 켤레

램베시스는 에어워크를 위해 바로 이와 같은 서비스를 하려고 했다. 그들이 에어워크에 대한 입소문을 퍼뜨려줄 메이븐, 커넥터, 세일즈맨에 해당되는 사람들을 직접 파악할 수 없다는 건 분명했다. 램베시스는 세계적 캠페인을 준비하려 애쓰는 작은 광고회사일 뿐이었으니까.

하지만 그들이 할 수 있는 일이 있었다. 자사의 광고 캠페인이 통역사 역할을 하여 혁신수용자와 그 밖의 다른 사람들 사이를 중개함으로써 유행을 일으키는 일이었다. 그들은 만약 자신들이 숙제를 제대로 해낸다면 젊은이들 문화의 최첨단 아이디어들을 수평화, 첨예화, 동화시켜 주류가 받아들일 수 있게 만드는 장본인이 될 수 있다는 걸 깨달았다. 그들이 커넥터, 메이븐, 세일즈맨 역할을 할 수 있었다.

램베시스가 처음 한 일은 에어워크가 정복하고자 하는 젊은층을 겨냥한 사내 시장조사 프로그램을 만드는 것이었다. 혁신수용자의 아이디어들을 주류가 이해하도록 통역하려면 먼저 혁신수용자의 아이디어가 무엇인지 찾아야 했다. 램베시스는 조사팀을 운영하기 위해 컨버스 운동화 회사에서 일했던 디디 고든을 채용했다.

고든은 여유 있는 위트를 가진 굉장히 매력적인 여성이다. 할리우드 힐스의 마돈나의 옛집과 올더스 헉슬리의 옛집 중간쯤에 있는 그녀의 집은 우툴두툴한 흰색 치장벽토를 바른 직각의 걸작 모더니즘 건축물이다.

그녀의 취향은 거의 믿기 어려울 정도로 다양하다. 그녀는 요일에 따라 무명 힙합 밴드나 피터 셀러스의 옛 영화나 새로 나온 일본산 전자기기나 뜬금없이 아주 멋지다고 느낀 특정한 흰색 색조에 푹 빠져 있다.

컨버스에서 일할 때 고든은 로스앤젤레스에서 소위 '소매 없는 속옷'(브래지어 끈이 보이는, 꽉 죄는 흰색 탱크탑)과 긴 반바지, 튜브 삭스(뒤꿈치에 이음이 없는 신축성 있는 양말), 욕실 슬리퍼로 멕시코 깡패처럼 차려입은 10대 백인 소녀들을 보았다.

고든은 "나는 사람들에게 '이 패션이 히트를 칠 겁니다. 너무 많은 사람이 이런 차림을 하고 있어요. 우리는 욕실 슬리퍼를 만들어야 해요'라고 말했어요"라고 회상한다. 그래서 그들은 컨버스 스니커즈의 뒤축을 잘라내고 슬리퍼 밑창을 달았다. 컨버스는 이 신발을 50만 켤레 팔아치웠다.

고든은 런던이나 도쿄, 베를린의 동네나 술집이나 클럽에 가서 가장 최신 스타일과 패션이 뭔지 발견하는 육감이 발달해 있다. 가끔 뉴욕에 가서 소호와 이스트 빌리지의 거리를 몇 시간 동안 바라보며 앉아서 특이한 것이 눈에 띄면 뭐든 사진을 찍기도 한다. 고든은 메이븐이다. '쿨하다'라는 파악하기 어렵고 애매한 특성에 전문화된 메이븐.

고든은 램베시스에서 뉴욕, 로스앤젤레스, 댈러스, 시애틀, 그리고 도쿄, 런던 같은 세계의 지역들에 젊고 똑똑한 통신원들의 네트워크를 구축했다. 이들이 1990년대 초에 이스트 빌리지에서 허시파피를 신었을 사람들이다. 이들은 모두 특정한 성격 유형과 꼭 맞는다. 이들은 혁신수용자다.

"이 아이들은 어떤 면에서 왕따들이에요." 고든이 말한다. "정말 따돌림을 받는지 아닌지는 중요하지 않아요. 본인들이 그렇게 느낍니다. 이 아이들은 항상 자신이 남들과 다르다고 느껴요.

아이들에게 걱정거리가 뭔지 물어보면 유행을 선도하는 아이들은 세균전이나 테러 같은 문제를 선택해요. 이 아이들은 더 큰 그림과 관련된 문제를 선택하는 반면 대다수의 아이들은 늘어난 몸무게나 위독한 조부모, 혹은 학교성적에 관해 생각해요. 유행의 선도자들 중에는 활동가들이 많아요. 더 많은 열정을 가진 사람들이죠.

저는 개성이 있는 사람, 자신을 다른 모든 사람과 분명하게 차별화시킨 사람, 또래들과 달라 보이는 사람을 찾고 있어요."

고든에게는 세상에 대한 지칠 줄 모르는 호기심 같은 게 있다. "저는 완전히 평범해 보이는 모습의 유행 선도자들을 우연히 만나요. 클럽에서 완전 하드코어한 밴드의 연주를 듣고 있는 평범한 모습의 사람을 봐요. 그럼 '맙소사, 저 사람이 여기서 뭐하는 거지?'라는 생각이 들면서 강한 호기심이 발동하죠. 그럼 그 사람한테 다가가 '이 밴드를 정말 좋아하나 봐요'라고 말을 걸지 않고는 못 배겨요. 왜 그럴까요? 무슨 말인지 아시죠?

저는 모든 걸 관찰해요. 다들 파란색 머리를 하고 있는 커피숍에 평범한 사람이 앉아 있으면 그 사람한테 끌려요. 파랑머리들이 있는 커피숍에서 평범한 사람이 뭘 하고 있는지 궁금하잖아요."

고든은 혁신수용자 통신원들을 심어놓고 1년에 두서너 번 찾아가 무슨 음악을 듣고 있는지, 어떤 텔레비전 프로그램을 보고 있는지, 어떤 옷을 사는지, 어떤 목표나 열망을 품고 있는지 물어본다.

데이터가 항상 일관되게 나오지는 않는다. 해석이 필요하다. 전국의 다른 지역들에서 다른 아이디어들이 튀어나오고 때로는 동부에서 서부로, 때로는 서부에서 동부로 아이디어가 옮겨간다. 하지만 고든은 큰 그림을 보고, 오스틴과 시애틀, 시애틀과 로스앤젤레스, 로스앤젤레스와 뉴욕의 데이터를 비교하고, 매달 변화를 관찰하여 전국의 새로운 트렌드 발생과 이동 양상을 파악할 수 있었다. 그리고 혁신수용자들이 하는 말과 일들을 3개월이나 6개월, 혹은 1년 뒤 주류 아이들이 하는 말과 일들과 비교함으로써 어떤 유형의 아이디어들이 세련된 하위문화에서 주류 문화로 도약할 수 있는지 추적했다.

"화장하는 남성들, 커트 코베인, 양성적 패션을 생각해보세요." 고든이 말했다. "남자들이 어떻게 매직펜으로 손톱을 칠하게 되었는지 아세요? 우리는 그걸 북서부에서 처음 봤어요. 그런 뒤 트렌디한 음악계가 있는 로스앤젤레스와 뉴욕과 오스틴으로 서서히 옮겨가더군요. 그 다음에 전국의 다른 부분으로 조금씩 옮겨갔고요. 주류로 들어가는 데 오랜 시간이 걸렸어요."

고든이 발견한 것들이 에어워크 캠페인의 원형이 되었다. 그녀가 전국의 혁신수용자들 사이에 불붙은 새로운 트렌드나 아이디어나 개념을 발견하면 회사는 그 개념들을 에어워크 광고에 집어넣었다.

예를 들어 한번은 그녀가 유행 선도자들이 별안간 티베트와 달라이 라마에 관심을 갖기 시작했음을 포착했다. 영향력 있는 랩 밴드 비스티보이스가 프리 티베트 캠페인에 공개적으로 기부를 했고 콘서트에서 승려들이 증언을 하도록 무대에 데려왔다. "비스티보이스가 이 운동을 밀어붙여 통하게 만들었어요." 고든이 회상했다.

그래서 램베시스는 에어워크를 신은 젊은 승려가 교실 책상에 앉아 시험을 보는 장면을 담아 아주 재미있는 광고를 제작했다. 승려는 발을 내려다보고 있다. 신발 옆에 커닝 페이퍼를 써넣었기 때문이다. (샌프란시스코의 광고판들에 이 광고가 걸렸을 때 램베시스는 티베트 승려들의 항의로 광고를 내려야 했다. 그들은 승려는 시험에서 부정행위를 하지 않을뿐더러 자기 신발을 만지지도 않는다고 주장했다.)

제임스 본드가 유행 선도자들의 레이더에 걸렸을 때는 제임스 본드 영화의 감독을 채용하여 일련의 광고를 제작했다. 이 광고들에서는 에어워크를 신은 인물들이 정체불명의 악한들로부터 신나게 도망친다. 유행 선도자들이 아이러니하게 컨트리클럽 문화에 관심을 보이며 구식 프레드 페리와 아이조드 골프셔츠를 입기 시작하자 에어워크는 테니스공 소재로 신발을 만들었고, 램베시스는 신발 한 짝을 공중으로 던져올려 테니스라켓으로 치는 인쇄광고를 제작했다.

"미래 기술과 관련된 것들이 유행한다는 걸 알아차렸어요." 고든이 말한다. "아이들에게 뭐든 원하는 것을 발명할 수 있다면 뭘 만들고 싶은지 물어보면 항상 편하게 사는 삶과 관련된 대답이 나왔어요. 그러니까 거품 안에 머리를 집어넣고 단추를 누르면 완벽하게 감겨져 나오는 식이죠. 그래서 우리는 에어워크가 이렇게 둥근 거품같이 생긴 밑창을 달도록 했어요. 우리는 소재(그물, 통기성 좋은 소재, 특수 고어텍스)를 혼합하고 서로 겹쳐놓기 시작했죠."

이 중요한 시기의 에어워크 광고 목록을 살펴보는 것은 그 시절 젊은이 문화에서 유행한 것, 심취한 것, 관심 있던 것에 대한 완벽한 안내서를 보는 것과 같다. 쿵푸 영화의 30초짜리 패러디도 있고, 비트 족 시인을 다룬 텔레비전 광고도 있다. 또 뉴멕시코주 로스웰로 차를 몰고 들어간 젊은이가 외계인들에게 에어워크를 뺏기는 엑스 파일 스타일의 광고도 있다.

왜 이런 전략이 큰 성공을 거두었는지에 대해서는 두 가지 설명이 있다.

첫 번째는 뻔한 설명이다. 램베시스가 아직 초기 단계이지만 전염성이 강한 다양한 트렌드를 선택했기 때문이다. 램베시스의 새로운 광고 캠페인과 그 광고에 부합하는 신발이 준비되었을 때는 (운이 좋으면) 그 트렌드가 마침 딱 대세가 되고 있는 시점이었다. 다시 말해 램베시스는 젊은이 문화를 휩쓴 새로운 트렌드의 물결과 에어워크를 연결시켜 사회적 유행에 편승했다.

"타이밍이 가장 중요해요." 고든이 말한다. "유행 선도자들을 따라가야 해요. 그들이 뭘 하는지 봐야 하죠. 그런 신발을 생산하는 데 1년이 걸려요. 당신이 적절한 트렌드를 선택했다면 1년이 지나갈 무렵 그 트렌드가 딱 적절한 시기에 주류가 될 거예요. 만약 미래 기술이 트렌드라고 생각한다면, 그러니까 충분히 많은 도시의 충분히 많은 유행 선도자들이 인체공학적 디자인의 물건이나 밑창이 두꺼운 신발이나 작은 팜 파일럿을 구입하는 것을 보고 그들에게 뭘 발명하고 싶은지 물어봤을 때 모두 미래의 날아다니는 자동차에 관해 이야기한다면 6개월에서 1년 안에 모든 사람들, 할머니까지 이런 것들을 좋아할 것이라는 생각이 들게 되죠."

그러나 램베시스가 이 과정에서 단지 수동적인 관찰자였던 것은 아니다. 이 경우는 램베시스의 광고가 그들이 혁신수용자들 사이에서 발견한 아이디어를 폭발적으로 유행시키는 데 도움이 된 사례이기도 하다. 예를 들어 고든은 유행 선도자 집단에서 나온 무언가가 주류로 진출하는 데 실패하는 경우는 보통 그 아이디어가 문화에 충분히 광범위하게 뿌리내리지 않았기 때문이라고 말한다.

"단서가 충분하지 않아요. 음악과 영화와 미술과 패션에서 단서를 보지 못합니다. 뭔가가 성공할 거라면 보통 모든 것에 그와 관련된 맥락이 흐르는 게 보여요. 사람들이 좋아하는 텔레비전 방송, 사람들이 발명하고 싶어 하는 것, 사람들이 듣고 싶어 하는 것, 심지어 사람들이 입고 싶어 하는 소재에서도 그게 나타나요. 어디에나 있어요. 하지만 성공하지 못하는 건 그 분야들 중 하나에서만 보이죠."

램베시스는 특정 아이디어들을 택해 모든 곳에 심어놓았다. 그리고 그 아이디어들을 심으면서 결정적으로 중요한 통역을 했다. 고든의 조사에서 혁신수용자들이 티베트 점령이 일으킨 모든 심각한 문제와 달라이 라마에 관심이 크다고 나타났다. 그러면 램베시스는 이 트렌드와 관련된 아주 단순한 대상(티베트 승려)을 선택해 그를 재미있고 약간 발칙한 상황에 두었다. 이 문제를 약간 비튼 것이다.

혁신수용자들이 생뚱맞게도 컨트리클럽 문화에 관심을 느꼈다면 램베시스는 이 트렌드를 가볍게 다루었다. 운동화를 테니스공으로 만들어 대상을 덜 고루하게 보이면서 더 재미있게 만든 것이다. 혁신수용자들이 쿵푸 영화에 빠져들었다면 램베시스는 에어워크 영웅이 무술을 하는 악당과 스케이보드로 싸우는 쿵푸 패러디 광고를 제작했다. 쿵푸라는 모티프를 취해 젊은이 문화와 융합시킨 한 것이다.

올퍼트에 따르면 중국인 학자의 휴가 사건의 경우 그 상황과 관련된 사실들이 마을 사람들에게 이해가 되지 않았다. 그래서 이해가 되는 해석(그 학자가 스파이다)을 떠올렸고, 그 새로운 해석을 유효하게 만들기 위해 '불협화음을 내는 세부사항들은 수평화되고 사건들은 선택된 주제에 맞게 첨예화되며 전체적인 에피소드는 루머가 퍼지는 집단의 구성원들이 기존에 가지고 있던 특유의 느낌 및 사고 구조에 동화된다.'

이것이 바로 램베시스가 한 일이다. 그들은 혁신수용자들로부터 문화적 단서(주류 아이들이 볼 수는 있지만 이해하지 못하는 단서)를 포착하여 좀 더 조리 있는 형태로 수평화, 첨예화, 동화시켰다. 그 단서에 이전에는 없던 특정한 의미를 부여하고 그 새로운 감성을 한 켤레의 신발이라는 형태로 포장했다. 1995년과 1996년에 에어워크에 대한 소문이 그렇게 급속도로 퍼져나간 게 놀랄 일은 아니다,

추락하는 에어워크

에어워크 유행은 오래가지 않았다 1997년에 회사의 매출이 주춤하기 시작했다. 생산 문제가 발생해 주문을 소화하는 데 어려움을 겪었다. 신학기에 맞춰 중요한 지역들에 충분한 상품을 공급하지 못했고 한때 충성스럽던 유통업체들이 등을 돌리기 시작했다. 동시에 에

어워크는 그토록 오랫동안 내세워온 최첨단 감각을 잃기 시작했다.

채드 파머는 "에어워크가 처음 문을 열었을 때는 제품이 방향성이 있고 창의적이었어요. 신발들이 매우 급진적이었죠"라고 말한다. "우리는 유행선도자들에 초점을 맞춘 마케팅을 유지했어요. 하지만 제품의 수준이 떨어지기 시작했어요. 회사는 점점 더 판매사원의 말에 귀를 기울였고, 제품들이 엇비슷해지고 평범해지기 시작했어요. 모든 사람이 우리 마케팅을 좋아했어요. 포커스 그룹들은 그 마케팅을 얼마나 그리워하는지 아직도 이야기해요. 하지만 가장 큰 불만은 '멋진 제품에 도대체 무슨 일이 일어났는가?'예요."

램베시스의 전략은 혁신수용자들의 신발을 주류에 맞게 통역하는 데 바탕을 두었다. 그런데 갑자기 에어워크가 더 이상 혁신수용자들의 신발이 아니게 되었다.

"우리는 또 다른 중요한 실수를 저질렀어요." 에어워크의 전 사장 리 스미스가 말한다. "우리는 원래 분리 전략을 세웠어요. 독립된 소규모 스케이트보드 전문점들(사실상 우리를 만들었다고 할 수 있는 전국 300개의 부티크)에는 독점적인 특정 제품라인이 들어갔어요. 그 전문점들은 우리 제품이 일반 몰에 있는 걸 원하지 않았죠. 그래서 우리는 제품들을 분리했어요. 우리는 전문점들에게 몰과 경쟁할 필요가 없다고 말했어요. 그 방식은 굉장히 효과가 좋았습니다."

부티크들은 전문적인 제품들을 공급받았다. 다른 디자인, 더 나은 소재, 더 많은 충전재, 다른 완충 시스템, 다른 고무 배합물, 더 비싼 갑피로 된 신발들이었다.

"우리에게는 스케이트보드용의 특별한 시그니처 모델이 있었어요. 토니 호크라는 제품이었죠. 다른 신발들보다 훨씬 우람하고 내구성이 뛰어났어요. 소매가가 80달러 정도였고요." 반면 에어워크가 키나 챔스나 풋로커에 공급한 신발들은 덜 정교한 제품들이었고 소매가는 60달러 정도였다. 혁신수용자들은 항상 누구와도 다르고 남들이 잘 신지 못하는 신발을 신었다. 주류 고객들은 세련된 아이들과 같은 브랜드를 신는 데 만족했다.

하지만 성공의 정점에서 에어워크가 전략을 바꾸었다. 회사는 전문점 전용 신발 공급을 중단했다. "유행 선도자들이 이 브랜드를 무시하기 시작한 것이 그때였어요." 파머가 말했다. "그들은 자신만의 멋진 제품을 구할 수 있는 부티크를 다녔는데 이제 다른 모든 사람도 똑같은 신발을 JC페니에서 구할 수 있다는 걸 알게 되었죠." 갑자기 램베시스는 주류 제품들의 언어를 주류를 위해 통역하고 있었다. 유행은 끝났다.

"제 카테고리 매니저(판매자들을 비슷한 카테고리로 묶어 관리하고 운영하는 사람)가 제게 무슨 일이냐고 묻더군요." 스미스가 말한다. "저는 이렇게 대답했어요. '포레스트 검프 보셨어요? 바보는 바보짓을 하니까 바보라는 대사가 나오잖아요. 음, 멋진 사람은 멋진 짓을 하니까 멋진 거예요. 멋진 브랜드는 사람들을 잘 다루는데, 우리는 그러지 못했어요. 그 작은 상점들에 특별 제품을 공급하겠다고 개인적으로 약속했는데 그런 뒤 우리가 마음을 바꿨어요. 그게 시작이었어요. 그 세계에서는 모든 게 입소문에 달려 있어요.

회사가 더 커졌을 때 세세한 부분들에 더 주의를 기울이고 좋은 소문을 유지시켜야 했어요. 그래서 사람들이 '너희들은 배신자야, 주류로 가버렸네, 빌어먹을'이라고 말했을 때 아니라고 대꾸할 수 있어야 했어요. 우리는 보석 같은 작은 브랜드를 가지고 있었는데 그걸 야금야금 헐값으로 주류에 팔아치웠고, 전부 다 팔아버리고 나자." 그가 말을 멈추었다. "그러자 어떻게 됐을까요? 당신이 우리 신발 한 켤레를 샀어요. 그런데 우리 신발을 또 살 이유가 있을까요?"

TIPPING POINT

7장

자살과 흡연

사례 연구 2

Malcolm Gladwell

얼마 전 남태평양의 군도 미크로네시아에서 시마라는 열일곱 살 소년이 아버지와 말다툼을 벌였다.[1] 시마는 가족과 함께 할아버지의 집에서 지내고 있었는데, 엄격하고 요구가 많은 사람인 그의 아버지가 어느 날 아침 일찍 시마를 깨워 빵나무 열매를 수확해야 하니 대나무 장대가 달린 칼을 구해오라고 시켰다.

시마는 마을에서 몇 시간 동안 칼을 찾아다녔지만 구하지 못했다. 시마가 빈손으로 돌아오자 아버지는 화가 나서 펄펄 뛰었다. 그는 노발대발해서 칼을 휘두르며 가족들이 이제 배를 곯게 생겼다고 아들에게 소리를 질렀다. "썩 꺼져. 다른 살 곳을 알아봐."

시마는 할아버지의 집을 나와 고향마을로 걸어갔다. 가던 길에 시마는 열네 살짜리 동생을 우연히 만나 펜을 빌렸다. 두 시간 뒤 시마가 어디로 갔는지 궁금해진 동생이 형을 찾아나섰다. 동생은 비어 있는 가족의 집으로 가서 창으로 집안을 들여다보았다. 어두운 방 한가운데에 누군가 올가미에 매달려 축 늘어져 움직이지 않았다. 시마였다. 그는 죽어 있었다. 시마가 자살하면서 남긴 유서에는 이렇게 쓰여 있었다.

내 삶은 지금 끝나가고 있다. 오늘은 내게 슬픈 날, 고통스러운 날이다. 하지만 아버지에게는 축하할 날이다. 오늘 아버지는 나를 쫓아냈다. 나를 별로 사랑하지 않아줘서 감사합니다. 시마.
어머니에게 작별을 고합니다. 이제 더 이상 아들 때문에 실망하거나 힘들지 않으실 거예요. 많은 사랑을 보내며, 시마.

1960년대 초까지만 해도 미크로네시아에서는 자살이 거의 일어나지 않았다. 그런데 아무도 이유를 모르는 가운데 해마다 자살이 극적으로 급격히 늘어나더니 1980년대 말에는 인구당 자살률이 세계 어느 지역보다 높아졌다. 15~24세 남성의 자살률이 미국은 인구 10만 명당 약 22명인데 미크로네시아에서는 7배 이상인 10만 명당 거의 160명에 이른다.

이 정도면 자살이 아주 사소한 일로도 촉발되는 거의 일상다반사인 수준이다. 시마는 아버지가 자신에게 소리를 질렀기 때문에 목숨을 끊었다. 미크로네시아에 자살이 한창 유행하던 때에 이 사건은 유별난 일이 아니었다.

이 섬의 10대들은 여자친구가 다른 남자와 있는 걸 봤거나 부모가 맥주 마실 돈 몇 푼을 주지 않았다고 자살했다. 어떤 열아홉 살짜리는 부모가 졸업식 가운을 사주지 않았다고 목을 맸고 어떤 열일곱 살짜리 아이는 형이 너무 시끄럽다며 혼을 내자 목을 맸다. 서구문화에서는 드물고 임의적이며 매우 병적인 현상이 미크로네시아에서는 특별한 규칙과 상징성을 지닌 청소년기의 의례가 되었다.

실제로 섬에서 일어난 거의 모든 자살이 시마의 사례를 변형한 수준이다. 희생자는 거의 항상 남성이다. 10대 후반이고 미혼이며 가족과 함께 살고 있다. 자살로 치닫게 만든 사건은 으레 여자친구나 부모와의 다툼 같은 가정적인 문제이다. 희생자들의 4분의 3이 그 전에 자살을 시도한 적이 없고 심지어 자살하겠다고 협박한 적도 없었다. 유서에는 우울증이 아니라 대개 일종의 상처받은 자존심과 자기연민, 학대에 대한 항의가 표현되어 있다. 자살을 저지르는 건 대개 주말 밤, 보통 친구들과 한바탕 술을 마신 뒤였다.

하지만 몇몇 경우를 제외하면 모든 희생자는 마치 목숨을 끊는 정확한 방법에 대한 엄격한 불문율이라도 있는 것처럼 동일한 과정을 따랐다. 이들은 외딴 곳이나 빈집을 찾은 뒤 밧줄로 올가미를 만들었다. 하지만 서구에서 보통 목을 맬 때 하듯 공중에 매달리지 않았다. 대신 올가미를 낮은 나뭇가지나 창문이나 문고리에 묶은 뒤 몸을 앞으로 기울이는 방식을 택했다. 이렇게 하면 몸무게 때문에 올가미가 목을 단단하게 죄어 뇌로 가는 혈류가 차단되고 의식을 잃게 된다. 사인은 산소결핍이다. 뇌로 가는 혈액이 부족하여 죽는 것이다.

인류학자 도널드 루빈스타인은 미크로네시아에서는 이런 의식이 지역 문화 내에 자리 잡았다고 썼다. 자살하는 사람이 늘어나면서 자살이라는 개념이 자체적으로 힘을 얻어 점점 더 어린 소년들에게 영향을 미치고 자살 행위를 원래는 상상도 할 수 없는 일에서 생각해볼 만한 일로 바꾸어놓았다. 미크로네시아의 자살 유행을 일련의 뛰어난 논문들로 정리한 루빈스타인을 말을 들어보자.

미크로네시아의 특정 지역사회들에서 자살에 대한 생각이 청소년들 사이에 널리 퍼진 것으로 보이며, 라디오 방송에서 흘러나오는 최신 곡들과 티셔츠 프린팅과 고등학교 벽의 낙서들에도 공공연히 표현되어 있다. 자살을 시도한 많은 어린 소년들이 여덟 살에서 열 살 사이에 처음 자살에 관해 보거나 들었다고 보고했다. 이들의 자살 시도는 모방이나 실험을 해보는 기분으로 이루어진 것으로 보인다.

예를 들어 한 열한 살짜리 아이가 집에서 목을 매달았는데 발견될 당시 이미 의식이 없고 혀가 쑥 빠져 있었다. 나중에 아이는 '시험 삼아' 목을 매달아보고 싶었다고 설명했다. 죽고 싶었던 건 아니라고 말했지만, 죽을 위험이 있다는 건 알고 있었다. 대여섯 살밖에 안 된 어린 아이들이 모방 자살을 시도한 사례들이 최근 추크주에서 보고되었다. 최근 미크로네시아에서 일어난 어린 청소년들의 자살 사망 사건 중 몇 건은 분명 그런 실험의 결과다.

따라서 이런 지역사회들에서 자살이 더 빈번하게 일어남에 따라 자살이라는 개념 자체가 젊은이들에게 매혹적인 정도까지는 아니더라도 어느 정도 친숙하게 느껴지고 자살행위의 치명성이 하찮아 보이게 된다. 특히 더 어린 소년들 사이에서 자살 행위는 오락에 가까운 실험적 요소를 지니게 된 것으로 보인다.

위의 구절을 읽다보면 굉장히 섬뜩한 기분이 든다. 자살이 이렇게 하찮은 일로 보여서는 안 된다. 하지만 정말로 섬뜩한 건 자살이 친숙하게 느껴지는 것이다. 이것이 바로 아이들이 실험, 모방, 반항심에서 뛰어드는 자기파괴라는 전염성 강한 유행이다. 10대들 사이에서 중요한 자기표현의 형태가 된 분별없는 행동이다. 이상하게도 미크로네시아 10대들의 자살 유행은 서구의 10대 흡연 유행과 대단히 비슷해 보인다.

금연 메시지의 배신

10대 흡연은 현대사회에서 가장 크고 곤혹스러운 문제들 중 하나다. 아무도 이 문제와 어떻게 싸워야 하는지 모른다. 아니, 심지어 문제 자체도 파악하지 못한다. 금연 운동의 기본 가정은 담배회사들이 10대들에게 거짓말을 하고 흡연을 실제보다 훨씬 더 바람직하고 덜 해롭게 보이도록 만들어 담배를 피우도록 설득한다는 것이다.

그래서 이 문제를 해결하기 위해 우리는 담배회사들이 거짓말을 하기 힘들도록 담배 광고를 제한하고 규제해왔다. 또 담배 가격을 올리고 미성년자들에게 담배 판매를 금지하는 법을 강화하여 10대들이 담배를 구입하기 힘들게 만들려고 노력했다. 10대들에게 흡연의 위험을 교육시키기 위해 텔레비전, 라디오, 잡지 등을 통해 광범위한 공공보건 캠페인도 진행했다.

그러나 이런 접근방식이 별로 효과가 없다는 것이 상당히 분명해졌다. 예를 들어 우리는 왜 흡연과 싸우기 위한 열쇠가 사람들에게 담배의 위험에 대해 교육시키는 것이라고 생각할까?

최근 하버드 대학교의 경제학자 W. 킵 비스쿠시가 흡연자들에게 스물한 살 때부터 담배를 피우면 수명이 평균 몇 년 단축될지 추측해보라고 했다.[2] 그러자 9년이라는 대답이 나왔다.

정답은 6, 7년이다. 흡연자들이 흡연의 위험을 과소평가해서 담배를 피우는 건 아니다. 흡연의 위험을 과대평가하면서도 담배를 피운다. 동시에 성인들이 10대들에게 담배를 피워서는 안 된다고 말하는 것이 얼마나 효과가 있는지도 분명하지 않다. 10대 아이를 둔 부모들이 으레 하는 말처럼, 청소년들의 본질적 모순은 어른들이 흡연을 맹비난하고 흡연의 위험에 관해 설교할수록 역설적이게도 10대들은 담배를 피워보고 싶어 한다는 것이다.

아닌 게 아니라 지난 10년의 흡연 동향을 살펴보면 바로 그런 현상이 나타났다. 금연운동이 지난 10년 동안보다 더 요란스럽고 두드러지게 펼쳐진 적도 없었다. 하지만 모든 징후들은 금연 메시지가 젊은이들에게 역효과를 낳았음을 보여준다.

1993년부터 1997년까지 대학생 흡연자 수가 22.3퍼센트에서 28.5퍼센트로 뛰어올랐다. 1991년부터 1997년 사이에 고등학생 흡연자 수는 32퍼센트 늘어났다. 실제로 1988년 이후 미국의 10대 흡연자 수가 73퍼센트나 증가했다.[3] 흡연과의 전쟁만큼 임무를 제대로 수행하지 못한 공공보건 프로그램도 드물다.

담배와 싸우려는 노력을 포기해야 한다는 건 아니다. 중요한 점은 우리가 흡연의 원인에 대해 생각해오던 방식이 별로 말이 되지 않는다는 것이다. 미크로네시아의 자살 유행이 흥미롭고 흡연문제와 잠재적으로 관련성이 있는 이유는 이 때문이다. 이는 청소년 흡연을 다루는 또 다른 방법을 제시한다.

흡연이 시장의 합리적 원칙을 따르는 게 아니라 10대들의 자살에서처럼 설명하기 힘들고 복잡한 사회적 규칙과 의식을 따른다면 어떻게 할 것인가? 흡연이 정말로 미크로네시아의 자살 같은 유행현상이라면 우리가 이 문제와 싸우는 방식을 어떻게 바꿔야 할까?

자살은 전염된다

자살을 연구하는 사람들이 내놓은 중요한 관찰 결과는 어떤 장소와 어떤 상황에서 자살행위가 전염성을 가질 수 있다는 것이다. 이 분야의 개척자는 캘리포니아 대학교 샌디에이고 캠퍼스의 데이비드 필립스다.[4]

그는 자살에 관해 많은 연구를 수행했는데, 각 연구가 갈수록 더 흥미롭고 믿기 힘든 결과를 내놓았다. 그는 먼저 1940년대 초부터 1960년대 말까지 20년 동안 전국의 가장 유명한 신문들의 1면에 실린 모든 자살 관련 기사의 목록을 작성한 뒤 같은 시기의 자살 통계와 맞춰보았다. 둘 사이에 어떤 상관관계가 있는지 알고 싶었다.

아니나 다를까, 상관관계가 나타났다. 자살에 관한 기사가 실린 직후 그 신문이 발행되는 지역의 자살이 급증했다. 전국판인 경우 전국의 자살률이 뛰어올랐다. (마릴린 먼로의 죽음 이후 전국의 자살률이 일시적으로 12퍼센트 증가했다.)

필립스는 교통사고로 같은 실험을 해보았다. 〈LA타임스〉와 〈샌프란시스코 크로니클〉의 1면에 실린 자살 기사들을 캘리포니아주의 교통사고 사망자와 비교해보았다. 그러자 같은 패턴이 나타났다. 대대적으로 보도된 자살이 일어난 다음 날 교통사고 사망자 수가 예상보다 평균 5.9퍼센트 늘어났다. 자살 기사가 나간 이틀 뒤에는 4.1퍼센트 늘어났고, 사흘 뒤에는 3.1퍼센트, 나흘 뒤에는 8.1퍼센트 증가했다. (열흘 뒤에 교통사고 사망률이 평소 수준으로 돌아갔다.)

필립스는 사람들이 자살을 저지르는 방법들 중 하나가 일부러 충돌 사고를 내는 것이고 이들은 전통적인 방식으로 목숨을 끊는 사람들과 마찬가지로 세상을 떠들썩하게 한 자살의 전염 효과에 영향을 받았을 수 있다는 결론을 내렸다.

필립스가 이야기하는 전염은 이성적이지도, 심지어 꼭 의식적이지도 않다. 설득력 있는 주장 같은 게 아니다. 그보다 훨씬 더 미묘하다. "빨간불이어서 신호가 바뀌길 기다리고 있는 동안 가끔 무단횡단을 해도 될까라는 생각이 들죠." 필립스가 말한다. "그럴 때 다른 사람이 무단횡단을 하면 나도 따라서 하게 됩니다. 일종의 모방이죠. 일탈행위에 참여한 다른 사람으로부터 그 행위에 대한 허락을 얻은 셈입니다.

이것이 의식적인 결정일까요? 그건 알 수 없습니다. 어쩌면 나중에 그 차이를 곰곰이 생각해볼 수는 있겠지요. 하지만 행동할 당시에 우리가 자신의 결정에서 얼마나 많은 부분이 의식적이고 얼마나 많은 부분이 무의식적인지 아는지는 모르겠습니다. 인간의 결정은 미묘하고 복잡하며 이해하기 어렵습니다."

필립스는 자살의 경우 스스로 목숨을 끊은 유명인의 결정이 이와 같은 영향을 미친다고 주장한다. 유명인의 자살은 다른 사람들, 특히 미성숙하거나 정신질환으로 누군가의 암시에 취약한 사람들에게 일탈행위에 참여해도 된다는 허락을 내린다.

"자살 기사는 당신이 안고 있는 문제에 대한 특정 대응방법을 자연스럽게 광고하는 것과 비슷합니다." 필립스가 계속 설명했다. "우울증에 빠져 불행하고 마음을 결정하는 데 어려움을 겪는 사람들이 많습니다. 그들은 고통에 시달리며 살고 있습니다. 고통에 대한 다양한 대응방법을 광고하는 기사들이 많이 있습니다. 그 주에 빌리 그레이엄이 전도 집회를 열 수도 있습니다. 이건 종교적 대응이죠. 아니면 누군가가 도피주의 영화를 광고할 수도 있습니다. 이건 또 다른 대응입니다. 자살 기사는 또 다른 유형의 대안을 제시합니다."

필립스가 말하는 '허락을 내리는 사람'은 2장에서 다룬 세일즈맨의 기능에 해당된다. 톰 가우가 강한 설득력으로 입소문 유행의 티핑 포인트 역할을 하는 것처럼 세상을 떠들썩하게 한 자살자들, 그러니까 그들의 죽음으로 다른 사람들에게 자살해도 된다는 '허락'을 내린 사람들은 자살 유행의 티핑 포인트 역할을 한다.

하지만 여기서 흥미로운 점은 이런 허락이 대단히 구체적이라는 것이다. 필립스는 자동차사고 사망자들에 대한 연구에서 명확한 패턴을 발견했다. 자살에 관한 기사들은 단독 충돌로 운전자만 죽는 사고를 증가시켰다. 살해 후 자살 사건에 관한 기사들은 운전자와 동승자가 모두 희생된 다중 충돌 사고를 증가시켰다. 젊은 자살자에 대한 기사들은 젊은이들이 관련된 교통사고 사망자를 증가시켰다. 나이든 사람의 자살에 관한 기사들은 나이든 사람들과 관련된 교통사고 사망자를 증가시켰다.

많은 경우에서 이러한 패턴이 입증되었다. 예를 들어 1970년대 후반에 영국에서 다수의 분신자살에 대한 보도가 나간 다음 해에 82건의 분신자살이 일어났다.[5] 다시 말해 첫 자살 행위가 내린 '허락'은 쉽게 영향받는 사람들에게 전반적으로 보내는 초대장이 아니다. 특정한 방법으로 자살을 선택하는 특정 상황의 특정 사람들에게 보내는 매우 상세한 일련의 지시다. 제스처가 아니라는 말이다.

또 다른 연구에서는 1960년대에 영국의 연구자들이 자살 시도 후 특정 정신병원에 입원한 135명을 분석했다.[6] 연구자들은 이들이 사회적으로 강한 연관관계가 있다는 것을 발견했다. 그중 많은 사람이 같은 사회집단에 속해 있었다. 연구자들은 이것이 우연의 일치가 아니라는 결론을 내렸다. 이 연구결과는 자살이 무엇인가에 대한 본질, 공통된 하위문화 구성원들 사이의 사적 언어임을 증명해준다. 저자의 결론 전체를 여기에 인용할 만한 가치가 있다.

자살 시도를 한 많은 환자는 자기공격self-aggression이 특정 유형의 정보를 전달하는 하나의 수단으로 인식된 공동체에서 발생한다. 이 집단에서는 자살이 이해 가능하고 나머지 문화적 패턴과 일치하는 행동으로 여겨진다. (…) 만약 이것이 사실이라면 특정 상황, 대개는 괴로운 상황에서 자신이 겪는 어려움에 관한 정보를 다른 사람들에게 전하고 싶은 개인은 의사소통의 매체를 처음부터 다시 만들 필요가 없다는 결론이 나온다. (…) '자살 시도 하위문화' 내의 개인은 이미 형성되어 있는 의미를 띤 행동을 수행하면 된다. 그가 해야 하는 일은 그 의미를 환기시키는 것뿐이다. 이 과정은 말을 사용해서 전하는 것과 본질적으로 유사하다.

이것이 바로 미크로네시아에서 벌어지고 있는 일이다. 다만 훨씬 더 심각한 수준으로 벌어지고 있을 뿐이다. 서구에서의 자살이 일종의 거친 언어라면 미크로네시아에서는 풍부한 의미와 뉘앙스를 지니고 가장 설득력 강한 '허락을 내리는 사람'에 의해 표현되는, 믿을 수 없을 정도로 명확한 의사소통의 형태가 되었다.

루빈스타인은 약 6천 명이 거주하는 미크로네시아 에베예섬의 이상한 자살 패턴에 관해 썼다. 1955년부터 1965년까지는 섬 전체에서 한 건의 자살도 일어나지 않았다. 1966년에 열여덟 살 소년이 자전거를 훔쳐서 체포되었다가 감방에서 목을 맸지만 이 사건은 거의 영향력을 발휘하지 않았던 것으로 보인다.

그러다 1966년 11월에 섬의 가장 부유한 가문들 중 하나의 자손으로, 카리스마가 넘치는 R이라는 사람이 죽었다. 당시 R은 두 여성을 만나고 있었고 각 여성과의 사이에 한 달 된 아이가 있었다. 두 여성 사이에서 마음을 정하지 못하던 그는 낭만적 절망에 빠져 목을 매어 목숨을 끊었다. 장례식에서 서로의 존재를 처음 알게 된 두 여성은 R의 무덤가에서 실신했다.

R이 죽고 사흘 뒤 또 다른 자살이 일어났다. 배우자와의 불화에 시달리던 스물두 살의 남성이 목숨을 끊었다. 지난 12년간 자살이 한 건뿐이던 사회의 자살 사망자 수가 일주일에 2명이 되었다.

섬의 한 의사는 "R이 죽은 뒤 많은 소년이 그의 꿈을 꾸고 그가 자살하라고 요구한다고 이야기했다"라고 썼다. 다음 12년 동안 25건의 자살이 더 일어났다. 대부분의 경우 3~4건의 자살이 몇 주에 걸쳐 몰려서 일어났다.

이 섬을 방문한 한 인류학자는 1975년에 "몇몇 자살 희생자와 최근 자살을 시도한 몇 명은 과거에 자살한 사람들을 전부 태운 보트가 섬을 돌며 고인들이 잠재 희생자들에게 합류를 권하는 환영을 보았다고 보고했다"라고 썼다.

R과 비슷한 사연이 반복해서 나타났다. 기숙학교와 에베예에 각각 여자친구를 두었던 고등학생 M의 유서를 보자. 기숙학교의 여자친구가 고향으로 돌아왔을 때 양다리는 에베예의 젊은이 문화에서는 목숨을 끊을 만한 골치 아픈 문제였다. "M과 C(두 여자친구)의 행복을 바라며. 너희 둘 다와 함께 즐거웠어."

그가 해야 할 말은 이것뿐이었다. 그의 행위의 맥락은 R이 만들어놓았기 때문이다. 에베예의 자살 유행에서 R은 티핑 포인트가 된 사람, 세일즈맨, 그의 경험이 그를 뒤따른 사람들의 경험을 '겹쳐 쓰기overwrite'를 하는 사람이었다. R의 성격의 힘과 죽음의 상황이 결합되어 그의 사례는 죽은 뒤 수년간 지속적인 영향을 미쳤다.

'멋진' 흡연자

10대들의 흡연도 이와 같은 논리를 따를까? 10대들이 담배를 피우는 이유에 관해 더 많이 알기 위해 나는 수백 명에게 가장 처음 담배를 피웠을 때의 경험을 묘사해달라는 설문지를 돌렸다. 과학적 연구는 아니었다. 표본이 미국 국민을 대표하지도 않았다. 설문 참가자들은 주로 대도시에 거주하는 20대와 30대 초반의 사람들이었다. 하지만 설문에서 나온 대답들은 인상적이었는데, 그 주된 이유는 대답들이 매우 유사해 보였기 때문이다.

흡연은 어린 시절의 특정한 기억을 생생하고 정확하게, 그리고 감정을 담아 떠올리게 하는 것처럼 보였다. 어떤 사람은 할머니의 가방을 열어보는 걸 얼마나 좋아했는지 기억했다. 할머니의 가방에서는 '싸구려 윈스턴 담배, 가죽, 드러그스토어에서 산 립스틱과 계피껌이 섞인 은은한 냄새'가 났다. 또 다른 사람은 '클라이슬러 세단 뒷좌석에 앉아 운전석 창문으로 흘러들어와 코 안으로 확 퍼지던, 유황과 담배가 기막히게 어우러진 냄새를 맡던 일'을 기억했다.

담배는 불가항력적으로 거의 모든 사람에게 동일한 무언가를 연상시켰다. 현재 흡연을 싫어하는 사람, 흡연을 지저분하고 위험한 습관이라고 생각하는 사람에게도 마찬가지였다. 흡연의 언어는 자살의 언어와 마찬가지로 믿을 수 없을 정도로 일관성이 있다. 어린 시절의 기억을 묘사한 다음의 두 대답을 보자.

어머니는 담배를 피우셨다. 나는 그걸 싫어했지만(담배 냄새를 싫어했다) 손가락이 길고 가는데다 잔주름이 좀 많은 도톰한 입술에 항상 립스틱을 바르고 있던 어머니가 담배를 피울 때면 너무나 우아하고 느긋해 보여서 내가 언젠가 담배를 피울 것이라는 데는 의심의 여지가 없었다. 어머니는 담배를 좋아하지 않는 사람은 좀 배짱이 없는 사람이라고 생각했다. 담배를 피우면 냄새가 나지, 그러므로 사고하게 만들지. 어머니는 이 말이 얼마나 귀에 거슬릴지 즐기면서 이렇게 말씀하시고는 했다.

내 친구 수전은 아일랜드계 영국인이다. 수전의 부모님은 내 부모님과 달리 젊고 너그럽고 자유로웠다. 두 분은 저녁을 먹기 전에 칵테일을 마셨다. 오설리번 씨는 수염을 기르고 터틀넥을 입었다. 칠흑 같은 머리카락에 어울리는 검정색 옷을 날씬하게 입은 오설리번 부인은 뮬을 신고 뒤똑거리며 다녔다. 부인은 눈 화장을 진하게 했고 약간 지나치게 선탠을 했다. 그리고 매니큐어를 바른 손에 항상, 거의 항상, 위험할 정도로 긴 담배 파이프가 대롱거리고 있었다.

이것이 흡연에 대한 공통 언어이며, 자살에 대한 공통 언어만큼 풍요롭고 의미심장하다. 이 유행에도 티핑 포인트가 되는 사람, 세일 즈맨, 허락하는 사람이 있다. 내 설문조사의 응답자들은 자신을 담배에 입문시킨 특별한 사람을 정확히 같은 방식으로 계속 묘사했다.

내가 아홉 살인가 열 살쯤 됐을 때 부모님이 매기라는 오페어(외국 가정에 입주해 집안일을 돕고 언어를 배우는 여학생) 유학생을 들였다. 매기는 여름 한철을 우리와 함께 보냈다. 그녀는 아마 스무 살이었던 것 같다. 매기는 비키니를 입고 물구나무서기를 하는 것으로 남자 어른들 사이에서 유명했다. 다이빙을 할 때 비키니 상의가 벗겨져나갔다는 말도 돌았다. 카펜터 씨는 매기가 물에 뛰어들 때마다 잠수를 했다. 매기는 담배를 피웠고, 나는 나도 피우게 해달라고 그녀를 조르곤 했다.

내가 처음 알게 된 흡연자는 빌리 G라는 아이였다. 우리는 따분한 도시 N.J.의 아이들 사이에 중요한 구분(운동선수, 대장, 브레인)이 생기기 시작하던 5학년 때 친구가 되었다. 빌리는 믿을 수 없을 정도로 멋진 아이였다. 여자와 데이트를 한 것도, 담배와 대마초를 피운 것도, 폭음을 한 것도, 마약과 관련된 음악을 들은 것도 빌리가 가장 처음이었다. 2층에 있는 빌리의 누나 방에 앉아 (그의 부모님은 이혼했고 어머니는 집에 있는 법이 없었다. 부모가 이혼한 아이도 빌리가 처음이었다.) 대마초에서 씨를 빼서 그레이트풀 데드의 앨범 표지에 올려놓던 일도 기억난다. (…) 나를 끌어당겼던 건 그런 짓이 풍기는 불량스러움, 어른이 된 기분, 그리고 동시에 여러 모습을 가진 사람이 되는 게 가능하다는 걸 알려주었기 때문이다.

내 기억 속에서 담배를 처음 피운 사람은 10학년 때 만난 팸 P라는 여자아이였다. 우리는 롱아일랜드의 그레이트넥에서 함께 스쿨버스를 탔다. 아파트에 사는 팸이 멋있다고 생각했던 게 기억난다. (그레이트넥에는 아파트가 많이 없었다.) 팸은 실제 나이인 열다섯 살보다 훨씬 나이들어 보였다. 우리는 버스 뒷자리에 앉아 창밖으로 담배연기를 내뿜곤 했다. 팸은 내게 담배연기를 들이마시는 법, 남성용 셔츠를 멋있게 허리에 매는 법, 립스틱 바르는 법을 알려주었다. 팸에겐 가죽 재킷도 있었다. 팸의 아버지는 거의 집에 없었다.

골초들에게 공통된 성격이 있다는 이런 생각에는 실제로 상당한 근거가 있다. 영향력 높은 영국의 심리학자 한스 아이젱크는 골초들이, 매우 단순하게 성격 유형을 분류해봤을 때 비흡연자들과 구분될 수 있다고 주장했다.[7] 아이젱크에 따르면 전형적인 골초들은 다음과 같은 유형의 외향적인 사람이다.

사교적이고 파티를 좋아하며 친구가 많다. 이야기를 나눌 사람이 필요하다. (…) 흥분을 갈망하고 모험을 한다. 순간적 충동에 따라 행동하며 보통 충동적인 사람이다. (…) 계속 움직이고 무언가를 하는 것을 좋아하며 공격적인 성향이 있고 쉽게 화를 낸다. 자신의 감정을 엄격하게 통제하지 못하며, 늘 신뢰할 수 있는 사람은 아니다.

아이젱크의 획기적인 연구 이후 수행된 수많은 연구들에서 이런 흡연 '유형'에 대한 설명이 보완되어 왔다. 골초들은 비흡연자들보다 성적 충동이 훨씬 큰 것으로 나타났다. 이들은 성적으로 조숙하며 성에 대한 '욕구'가 더 크고 이성에게 더 많이 끌린다.

예를 들어 열아홉 살의 백인 여대생 중 성 경험이 있는 사람의 비율은 비흡연자는 15퍼센트, 흡연자는 55퍼센트다.[8] 아이젱크에 따르면 남성의 통계도 이와 비슷하게 나온다. 골초들은 심리학자들이 말하는 '반사회anti-social' 지수의 훨씬 더 상단에 위치한다. 더 심한 비행을 저지르는 경향이 있고 더 반항적이며 도전적이다. 성급하게 판단을 내리고, 더 많은 위험을 감수한다. 평균적인 흡연 가정은 평균적인 비흡연 가정보다 커피에 73퍼센트, 맥주에 두세 배 많은 돈을 쓴다.

또한 흥미롭게도 흡연자들은 비흡연자들보다 자신에 대해 더 정직한 것으로 보인다. 데이비드 크로가 논문 〈흡연: 인위적 열정 Smoking: The Artificial Passion〉[9]에서 설명한 것처럼, 심리학자들은 '나는 항상 진실을 말하지는 않는다', '나는 때때로 배우자에게 냉정하다'처럼 당연히 '그렇다'라는 대답이 나와야 하는 문구를 포함시킨 '거짓말' 테스트를 실시한다. 테스트를 받는 사람이 이 문구들을 일관되게 부인하면 전반적으로 정직하지 않다고 간주된다.

흡연자들은 이 테스트에서 훨씬 정직했다. 크로는 "어떤 이론에 따르면, 흡연자들은 존중심 부족과 과도한 반항심이 결합하여 사람들이 그들에 대해 어떻게 생각하는지에 비교적 무관심해진다고 한다"라고 썼다.

물론 이 기준이 모든 흡연자에게 적용되는 건 아니다. 하지만 흡연 행동의 전반적인 예측 변수로서 이 기준은 꽤 정확하며 담배를 많이 피우는 사람일수록 이 프로필에 들어맞을 가능성이 더 높다.

크로는 "나는 독자들에게 과학적으로 다음과 같은 실험을 수행하여 흡연과 성격의 연관성을 직접 알아보길 권한다. 배우나 록 뮤지션이나 미용사 혹은 토목기사나 전기기사나 컴퓨터 프로그래머가 편히 모이는 곳에 갈 기회를 마련한 뒤 얼마나 담배를 많이 피우는지 관찰해보라. 당신이 나와 비슷한 경험을 한다면 엄청난 차이를 발견할 것이다."

내 설문에 대한 또 다른 답을 소개하겠다. 외향적 성격이 어떻게 이보다 더 분명히 나타나겠는가?

할아버지는 내가 아주 어렸을 때 내 주위에서 담배를 피우는 유일한 사람이었다. 할아버지는 데이먼 러니언의 작품에 나오는 특출한 인물, 협잡꾼 영웅이었다. 어릴 때 폴란드에서 이민온 할아버지는 평생 유리장이로 일했다. 어머니는 할아버지와 첫 식사 자리에 갔을 때 할아버지가 그저 좌중을 즐겁게 해주려고 테이블 위의 것들은 제자리에 둔 채 테이블만 획 빼내는 장난을 칠 수도 있는 사람이라는 생각이 들었다고 말하곤 했다.

내 생각에 흡연 성격의 중요성은 아무리 강조해도 지나치지 않다. 이 외향적인 사람들의 모든 특성(반항심, 성적 조숙, 정직함, 충동성, 다른 사람들의 의견에 대한 무관심, 감각 추구)을 묶어보면 많은 청소년이 끌리는 유형의 사람에 대한 거의 완벽한 정의가 나온다.

오페어 유학생 매기, 학교버스에 같이 탄 팸 P, 그레이트풀 데드 레코드판을 가진 빌리 G는 모두 멋있는 사람들이다. 하지만 그들이 멋있는 건 담배를 피워서가 아니었다. 멋있는 사람들이어서 담배를 피운 것이다. 반항, 모험, 충동성, 타인에 대한 무관심, 조숙함 등 그들을 또래 청소년들에게 그토록 매력적으로 보이게 만드는 바로 그 성격 특성들이 청소년기의 반항, 모험, 충동성, 타인에 대한 무관심, 조숙의 궁극적 표현이라 할 수 있는 담배에 거의 불가피하게 끌리게 만든다.

단순한 주장처럼 보일 수도 있다. 하지만 왜 흡연과의 전쟁이 그렇게 형편없이 부진했는지 이해하는 데 절대적으로 필요한 부분이다. 지난 10년간 금연 운동은 담배회사들이 담배를 멋있어 보이게 만든다고 맹비난하고 10대들에게 흡연은 멋진 게 아니라고 설득하는 데 수백만 달러라는 막대한 공급을 써왔다.

하지만 중요한 건 그게 아니다. 흡연은 절대 멋지지 않다. 흡연자가 멋진 것이다. 흡연 유행은 미크로네시아의 자살 유행이나 입소문 유행이나 에이즈 유행이 시작된 것과 정확히 같은 방식으로 팸 P, 빌리 G, 매기, 그리고 이들에 상응하는 사람들(R, 톰 가우, 개탄 두가스의 흡연 버전)의 막강한 영향을 받아 시작된다.

다른 모든 유행에서와 마찬가지로 이 유행에서도 매우 작은 집단, 선택된 소수가 유행의 확산에 책임이 있다.

치퍼와 골초의 차이

그러나 10대 흡연의 유행이 단지 소수의 법칙을 보여주는 건 아니다. 고착성 법칙도 훌륭하게 설명해준다. 다른 10대들과의 접촉을 통해 시험 삼아 담배에 손을 대보는 10대들이 압도적으로 많다는 사실은 어쨌든 그 자체로는 그다지 무서운 현상이 아니다. 흡연을 공공보건의 최대 적으로 만드는 문제는 그 10대들 중 많은 사람이 결국 중독이 될 때까지 담배 실험을 계속한다는 것이다. 일부 사람들에게 흡연은 너무 인상적이고 강력한 경험이어서 담배를 끊지 못한다. 습관으로 고착되는 것이다.

전염성과 고착성을 구분하는 것이 중요하다. 이 두 개념은 매우 다른 패턴을 따르고 매우 상이한 전략을 제시하기 때문이다. 웨이스버그는 전염성이 강한 사람이다. 굉장히 많은 사람을 알고 많은 세계에 속해 있기 때문에 정보나 아이디어를 수천 개의 다른 방식으로 일제히 전파할 수 있다. 반면 레스터 원더맨과 〈블루스 클루스〉를 만든 사람들은 고착성 전문가다. 이들은 사람들의 기억에 남고 행동을 바꿔놓는 메시지를 만드는 데 비범한 재능이 있었다. 전염성은 대체로 메신저의 기능이고, 고착성은 주로 메시지의 속성이다.

흡연도 다르지 않다. 한 10대가 담배를 피울지의 여부는 10대들에게 일탈행위에 가담해도 된다는 '허락'을 내리는 그 세일즈맨들 중 한 명과 접촉하는지 아닌지에 달려 있다. 하지만 10대가 흡연을 계속할 만큼 담배를 좋아하는지의 여부는 매우 다른 기준들에 달려 있다.

예를 들어 최근 미시건 대학교에서 실시한 연구에서는 많은 사람에게 처음 담배를 피웠을 때 기분이 어땠는지 물었다. "거의 모든 사람들에게 첫 흡연 경험은 좀 혐오스러웠던 것으로 나타났습니다."

이 프로젝트의 연구원들 중 한 명인 오바이드 포멀로가 말한다.[10] "하지만 흡연자가 될 사람과 다시는 담배를 피우지 않을 사람의 차이는 전자는 이 경험에서 들뜬 기분이나 흥분되는 즐거운 기분 등 전체적인 쾌락을 얻었다는 것입니다."

조사 결과 나온 수치는 놀랍다. 몇 번 시험 삼아 담배를 피워본 뒤 다시는 피우지 않은 사람들 가운데 첫 담배에서 어떤 즐거운 흥분을 느낀 비율은 4분의 1에 불과했다. 한동안 담배를 피우다가 나중에 끊은 사람들 중에서는 약 3분의 1이 즐겁고 들뜬 기분을 느꼈다. 가벼운 흡연자들 중에서는 절반 정도가 첫 흡연을 좋게 기억했다. 하지만 골초들 중에서는 78퍼센트가 첫 몇 모금에서 기분 좋은 들뜬 느낌을 받았다고 기억했다. 다시 말해 어떤 사람에게 흡연이 결국 얼마나 고착성이 있는지는 니코틴에 대한 각자의 첫 반응에 크게 좌우된다.

이것이 중요한 점이고, 흡연과의 전쟁을 장식하는 열띤 미사여구들에서 종종 빠져 있는 부분이다. 예를 들어 담배업계는 니코틴의 중독성을 부정하여 수년간 강한 비판을 받아왔다. 물론 담배업계의 그런 입장도 터무니없다. 하지만 금연 지지자들이 종종 내놓는 정반대 개념, 즉 니코틴이 이를 접하는 모든 사람을 노예로 만드는 악독한 노예주라는 생각 역시 마찬가지로 터무니없다.

시험 삼아 담배에 손을 대본 모든 10대들 중에서 정기적으로 담배를 피우게 된 사람은 약 3분의 1에 불과하다. 니코틴은 중독성이 매우 강할 수 있지만 일부 사람에게만 중독성이 있을 뿐이다.

더 중요한 점은 정기적으로 담배를 피우는 사람들 사이에도 이 습관의 고착성이 엄청난 차이를 보인다는 것이다. 흡연 전문가들은 모든 흡연자 중 90~95퍼센트가 정기적 흡연자라고 생각해왔다. 하지만 몇 년 전 연방정부가 실시한 국민건강조사에서 흡연에 관해 더 구체적인 질문을 던져보니 놀랍게도 모든 흡연자의 5분의 1이 매일 담배를 피우지는 않는 것으로 나타났다.

다시 말해 주기적으로 담배를 피우지만 중독은 되지 않은 미국인이 수백만 명에 이른다. 이런 사람들에게는 흡연이 전염성은 있지만 고착성은 없다. 이렇게 가끔씩만 담배를 피우는 사람을 '치퍼chipper'라고 부르는데, 피츠버그 대학교의 심리학자 사울 시프먼의 다수의 연구를 비롯해 지난 몇 년간 이들에 대한 철저한 연구가 이루어져왔다.[11] 시프먼은 치퍼를 하루에 다섯 개비 이상을 피우지 않지만 일주일에 적어도 나흘은 담배를 피우는 사람이라고 정의한다. 시프먼은 다음과 같이 썼다.

치퍼의 흡연은 그날그날에 따라 상당히 달라지며, 흡연 패턴을 보면 종종 전혀 담배를 피우지 않는 날들도 있다. 치퍼들은 그런 우발적 금연을 유지하는 데 거의 어려움을 겪지 않는다고 보고했고 흡연을 자제했을 때 금단증상을 거의 겪지 않는다고 한다. (…) 밤새 빠져나간 니코틴을 보충하기 위해 아침에 잠에서 깨자마자 담배를 입에 무는 정기적 흡연자들과 달리 치퍼들은 일어난 지 몇 시간 지난 뒤에야 그날의 첫 담배를 피운다. 요컨대 본 연구에서 검토한 모든 지표는 치퍼들이 니코틴에 중독되어 있지 않고 그들의 흡연은 금단증상을 완화하거나 피하기 위해서가 아니라는 것을 말해준다.

시프먼에 따르면 치퍼는 일이 있을 때만 적당히 술을 마시는 사교적 음주가에 해당한다. 이들은 습관을 통제하는 사람들이다. 시프먼은 이렇게 설명한다.

이 사람들은 대부분 골초인 적이 없었다. 나는 이들이 발달상으로 더디다고 생각한다. 모든 흡연자는 처음에 치퍼로 시작하지만 차차 흡연에 더 심하게 의존하게 된다. 흡연 초기에 대한 데이터를 수집해 보니 치퍼들은 처음에는 다른 모든 사람과 비슷해 보였다. 차이점은 시간이 지나면서 골초들은 흡연이 늘어나는 반면 치퍼들은 제자리에 머문다는 것이다.

치퍼와 골초를 구분하는 것은 무엇일까? 아마도 유전적 요인일 것이다. 예를 들어 최근 콜로라도 대학교의 앨런 콜린스가 다른 변종의 쥐 여러 그룹에게 각각 꾸준히 양을 늘리며 니코틴을 주사해보았다.

몸속의 니코틴이 유독한 수준에 이르면(어쨌든 니코틴은 독이다) 쥐는 경련을 일으키고 꼬리가 뻣뻣해진다. 우리 안을 사납게 뛰어다니고 머리를 획획 움직이기 시작한다. 그러다 결국 몸을 확 뒤집고 드러눕는다.

콜린스는 쥐의 변종에 따라 처리할 수 있는 니코틴의 양이 다른지 알고 싶었다. 아니나 다를까, 종에 따라 처리할 수 있는 양이 달랐다. 니코틴에 가장 내성이 강한 변종은 가장 작은 양에 경련을 일으킨 변종보다 두세 배 많은 니코틴을 처리할 수 있었다. 콜린스는 "알코올의 경우와 차이의 폭이 비슷하다"고 말한다.

그런 뒤 그는 모든 쥐를 우리에 넣고 마실 것이 든 두 개의 병을 주었다. 병 하나에는 단순한 사카린 용액이, 다른 하나에는 니코틴을 가미한 사카린이 가득 들어 있었다. 콜린스는 이번에는 니코틴에 대한 각 변종의 유전적 내성과 그들이 자발적으로 소비하는 니코틴 양 사이의 관계를 보고 싶었다. 이번에도 상관관계가 있었다.

실제로 거의 완벽한 상관관계가 나타났다. 니코틴에 대한 유전적 내성이 클수록 니코틴이 든 병의 내용물을 더 많이 마셨다. 콜린스는 쥐의 뇌에 얼마나 빨리 독성효과를 일으키는지, 얼마나 많은 쾌락을 주는지, 어떤 종류의 흥분을 남기는지와 같은 니코틴 처리를 관리하는 유전자들이 있으며, 어떤 변종들에는 니코틴을 아주 잘 처리하고 큰 쾌락을 이끌어내는 유전자가, 또 어떤 종에는 니코틴을 독처럼 취급하는 유전자가 있다고 생각한다.

인간은 분명 쥐가 아니다. 또 우리 안에서 병에 든 니코틴을 마시는 것과 말보로를 피우는 것은 분명 같지 않다. 하지만 쥐의 뇌와 인간의 뇌에서 일어나는 일 사이에 그리 크지 않은 상관관계만 있다고 해도 이 연구결과는 포멀로의 연구와 일치하는 것처럼 보인다.

처음 담배를 피웠을 때 흥분을 느끼지 못한 사람과 너무 끔찍해서 다시는 담배를 피우지 않은 사람들은 아마 몸이 니코틴에 대단히 민감해서 최소한의 양도 처리하지 못하는 사람일 것이다.

치퍼들은 니코틴에서 쾌락을 끌어내는 유전자는 있지만 많은 양을 처리하는 유전자는 없는 사람일 것이다. 반면 골초들은 두 가지 일을 다 할 수 있는 유전자를 가진 사람일 것이다. 유전자가 사람이 얼마나 많은 담배를 피우는지를 완전히 설명해준다는 말은 아니다.

예를 들어 니코틴은 지루함과 스트레스를 완화해준다고 알려져 있기 때문에 지루하거나 스트레스가 많은 상황에 있는 사람이 그렇지 않은 사람보다 항상 더 많은 담배를 피울 것이다. 간단히 말해 흡연을 고착성 있게 만드는 요소들은 흡연을 전염성 있게 만드는 요소들과 완전히 다르다.

따라서 흡연과의 전쟁에서 티핑 포인트를 찾길 원한다면 유행의 그 측면들 중 무엇을 공략해야 가장 성공적일지 판단해야 한다.

흡연 바이러스를 전파하는 세일즈맨을 막아 흡연의 전염성을 낮추려 노력해야 할까? 아니면 모든 흡연자들을 치퍼로 바꾸는 방법을 찾아 흡연의 고착성을 낮추려 노력하는 것이 나을까?

나쁘기 때문에 좋다

먼저 전염성 문제를 살펴보자. 전염성과 관련해서는 흡연의 확산을 막기 위한 두 가지 가능한 전략이 있다.

첫째는 매기, 빌리 G 같은 흡연을 허락하는 사람이 애초에 흡연하지 않게 막는 것이다. 이것은 분명 가장 어려운 방법이다. 가장 독립적이고 조숙한 데다 반항적인 10대들이 합리적인 건강 조언을 쉽게 받아들일 가능성은 거의 없다.

두 번째 가능성은 매기, 빌리 G. 같은 사람에게 허락을 구하는 모든 아이에게 무엇이 멋있는지에 대한 단서를 다른 곳에서, 이 경우에는 어른들에게서 찾아야 한다고 설득하는 것이다. 하지만 이 전략역시 쉽지 않다. 사실 첫 번째 전략보다 더 어려울 것이다. 이유는 간단하다. 부모들이 아이들에게 이런 영향력을 발휘하지 못하기 때문이다.

물론 믿기 어려운 사실이긴 하다. 부모들에게는 자신이 아이의 성격과 행동을 형성할 수 있다는 생각이 강하게 박혀 있기 때문이다. 하지만 주디스 해리스가 1998년도 저서 《양육가설》[12]에서 펼친 뛰어난 주장처럼, 이러한 믿음에 대한 증거는 매우 부족하다.

예를 들어 심리학자들이 바로 이 문제, 그러니까 부모가 자녀에게 미치는 영향을 시험하고 측정하기 위해 수년간 기울여온 노력의 결과를 보자. 분명 부모들은 자녀에게 유전자를 물려주고 유전자는 우리가 어떤 사람인지에 큰 영향을 미친다. 부모들은 아이가 어릴 때 사랑과 애정을 준다. 어린 시절의 정서적 자양분이 결핍된 아이는 회복할 수 없을 정도의 손상을 입는다. 부모들은 아이가 안전하고 건강하며 행복해지기 위해 필요한 음식과 집, 보호, 일상생활의 기본적인 것들을 제공한다. 여기까지는 쉽다.

하지만 권위적이고 능숙한 부모가 아니라 걱정 많고 미숙한 부모라는 점이 아이의 성격에 지속적인 차이를 만들어낼까? 집을 책으로 채우면 지적으로 호기심이 강한 아이가 될 가능성이 더 높을까? 아이와 하루에 여덟 시간 함께 있는 게 아니라 하루에 두 시간을 함께 보내는 것이 아이의 성격에 영향을 미칠까? 다시 말해 가정에 조성되는 특정한 사회적 환경이 아이가 어떤 성인이 되는지에 실질적인 차이를 만들어낼까?

잘 설계된 일련의 연구들(특히 태어났을 때 서로 떨어져 따로 길러진 쌍둥이들)에서 유전학자들은 우리가 어떤 사람인지(친화성, 외향성, 신경과민, 개방성 등)를 형성하는 성격 특성의 대부분은 절반 정도는 유전자에 의해, 나머지 절반은 환경에 의해 결정된다는 것을 보여주었고 우리 삶에서 그렇게 큰 차이를 만들어내는 이 환경은 가정환경이라고 항상 가정되어왔다. 하지만 문제는 심리학자들이 이러한 양육 효과를 찾는 연구에 착수할 때마다 효과를 발견하지 못한다는 것이다.

이 문제와 관련해 가장 규모가 크고 엄격한 연구들 중 하나가 콜로라도 입양 프로젝트Colorado Adoption Project다. 1970년대 중반에 세계 유수의 행동유전학자들 중 한 명인 로버트 플로민이 이끄는 콜로라도 대학교의 연구원들이 아이를 입양 보내려는 덴버 지역의 임산부 245명을 모집하였다. 그런 뒤 새 가정으로 입양된 이 여성들의 아이들을 추적하여 아동기 내내 일련의 성격검사와 지능검사를 실시하고 양부모들에게도 같은 검사를 했다. 또 비교를 위해 위의 임산부들과 비슷한 유형의 부모 245명과 이들의 친자녀들에게도 같은 검사를 했다.

대조군에서는 거의 예상대로의 결과가 나왔다. 지적 능력과 성격의 특정 측면 같은 기준에서 생물학적 자녀들은 부모와 상당히 비슷했다. 그러나 입양아들의 경우는 완전히 다른 결과가 나왔다. 이들은 양부모와 아무 공통점도 없었다. 입양아들은 거리에서 무작위로 뽑은 두 명의 어른들과 공통점이 없는 것과 다름없이, 16년 동안 그들을 키우고, 먹이고, 입히고, 책을 읽어주고, 가르치고, 사랑해준 양부모와 성격이나 지적인 기량 측면에서 유사성이 없었다.

생각해보면 이것은 좀 놀라운 결과다. 대부분의 사람들은 우리가 부모와 비슷한 이유가 유전자와 더 중요한 양육이 결합되었기 때문이고 부모들이 대체로 자신과 닮게 우리를 키운다고 믿는다. 하지만 그렇다면, 양육이 그렇게 중요하다면 왜 입양아가 양부모와 전혀 비슷하지 않은 걸까? 콜로라도 연구가 유전자가 모든 것을 설명하고 환경이 중요하지 않다고 말하는 건 아니다. 반대로 모든 결과들은 환경이 성격과 지능을 형성하는 데 유전만큼 큰(더 크지는 않더라도)

역할을 한다고 강력하게 제시한다.

이 연구가 말하고 있는 건 어떤 환경적 영향이건 부모와 큰 관계가 없다는 것이다. 큰 관계가 있는 건 다른 무엇이고, 주디스 해리스는 그 다른 무엇이 또래의 영향이라고 주장한다.

해리스는 왜 최근에 이민온 사람들의 아이들이 부모의 억양을 따라가지 않는지 묻는다. 귀가 들리지 않는 부모의 아이들이 어떻게 태어난 날부터 부모가 말을 걸어준 아이들처럼 빠르고 능숙하게 말하는 법을 배우는 걸까?

이 질문들에 항상 나오는 대답은 언어는 수평적으로 습득하는 기술이라는 것이다. 아이들이 다른 아이들로부터 배우는 것이 집에서 배우는 것만큼 언어 습득에 중요하다는 뜻이다. 해리스는 이 개념이 좀 더 전반적으로 적용된다고 주장한다. 아이가 어떤 사람이 되는지에 기여하는, 그러니까 아이의 성격과 인격을 형성하는 데 미치는 환경적 영향이 바로 또래집단이라는 주장이다.

이 주장은 당연히 대중 언론에서 많은 논란을 불러일으켰다. 이 주장이 어디에, 그리고 얼마만큼 적용될 수 있는지는 논쟁거리다. 그러나 이 문제가 10대 흡연과 많은 관련이 있다는 데에는 의문의 여지가 없다. 흡연자의 자녀들이 담배를 피울 가능성이 비흡연자의 자녀들보다 2배 더 많다. 이건 잘 알려진 사실이다. 하지만 해리스의 논리에 따르면, 이 사실이 아이가 자기 주변에서 담배를 피우는 부모를 보고 따라 피운다는 것을 의미하는 게 아니다. 그저 흡연자의 아이들이 부모로부터 니코틴 중독에 잘 걸리는 유전자를 물려받았다는 뜻이다. 실제로 입양아들에 대한 연구들은 흡연자가 키운 아이들이 비흡연자가 키운 아이들보다 흡연자가 될 가능성이 더 높지 않다는 것을 보여준다.

심리학자 데이비드 로는 이 문제에 관한 연구들을 요약한 1994년도 저서 《가족의 영향의 한계The Limits of Family Influence》[13]에서 "양육 변수(예를 들어 부모의 흡연 여부나 집에 담배가 있는지의 여부)의 영향은 아이들이 성인이 되었을 무렵에는 본질적으로 전무하다"라고 썼다. "부모는 흡연 위험과 관련된 유전자 세트를 제공하지만 자식에게 사회적 영향은 미치지 않는 수동적인 역할을 한다."

로와 해리스는 10대들이 흡연습관을 갖게 되는 과정은 전적으로 또래집단과 관련되어 있다고 생각한다. 어른들의 행동을 흉내내는 것이 아니다. 성인의 흡연율이 떨어질 때 10대의 흡연이 증가하는 것은 이 때문이다. 10대 흡연은 10대가 되는 것, 정서적 경험과 의미심장한 언어의 공유, 청소년기의 의식이다. 미크로네시아의 청소년 자살 의식과 마찬가지로 외부인은 이해할 수 없는 비합리적인 의식이다. 이런 상황에서 성인의 개입이 영향을 미칠 것이라고 기대할 수 있겠는가?

해리스는 "10대들에게 '담배를 피우면 주름이 생겨! 발기부전이 돼! 목숨을 잃어!'라고 담배가 건강에 미치는 위험을 이야기해봤자 소용없다"라며 이렇게 결론을 내린다.

"그건 어른들이 하는 선전, 어른들의 주장이다. 그리고 어른들이 흡연에 찬성하지 않기 때문에, 흡연이 위험하고 평판이 나쁘기 때문에 10대들은 담배를 피우고 싶어 한다."

우울증과 니코틴

세일즈맨의 활동을 방해하려는 노력, 청소년들의 내부 세계에 개입
하려는 노력이 흡연에 대한 특별히 효과적인 전략처럼 보이지 않는
다면 고착성은 어떨까? 앞에서 썼듯이 우리는 시험 삼아 흡연을 해
본 사람들 중 일부는 다시는 담배를 피우지 않는 반면 일부는 평생
중독자가 되는 이유들 중 하나가 사람마다 니코틴에 대한 선천적 내
성이 매우 다르기 때문일 수 있다고 생각한다. 할 수만 있다면 골초
들에게 니코틴 내성을 치퍼의 내성 수준으로 낮추는 알약을 주면 된
다. 이것은 흡연의 고착성을 없애는 멋진 방법이 될 것이다.

　그러나 유감스럽게도 우리는 그 방법을 모른다. 우리가 가진 것
은 니코틴을 천천히 꾸준하게 주입하여 흡연자들이 필요한 양의 니
코틴을 얻기 위해 위험한 담배에 의지할 필요가 없게 해주는 니코틴
패치뿐이다. 패치는 수백만 명의 흡연자들을 도운 반反고착성 전략
이다. 하지만 분명 패치는 완벽과 거리가 멀다.

　중독자들이 필요한 양을 몸에 주입하는 가장 짜릿한 방법은 많은
양을 재빨리 공급받아 감각을 압도하는 '강타' 형태다. 헤로인 사용
자들은 헤로인을 링거로 조금씩 정맥에 주입하지 않는다. 하루에 두
서너 번 엄청난 양을 한꺼번에 주사한다. 정도는 약하지만 흡연자들
도 마찬가지다. 이들은 담배를 피워 몸을 각성시킨 뒤 좀 쉬었다가

다시 담배를 찾는다. 하지만 니코틴 패치는 하루 동안 꾸준히 조금씩 니코틴을 공급하는데, 이것은 니코틴을 주입하는 상당히 지루한 방법이다. 슬림패스트SlimFast 밀크셰이크가 비만과의 전쟁에서 티핑 포인트가 아닌 것처럼 패치는 흡연 유행과의 전쟁에서 티핑 포인트가 아니다.

나는 두 가지 가능성이 있다고 생각한다. 첫 번째는 최근에야 발견된 흡연과 우울증의 상관관계에서 찾을 수 있다. 1986년에 미네소타주의 정신과 외래환자들을 연구하다가 이들 중 절반이 담배를 피운다는 사실이 발견되었다. 전국 평균을 훨씬 웃도는 수치였다. 2년 뒤 컬럼비아 대학교의 심리학자 알렉산더 글래스먼은 완전히 다른 프로젝트의 일환으로 연구하고 있던 골초들의 60퍼센트가 심각한 우울증 병력이 있다는 것을 발견했다.[14]

그는 1990년에 〈미국 의학협회 저널〉에 발표된 후속 연구에서 무작위로 선정한 3,200명의 성인들을 대상으로 이 사실을 추적 관찰해 보았다.

심각한 정신질환 진단을 받은 적이 있는 사람들 중에서 74퍼센트가 살면서 어느 시점에 담배를 피웠고 14퍼센트가 담배를 끊었다. 정신적 문제를 진단받은 적이 없는 사람들 중에서는 53퍼센트가 살면서 어느 시점에 담배를 피웠고 31퍼센트가 담배를 끊었다. 정신적 문제가 심각해짐에 따라 흡연과의 상관관계도 강해진다. 알코올중독자의 약 80퍼센트가 담배를 피운다. 조현병 환자들 중 거의 90퍼센트가 담배를 피운다.

특히 오싹한 기분이 드는 한 연구에서는 영국의 정신과 의사들이 정서장애와 행동장애를 가진 12~15세 아동 집단과 일반 학교에 다니는 같은 연령대 아동 집단의 흡연 행위를 비교했다. 그 어린 나이에 이미 일주일에 스물한 개비 이상의 담배를 피우는 아이의 비율이 문제아들의 경우 절반에 이른 반면 일반 학교에 다니는 아이들은 10퍼센트였다. 다시 말해 전체적인 흡연율이 낮아지면서 사회에서 가장 문제가 많고 주변부에 있는 구성원들로 흡연 습관이 집중되고 있다.

왜 흡연이 정서적 문제들과 강하게 연결되는지에 관해서는 많은 이론이 있다.

첫 번째 이론은 낮은 자존감이나 건전하지 않은 불행한 삶 등 흡연의 전염성에 쉽게 영향을 받도록 만드는 바로 그 요소들이 우울증의 원인이 되는 요소들이기도 하다는 것이다.

하지만 더 관심을 끌 만한 이론은 두 문제의 유전적 뿌리가 같을 수 있다는 예비적 증거다. 예를 들어 우울증은 적어도 부분적으로는 특정한 뇌 화학물질, 특히 세로토닌, 도파민, 노르에피네프린으로 불리는 신경전달물질의 생성에 문제가 생긴 결과라고 여겨진다.

이 화학물질들은 기분을 조절하고 자신감과 정복감, 쾌락에 기여한다. 졸로프트, 프로작 같은 치료제가 우울증 치료에 효과가 있는 것은 뇌를 자극하여 더 많은 세로토닌을 분비시키기 때문이다. 다시 말해 이 치료제들은 우울증을 앓는 일부 사람들이 겪는 세로토닌 결핍을 보충한다. 니코틴은 다른 두 주요 신경전달물질인 도파민, 노르

에피네프린과 정확하게 같은 일을 하는 것으로 보인다.

요컨대 우울증이 있는 흡연자들은 본질적으로 담배를 우울증을 치료하고 정상적으로 활동하는 데 필요한 뇌 화학물질의 농도를 끌어올리는 저렴한 방법으로 이용하고 있다. 이러한 영향력은 정신질환 병력을 가진 흡연자가 담배를 끊으면 우울증이 재발할 상당한 위험을 감수해야 할 정도로 강하다.

흡연의 강력한 고착성이 여기에 있다. 일부 흡연자들은 니코틴에 중독되어 있기 때문만이 아니라 니코틴이 없으면 정신질환을 악화시킬 위험을 감수해야 하기 때문에 담배를 끊기 힘들다.[15]

이것은 정신이 번쩍 들게 하는 사실이다. 하지만 또한 담배에 치명적 약점이 있을 수 있다는 암시이기도 하다. 즉 만약 흡연자의 우울증을 치료할 수 있다면 담배를 끊기 훨씬 쉽게 만들 수 있다. 아니나 다를까, 실제로 그렇다는 것이 밝혀졌다.

1980년대 중반, 지금의 글락소웰컴 제약회사의 연구원들이 부프로피온이라는 새로운 항우울제의 효능 테스트를 전국에서 대대적으로 실시하고 있을 때 놀랍게도 현장에서 흡연에 대한 보고가 들어오기 시작했다. 이 회사의 정신의학 부문 책임자인 앤드루 존스턴은 "환자들이 '담배를 피우고 싶은 생각이 안 든다', '담배가 줄었다', '담배가 더 이상 맛있지 않다' 같은 말을 한다는 이야기가 들려왔어요"라고 말했다. "짐작하시겠지만, 이런 자리에 있으면 온갖 보고를 다 받습니다. 그래서 그 보고들을 많이 신뢰하지는 않았습니다. 하지만 보고를 계속 받았죠. 굉장히 특이한 현상이었거든요."

그때는 우울증과 흡연의 관계가 잘 알려지기 전인 1986년이었다. 그래서 회사는 처음에 어리둥절했다. 하지만 그들은 곧 부프로피온이 일종의 니코틴 대체재로 작용한다는 것을 알아차렸다.

"니코틴이 분비하는 도파민은 뇌의 전전두엽피질로 갑니다." 존 스턴이 설명한다. "뇌의 쾌락 중추죠. 흡연과 관련된 쾌락, 행복감을 담당한다고 생각되는 곳입니다. 담배를 끊기가 그토록 힘든 이유 중 하나죠. 니코틴은 또 노르에피네프린을 증가시킵니다. 그래서 담배를 끊으려고 시도할 때 많은 노르에피네프린을 얻지 못해 불안하고 짜증이 나는 겁니다. 부프로피온은 이 두 가지 일을 합니다. 도파민을 증가시켜 흡연자들이 담배를 피우고 싶은 욕구를 느끼지 않고 노르에피네프린의 일부를 대체하여 금단증상에 따르는 불안을 겪지 않습니다."

글락소웰컴은 현재 자이반이라는 상표명으로 판매되는 약품을 심한 골초(하루에 열다섯 개비 이상 담배를 피우는 사람)에게 테스트하여 놀라운 결과를 얻었다. 이 연구에서 금연 카운슬링을 받고 위약을 복용한 흡연자의 23퍼센트가 4주 후에 담배를 끊었다. 카운슬링과 니코틴 패치를 받은 사람들 중에서는 36퍼센트가 담배를 끊었다. 하지만 자이반을 복용한 사람들 중에서는 49퍼센트가 4주 뒤 담배를 끊었다. 또한 자이반과 패치를 둘 다 사용한 골초들 중에서는 58퍼센트가 한 달 뒤 금연에 성공했다.

흥미롭게도 세로토닌 약품인 졸로프트와 프로작은 흡연자들의 금연에 도움이 되지 않는 것처럼 보인다. 다시 말해 기분을 좋게 만드는 것만으론 충분하지 않다. 니코틴과 똑같은 방식으로 기분을 좋게 만들어야 하는데, 자이반만 그렇게 한다.

자이반이 완벽한 약이라는 말은 아니다. 모든 금연용 약제들과 마찬가지로 자이반은 가장 심한 골초들에게는 최소한의 성공만 거둔다. 하지만 이 약품의 초기 성공은 흡연의 고착성의 티핑 포인트를 발견할 가능성이 있다는 걸 입증했다. 다시 말해 우울증에 초점을 맞춤으로써 중독 과정의 치명적 약점을 이용할 수 있다.

10대들이 담배를 피우기 시작했을 때 무슨 일이 일어났는지 다시 살펴보면[16] 고착성 문제와 관련된 두 번째 잠재적 티핑 포인트가 분명하게 나타난다. 10대들이 처음 시험 삼아 담배를 피웠을 때는 모두 치퍼다. 가끔씩만 담배를 피운다. 이런 10대들 대부분은 곧 담배를 끊고 다시는 피우지 않는다. 몇몇은 그 후에도 수년간 가끔 담배를 피우지만 중독은 되지 않는다. 약 3분의 1은 정기적인 흡연자가 된다.

그런데 이 시기에 관해 흥미로운 점은 마지막 그룹의 가끔씩 담배를 피우던 10대들이 정기적 흡연자가 되는 데 약 3년(대략 열다섯 살에서 열여덟 살까지)이 걸리고 이후 5~7년 동안 서서히 흡연습관이 확대되었다는 것이다.

"고등학생이 정기적으로 담배를 피워도 하루에 한 갑을 피우지는 않습니다." 캘리포니아 대학교 샌프란시스코 캠퍼스의 중독 전문가 닐 베노위츠가 말한다. "20대가 되어야 그 수준에 이릅니다."

따라서 니코틴 중독은 곧바로 발생하는 게 아니다. 대부분의 사람은 담배에 중독되는 데 시간이 걸리고, 열다섯 살 때 담배를 피웠다고 꼭 중독자가 되는 건 아니다. 담배 중독자가 되는 걸 막는 데 약 3년이라는 시간을 얻는 셈이다.

더 흥미로운 두 번째 의미는 니코틴 중독이 선형적 현상이 아니라는 것이다. 하루에 담배 한 개비가 필요하면 담배에 약간 중독된 것, 하루에 두 개비가 필요하면 그보다 좀 더 중독된 게 아니라는 말이다. 또한 하루에 열 개비가 필요하다고 해서 한 개비가 필요한 사람보다 열 배 더 중독된 게 아니다. 그보다는 중독이 되는 티핑 포인트, 임계점이 있다.

일정 개수 이하로 담배를 피운다면 전혀 중독이 아니지만 일단 그 마법의 수를 넘어가면 갑자기 중독이 된다. 이것은 치퍼들을 이해하는 또 다른 완벽한 방법이다. 치퍼들은 그 중독 임계점에 이를 정도로 담배를 많이 피우지는 않는 사람들이다. 반면 상습적 흡연가는 어느 시점에 그 선을 넘은 사람이다.

중독 임계점이 무엇인가? 그 임계점이 모든 사람에게 정확히 똑같다고 생각하는 사람은 아무도 없다. 하지만 세계 최고의 니코틴 전문가라 할 수 있는 베노위츠와 잭 헤닝필드가 지식에 근거한 추측을 해보았다.

두 사람은 치퍼는 하루에 다섯 개비까지 담배를 피워도 중독이 되지 않는 사람들이라고 지적했다. 이는 다섯 개비의 담배에서 발견되는 니코틴의 양(4밀리그램에서 6밀리그램 사이)이 아마도 중독 임계점에 가까울 것이라는 말이다.

따라서 헤닝필드와 베노위츠는 가장 심한 골초들, 가령 하루에 서른 개비의 담배를 피우는 사람도 24시간 내에 니코틴 5밀리그램 이상을 흡수하지 않도록 담배회사들이 니코틴 함량을 낮추어야 한다고 말한다. 두 사람은 저명한 학술지 〈뉴잉글랜드 저널 오브 메디슨〉에서 "그 정도 수준이면 대부분의 젊은이들에게 니코틴 중독을 막거나 제한하는 데 적절하다. 동시에 기호와 감각을 자극하기에는 충분한 니코틴을 제공할 수 있다"라고 썼다.[17]

다시 말해 10대들은 중독성이 있기 때문에, 멋있는 아이가 담배를 피워서, 친구들과 어울리기 위해서 등 지금까지 10대들이 담배에 손을 댄 모든 이유들로 앞으로도 계속 시험 삼아 담배를 피우려 할 것이다. 하지만 니코틴 함량을 중독 임계점 아래로 낮추면 흡연 습관에 고착성이 사라질 것이다. 그러면 흡연이 독감보다 일반 감기와 더 비슷해져서 쉽게 걸리지만 쉽게 물리칠 수 있게 될 것이다.

이 두 고착성 요소들을 균형 잡힌 시각으로 보는 것이 중요하다. 지금까지의 금연운동은 담배 가격을 인상하고, 담배 광고를 줄이고, 라디오와 텔레비전에 공공보건 메시지를 내보내고, 학생들에게 금연 메시지를 주입하는 데 초점을 맞추어왔다. 그리고 외관상 포괄적인 이 광범위하고 야심찬 캠페인이 벌어진 기간 동안 10대 흡연이 급격하게 증가했다. 담배에 대한 태도를 바꾸는 데 집착했지만, 정작 태도 변화가 가장 필요한 집단에 영향을 미치지 못했다.

또 흡연 세일즈맨의 영향력을 저지하는 데 집착했지만, 세일즈맨의 영향력은 점점 더 난공불락으로 보인다. 즉 우리는 한꺼번에 문제 전체와 씨름해야 한다고 확신했다. 하지만 사실은 그럴 필요가 없다. 고착성 티핑 포인트를 발견하기만 하면 된다. 그리고 그 티핑 포인트는 우울증과의 연관성과 니코틴 임계점이다.

고착성 전략의 두 번째 교훈은 10대들의 흡연 실험에 더 합리적으로 접근할 수 있게 해준다는 것이다. 절대주의적 접근방식은 실험이 중독과 동일하다는 전제하에 진행된다. 아이들이 헤로인이나 대마초나 코카인에 노출되길 원하지 않는 이유는 이런 물질들은 유혹성이 너무 강해서 조금만 노출되어도 중독될 것이라고 생각하기 때문이다.

하지만 불법 마약의 실험적 사용에 관한 통계치를 알고 있는가? 1996년에 실시한 약물남용에 대한 가구 설문조사에서 응답자들 중 1.1퍼센트가 적어도 한 번 헤로인을 사용해본 적이 있다고 대답했다. 하지만 그 1.1퍼센트 중 전년도에 헤로인을 사용했던 사람은 18퍼센트에 불과했고 지난달에 헤로인을 사용한 사람은 9퍼센트뿐이었다.

이 결과를 보면 헤로인은 특별히 고착성 높은 약물이 아니다. 코카인 관련 수치는 훨씬 더 놀랍다. 코카인을 시도해본 적이 있는 사람들 중에서 정기적 사용자는 1퍼센트가 되지 않는 0.9퍼센트다.[18]

이 수치가 말해주는 것은 시험 삼아 코카인에 손을 대보는 것과 실제로 중독되는 것은 완전히 별개라는 점이다. 약물이 전염성이 있다고 반드시 고착성이 있다는 뜻은 아니다. 사실 최소한 한 번이라도 코카인을 시도해본 적이 있는 것으로 보이는 사람의 수는 위험한 무언가를 시도해보려는 충동이 10대들 사이에서는 거의 보편적인 현상임을 말해준다. 이것이 10대들이 하는 일이다. 이것이 10대들이 세상을 배우는 방법이고, 대부분(코카인을 시험해본 경우의 99.1퍼센트) 그 실험은 나쁜 결과를 낳지 않는다.

우리는 이런 유형의 실험과 싸우는 걸 그만두어야 한다. 이를 받아들이고 심지어 수용해야 한다. 10대들은 오페어 유학생 매기, 빌리 G, 팸 P 같은 사람들에게 항상 매료될 것이며, 반항적이고 공격적인데다 무책임한 것이 인생을 사는 좋은 방법이라는 청소년기의 환상을 극복하기 위해서라도 그런 사람들에게 매료되어야 한다. 실험과 싸우는 대신 우리가 해야 하는 일은 그 실험이 심각한 결과를 낳지 않도록 하는 것이다.

이 장의 도입부에 인용했던 글을 한 번 더 언급할 가치가 있을 것 같다. 미크로네시아의 10대 문화에 자살이 얼마나 깊이 자리 잡았는지 설명하는 도널드 루빈스타인의 글이다.

자살을 시도한 많은 어린 소년들이 여덟 살에서 열 살 사이에 처음 자살에 관해 보거나 들었다고 보고했다. 이들의 자살 시도는 모방이나 실험을 해보는 기분으로 이루어진 것으로 보인다. 예를 들어 한 열한 살짜리 아이가 집에서 목을 매달았는데 발견될 당시 이미 의식이 없고 혀가 쑥 빠져 있었다. 나중에 아이는 '시험 삼아' 목을 매달아보고 싶었다고 설명했다. 죽고 싶었던 건 아니라고 말했지만, 죽을 위험이 있다는 건 알고 있었다.

이 문제에서의 비극은 이 어린 소년들이 실험을 하고 있다는 점이 아니다. 실험은 어린 소년들이 으레 하는 일이다. 비극은 이 소년들이 실험해서는 안 되는 무언가를 실험하기로 선택했다는 데 있다. 안타깝게도 미크로네시아의 10대들을 구하는 데 도움이 되는 더 안전한 형태의 자살이라는 건 없을 것이다. 하지만 더 안전한 형태의 흡연은 있을 수 있고, 우리가 중독 과정의 티핑 포인트에 관심을 기울인다면 더 안전하고 고착성이 낮은 흡연이 가능해질 수 있다.

변화의 잠재력을 믿어라

얼마 전, 조지아 새들러라는 간호사가 샌디에이고의 흑인 사회를 대상으로 당뇨병과 유방암에 관한 지식 및 인식 향상을 위한 캠페인을 시작했다. 새들러는 이 병들을 예방하기 위한 풀뿌리 운동을 일으키고 싶었다. 그래서 도시의 흑인 교회들에서 세미나를 열기 시작했다. 하지만 결과는 실망스러웠다.

"예배를 보기 위해 교회에 200명 정도 왔을 거예요. 하지만 우리 세미나를 들으려고 남은 사람은 20명 정도였어요. 게다가 남은 사람들은 이미 이 병들에 대해 잘 알고 있는데 더 알고 싶었던 분들이었어요. 몹시 실망스러웠어요."

새들러는 자신의 메시지를 그 작은 집단 밖으로 확산시키지 못했다. 새들러는 새로운 환경이 필요하다는 것을 깨달았다. "사람들은 예배가 끝나면 지치고 허기졌을 거예요." 새들러가 말한다. "우리는 모두 바쁘게 살잖아요. 사람들은 집에 가고 싶어 했어요."

새들러에게 필요한 것은 여성들이 느긋하게 쉬면서 새로운 아이디어를 잘 받아들일 만한 곳, 새로운 무언가를 들을 시간과 기회가 있는 장소였다. 또 커넥터, 세일즈맨, 메이븐의 특성을 조금씩 갖춘 새로운 메신저가 필요했다. 정보를 알려줄 더 고착성 강한 새로운 방법도 필요했다. 게다가 다양한 재단과 기금단체들에서 모은 쥐꼬리만 한 자금을 초과하지 않는 범위에서 그 모든 변화를 이루어야 했다.

새들러가 찾은 해결책은 무엇이었을까? 바로 캠페인을 흑인 교회에서 미용실로 옮긴 것이다.

"미용실에는 꼼짝없이 그 자리에서 들을 수밖에 없는 청중이 있어요." 새들러가 설명한다. "여성들은 미용실에 두 시간, 만약 머리를 땋으러 왔다면 여덟 시간까지 머물러요." 미용사 역시 고객들과 특별한 관계였다. "당신의 머리를 잘 관리할 수 있는 사람을 발견하면 100마일이라도 운전을 해서 갈 겁니다. 미용사는 당신의 친구예요. 그녀는 당신의 고등학교 졸업식과 결혼식을 돕고 첫 아기의 머리도 매만집니다. 오랜 관계, 신뢰할 수 있는 관계죠. 미용실에 가면 말 그대로나 비유적으로나 머리를 풀고 느긋해집니다."

또한 미용사라는 직업에는 타인과 쉽고 원활하게 소통하는 사람, 각양각색의 지인을 가진 사람을 끌어들이는 무언가가 있다. "미용사들은 타고난 대화상대예요." 새들러가 말한다. "그들은 이야기 나누는 걸 좋아합니다. 사람들에게서 눈을 떼지 않고 뭘 하고 있는지 봐야 하기 때문에 대개 직관력도 매우 뛰어나고요."

새들러는 시의 미용사들을 모아 일련의 연수를 실시했다. 유방암 관련 정보를 설득력 있게 제시하는 방법을 미용사들에게 지도할 민속학자도 데려왔다. "우리는 전통적인 의사소통 방법에 의지하고 싶었어요." 새들러가 말한다. "미용실은 교실 같은 환경이 아니잖아요. 우리는 이 정보가 여성들이 공유하고 싶고 전하고 싶은 것이 되길 바랐어요. 또한 일화를 통해 정보를 전하는 편이 훨씬 더 쉽습니다."

새들러는 새로운 정보와 재미있는 소문거리, 그리고 유방암과 관련된 대화를 시작할 만한 소재들이 끊임없이 미용실로 흘러들게 했다. 그래서 고객이 올 때마다 미용사가 대화를 시작할 새로운 단서를 포착할 수 있었다. 또 새들러는 자료를 큰 글씨로 써서 정신없이 분주한 미용실에서도 눈에 띄도록 래미네이트 판에 붙여놓았다. 그리고 어떤 방법이 효과가 있었는지, 자신의 프로그램이 여성들의 태도를 변화시켜 유방촬영과 당뇨병 검사를 받게 하는 데 얼마나 성공적이었는지를 확인하기 위한 평가 프로그램을 마련했다.

그 결과 그녀의 프로그램은 효과가 있는 것으로 나타났다. 작은 것으로 많은 일을 할 수 있다.

이 책에서는 뉴욕에서 벌인 범죄와의 전쟁부터 레스터 원더맨이 만든 컬럼비아 레코드 클럽 광고의 보물찾기에 이르기까지 이런 사례들을 많이 살펴보았다. 그 모든 사례의 공통점은 거창하지 않다는 것이다. 새들러는 국립암연구소나 캘리포니아주 보건국을 찾아가 멀티미디어를 이용한 정교한 공공인식 캠페인을 벌이지 않았다. 샌디에이고의 동네들을 가가호호 방문하여 무료 유방촬영 서명을 받지도 않았다. 집요하게 예방과 검사를 요구하는 방송 공세를 펴지도 않았다.

그 대신 새들러는 자신이 가진 작은 예산을 어떻게 하면 더 현명하게 사용할지 고민했다. 그녀는 메시지의 맥락을 바꾸었다. 메신저를 바꿨고, 메시지 자체를 바꿨다. 어디에 초점을 맞출지를 분명히 했다.

이것이 티핑 포인트의 첫 번째 교훈이다. 유행을 촉발시키려면 몇몇 핵심 분야에 자원을 집중해야 한다. 소수의 법칙은 커넥터, 메이븐, 세일즈맨이 입소문 유행을 촉발시키는 장본인이라고 말한다. 입소문 유행을 촉발시키는 데 관심이 있는 사람이라면 자신이 가진 자원을 오로지 이 세 집단에 집중시켜야 한다. 그 외의 사람은 중요하지 않다.

윌리엄 도스에게 영국군이 진격해오고 있다고 알려줘봤자 뉴잉글랜드의 식민지 주민에게 아무 도움도 되지 않았다. 하지만 폴 리비어에게 알리자 결과적으로 승패가 갈렸다. 〈블루스 클루스〉 제작진은 아이들이 사랑하는 정교한 30분짜리 텔레비전 프로그램을 개발했다. 하지만 이들은 아이들이 모든 내용을 한 번의 시청으로 기억하고 배울 수 있는 방법은 없다는 것을 깨달았다. 그래서 누구도 텔레비전에서 시도하지 않았던 일을 했다. 같은 내용을 연달아 다섯 번 방송한 것이다. 새들러는 샌디에이고의 모든 여성에게 한 번에 메시지를 전달하려고 애쓰지 않았다. 자신이 보유한 자원들을 미용실이라는 중요한 장소 한 곳에 모두 투입했다.

이렇게 치밀하게 초점을 맞추고 특정 대상을 겨냥한 개입방식을 비판적으로 보는 사람들은 임시처방책이라고 무시할 수도 있다. 하지만 임시처방책이라는 용어를 폄하의 뜻으로 생각하지 말아야 한다. 임시처방책은 놀라울 정도로 많은 문제를 편리하고 융통성 있게 저렴한 비용으로 해결하는 방책이다. 지금까지 임시처방책은 수백만 명의 사람들이 이 처방책이 없었다면 그만둬야 했을 일이나 테니스나 요리나 산책을 계속할 수 있게 해주었다. 임시처방책은 최소한의 노력과 시간, 비용으로 문제를 해결하기 때문에 실제로 가장 좋은 유형의 해결책이다.

우리는 이런 유형의 해결책을 본능적으로 무시한다. 문제에 대한 진정한 답은 포괄적이어야 한다거나 끈질기고 무차별적인 노력에 가치가 있다거나 느려도 착실하면 이긴다는 생각이 우리 모두에게 있기 때문이다. 문제는 무차별적인 노력을 기울이는 것이 항상 가능하지는 않다는 것이다. 편리한 지름길, 적은 것을 가지고 많은 것을 만들어내는 방법이 필요한 때가 있으며, 궁극적으로 이것이 바로 티핑 포인트이다.

티핑 포인트 이론은 세상을 보는 우리의 사고방식의 틀을 다시 짤 것을 요구한다. 나는 이 책에서 우리가 새로운 정보, 그리고 서로와 관계를 맺는 방식의 특이성에 관해 이야기하는 데 많은 시간을 할애했다. 우리는 극적이고 급격한 변화를 평가하는 데 어려움을 겪는다. 종이 한 장을 50번 접으면 태양까지 이를 수 있다고 상상하지 못한다. 우리가 인지할 수 있는 범주의 수, 진정으로 사랑할 수 있는 사람의 수, 정말로 잘 아는 지인의 수에는 뜻밖에도 제한이 있다. 우리는 추상적인 문구로 제시된 문제는 풀지 못하고 포기하지만 같은 문제를 사회적 딜레마로 다시 표현해서 물어보면 아무 어려움 없이 푼다.

이 모든 것들은 인간의 정신과 마음의 특이성을 나타내며, 우리가 기능하고 소통하고 정보를 처리하는 방식이 단순하고 투명하다는 개념을 반박한다. 그 방식은 단순하고 투명하지 않다. 혼란스럽고 불투명하다.

〈세서미 스트리트〉와 〈블루스 클루스〉의 성공에는 이 프로그램들이 뻔하지 않았다는 점이 큰 몫을 했다. 빅버드를 성인 캐릭터들과 같은 세트장에 두어야 한다는 걸 그 전에 누가 알았겠는가? 공장에 100~150명의 근로자가 있으면 문제가 되지 않지만 150~200명이 되면 큰 문제가 된다는 걸 누가 예상할 수 있었겠는가? 내가 낸 전화번호부 이름 테스트에서 100점이 넘는 높은 점수와 10점 이하의 낮은 점수가 나오리라 누가 예상했겠는가. 우리는 사람들이 다르다고 생각하지만, 그리 다르지 않다.

세상은 우리가 원하는 것만큼 우리의 직관과 일치하지 않는다. 이것이 티핑 포인트의 두 번째 교훈이다. 사회적 유행을 일으키는 데 성공한 사람들은 그냥 자신이 옳다고 생각하는 일을 하는 게 아니다. 그들은 신중하게 자신의 직관을 테스트한다.

환상과 실제에 대한 제작진의 직관이 틀렸다는 증거를 보여준 '방해꾼'이 없었다면 〈세서미 스트리트〉는 오늘날 텔레비전 역사상 잊히고 만 부차적 존재가 되었을 것이다. 레스터 원더맨의 황금상자는 그가 이 방법이 전통적인 광고보다 얼마나 더 효과적인지 증명하기 전까지는 바보 같은 생각으로 보였다. 키티 제노비스의 비명에 아무도 응답하지 않았다는 사실은 면밀한 심리 검사에서 상황의 강력한 영향력이 입증되기 전까지는 인간의 무관심을 보여주는 명백한 사례처럼 보였다. 사회적 유행을 이해하려면 먼저 인간의 소통에 매우 독특하고 반직관적인 고유의 규칙들이 있다는 점을 이해해야 한다.

결국 성공적인 유행의 기저에는 변화가 가능하다는 믿음, 사람들이 적절한 자극을 받았을 때 행동이나 신념을 급격하게 바꿀 수 있다는 근본적 믿음이 있어야 한다. 이 믿음 역시 우리가 자신과 서로에 대해 가진 가장 뿌리 깊은 가정의 일부와 상충된다. 우리는 자신이 자주적이고 내부 지향적이라고 생각하고 싶어 한다. 또 우리가 누구인지, 우리가 어떻게 행동하는지가 항상 유전자와 기질에 의해 정해진다고 생각하고 싶어 한다.

하지만 세일즈맨과 커넥터의 사례, 폴 리비어의 파발과 〈블루스 클루스〉의 사례, 150의 법칙과 뉴욕 지하철 정화, 기본적 귀인오류를 종합적으로 생각해보면 인간이란 존재의 의미에 대해 매우 다른 결론에 도달한다.

우리는 실제로 환경, 직접적 상황, 주변 사람들의 성격으로부터 큰 영향을 받는다. 뉴욕 지하철 벽의 낙서를 지우자 뉴욕 사람들은 더 나은 시민으로 바뀌었다. 서둘러야 하다고 말하자 신학생들이 나쁜 시민으로 바뀌었다. 미크로네시아의 한 카리스마 넘치는 젊은이의 자살이 10년 동안 지속된 자살 유행을 일으켰다. 컬럼비아 레코드 클럽 광고의 한 귀퉁이에 집어넣은 작은 황금상자가 갑자기 소비자들로 하여금 우편으로 레코드를 구입하지 않고는 못 배기게 만든 것처럼 보인다. 흡연이나 자살이나 범죄 같은 복잡한 행위를 자세히 살펴보면 우리가 보고 듣는 것들에 얼마나 쉽게 영향을 받는지, 일상생활의 가장 사소한 세부적인 부분에까지 얼마나 민감한지 알게 된다.

사회적 변화가 그토록 불안정하고 종종 설명하기 어려운 이유가 여기에 있다. 바로 우리 모두의 본성이 불안정하고 설명하기 어렵기 때문이다.

티핑 포인트의 세계가 어렵고 불안정하긴 하지만 상당한 희망도 존재한다. 단지 집단의 크기만 조정해도 새로운 아이디어에 대한 수용성을 극적으로 향상시킬 수 있다. 정보를 제시하는 방법을 손보면 고착성을 현저히 높일 수 있다. 강한 사회적 힘을 가진 소수의 특별한 사람을 발견하여 접촉하기만 해도 사회적 유행 과정을 형성할 수 있다.

결국 티핑 포인트는 변화의 잠재력과 지적 행동의 힘을 재확인하는 것이다. 당신 주변의 세계를 둘러보라. 바꿀 수 없는 요지부동의 곳처럼 보일지 모른다. 하지만 그렇지 않다. 딱 적절한 곳을 찾아 살짝만 자극해도 폭발적인 변화가 일어날 수 있다.

후기

현실에서 찾은 티핑 포인트의 교훈

《티핑 포인트》가 출간된 지 얼마 지나지 않았을 즈음, 유행병학자로 활동하며 대부분의 시간을 에이즈 유행과 싸워온 분과 이야기를 나눌 기회가 있었다. 그는 사려 깊은 사람이었고, 매일 그런 끔찍한 질병을 상대해야 하는 사람들이 어떠할 것이라는 사람들의 통념을 불만스러워했다. 카페에 앉아 그가 읽은 내 책에 대해 이야기를 나누던 중 그가 놀라운 말을 했다.

"우리가 에이즈 바이러스를 아예 발견하지 않는 편이 차라리 나았을지도 모르겠어요."

그가 글자 그대로, 그러니까 항HIV 약물과 에이즈 검사로 무수히 많은 생명을 구하거나 연장시킨 일을 후회한다는 뜻으로 말한 건 아니라고 생각한다. 그의 말뜻은 에이즈 유행은 기본적으로 사회적 현상이라는 것이었다.

에이즈가 확산된 이유는 사람들의 믿음과 사회구조, 가난과 편견, 공동체의 성격 때문이고, 바이러스의 정확한 생물학적 특성들에 집중하는 것은 그저 주의를 분산시킬 뿐이다. 우리가 그런 믿음과 사회구조, 가난과 편견, 공동체의 성격에 초점을 맞추면 에이즈 확산을 훨씬 더 효과적으로 중단시킬 수 있다.

그가 이 말을 했을 때 내 머릿속에 불이 반짝 들어왔다. 그게 바로 내가《티핑 포인트》에서 하려고 했던 말이기 때문이다!

오래전 영어 시간에, 책이란 다시 읽을 때마다 점점 더 알차지는 살아 숨 쉬는 문서라고 배웠다. 하지만《티핑 포인트》를 쓸 때까지 나는 그 말을 믿지 않았다. 나는 내 책을 누가 읽을지, 혹은 만약 내 책이 도움이 된다 해도 어디에 도움이 될지 염두에 두지 않고 책을 썼다. 그런 예상을 한다는 게 주제넘어 보였다.

하지만《티핑 포인트》가 출간된 해에 독자들의 코멘트가 쇄도했다. 내 웹사이트에 수천 통의 이메일이 도착했다. 또 학술회의나 연수 프로그램, 영업회의에서 강연을 하면서 인터넷 기업가, 신발 디자이너, 공동체 활동가, 영화제작사 간부, 그 외에 무수한 사람과 담소를 나누었고, 그때마다 내 책에 대해, 그리고 왜 그 책이 그토록 사람들의 심금을 건드린 것처럼 보이는지에 대해 새로운 무언가를 알게 되었다.

뉴저지의 독지가 섀론 카마진은《티핑 포인트》를 300권 구입하여 주의 모든 공공도서관에 보냈다. 그러고는 내 책에서 영감을 받아 떠올린 아이디어에 자금을 지원하겠다고 약속했다. 카마진은 사서들에게 "이 책에 담긴 생각들을 이용해 새로운 무언가를 구상하세요"라고 말했다. "원래 하고 싶었던 일 말고요."

몇 달 지나지 않아 10만 달러에 가까운 "티핑 포인트" 보조금이 도서관 스물한 곳에 전달되었다. 로젤의 공공도서관은 관목숲 뒤쪽 샛길에 숨어 있다. 그래서 이곳에서는 도서관으로 가는 길을 알려주는 표지판을 시 곳곳에 세우기 위해 보조금을 받았다. 다른 도서관은 인터넷 서핑을 하려고 도서관을 찾는 노인들에게 커넥터 교육을 시키는 데 보조금을 사용했다. 이렇게 하면 이들이 다른 이용객들을 데려오리라는 데 베팅한 것이다. 또 다른 도서관은 정부의 지원을 충분히 받지 못하는 공동체를 끌어들일 요량으로 스페인어 책과 자료들을 구입했다. 어떤 도서관에 지급된 보조금도 몇 천 달러를 넘지 않았다.

아이디어들 자체도 거창하지 않았다. 하지만 그게 포인트였다.

캘리포니아 주립대학교 새크라멘토 캠퍼스의 켄 푸터닉 교수는 《티핑 포인트》에서 영감을 얻어 문제 학교들에 교사들을 끌어들일 아이디어를 떠올렸다고 말한다. 푸터닉은 내게 "이 문제는 흥미로운 답보 상태에 빠져 있습니다"라고 설명했다. "좋은 교장들은 '좋은 교사들이 없으면 힘든 학교에 갈 수 없습니다'라고 말하고 좋은 교사들은 '좋은 교장이 없으면 힘든 학교에 가지 않을 겁니다'라고 말하죠. 대출금 감면 프로그램을 짜듯 많은 노력이 있었지만 발버둥만 칠 뿐 성과를 거두지 못했어요."

푸터닉이 노력을 집중해온 오클랜드 저소득 지역의 일부 학교에서는 40퍼센트에 이르는 교사들이 자격증 없이 임시변통으로 2년 단위로 일한다. "저는 교사들에게 묻습니다. '소득이 아주 낮고 안전하지 않은 지역에 있는 데다 한부모 가정의 아이들이 많이 다니는 이런 학교들 중 하나에 가려면 당신에게 무엇이 필요하겠습니까?'

보너스? 그들은 아마 그럴 거라고 대답합니다. 더 작은 학급 규모? 그들은 아마 그럴 거라고 말하죠. 제가 나열한 모든 제안이 어느 정도는 매력적이었지만 그중 무엇도 사람들이 일을 맡게 하는 데 충분하지 않다는 느낌을 받았어요."

이 모두를 종합해보면 교사들이 그들을 가장 필요로 하는 곳들에서 일하려 하지 않는 비헌신적이고 이기적인 사람들이라는 결론을 내리기 쉽다. 하지만 푸터닉은 요청의 맥락을 바꾼다면 어떻게 될지 궁금했다.

그가 다음 해에 오클랜드에서 시행하고 싶어 하는 새로운 아이디어는, 힘든 학교들에 갈 교장들을 모집한 뒤, 그들의 새로운 과제를 위해 좋은 학교들에서 데려온 자격 있는 교사들로 팀을 구성할 1년이라는 시간을 주고, 이 팀이 함께 새로운 학교로 가는 것이다. 경기장과 전장에서 혼자 맞닥뜨리면 벅차고 불가능할 과제들도 굳게 뭉친 집단으로 대처하면 갑자기 가능해진다. 사람들이 바뀐 게 아니라 과제에 대한 인식이 바뀌었기 때문이다.

푸터닉은 같은 원칙이 교실에도 적용된다고 생각한다. 교사들이 노련하고 자질 높은 다른 교사들에게 둘러싸여 있다고 느끼면 벅찬 과제도 기꺼이 맡을 것이라고 본 것이다. 이것이 내가 오클랜드 도심지역에 적용될 것이라고는 꿈에도 생각하지 못했던 《티핑 포인트》의 교훈이다.

내가 《티핑 포인트》를 쓰게 된 동기 중 하나는 입소문의 신비함이었다. 입소문은 모든 사람이 중요하다고 동의하는 것 같지만 아무도 어떻게 정의해야 할지 모르는 것처럼 보이는 현상이다. 독자들이 내게 가장 많이 이야기했고 나 또한 가장 많이 생각한 주제가 바로 입소문이다.

지금은 명확히 알겠지만 《티핑 포인트》를 쓸 당시에는 그렇지 않았던 점은, 우리가 입소문의 시대에 막 들어서려 한다는 것과 역설적이게도 모든 지적 교양과 첨단기술과 정보에 대한 무제한적인 접근이 우리를 아주 원시적인 유형의 사회적 접촉에 점점 더 의존하도록 이끌고 있다는 것이다.

우리의 생활에서 커넥터, 메이븐, 세일즈맨에 의존하는 것은 우리가 현대사회의 복잡성에 대처하는 방식이다. 이는 우리 사회의 많은 다른 요인들과 변화들이 작용하는 함수이며 내가 말하고 싶은 세 가지의 함수다.

그 세 가지란 특히 소외, 특히 청소년 사이의 소외 문제 심화, 소통에 대한 면역 증가, 그리고 현대경제에서 메이븐의 중요한 역할이다.

소외의 시대 이해하기

2001년 3월 5일, 오전 9시 20분, 열다섯 살의 소년 앤디 윌리엄스가 자신이 다니던 캘리포니아주 샌티고등학교 화장실에서 총신이 긴 22구경의 회전식 연발 권총을 발사했다. 그는 6분 동안 서른 발을 난사했다. 처음에는 화장실 안으로, 그 뒤에는 인접한 안뜰로 총을 발사하여 학생 두 명이 사망하고 열세 명이 다쳤다.

그는 이 도시에 새로 이사 온 학생이었다. 귀는 유난히 돌출되어 보이고 깡말랐으며, 'MOUSE'라는 글자가 달린 은목걸이를 하고 있었다. 그리고 이런 사건에서 항상 그러하듯, 친구들과 교사들은 조용하고 온순한 아이가 그런 폭력행위를 저질렀다는 사실이 믿기지 않는다고 말했다.

나는 《티핑 포인트》에서 청소년 사이의 유행에 관해 썼고, 미크로네시아섬에서 수년간 기승을 부린 10대들의 자살 유행을 사례 연구로 이용했다. 나는 무분별하고 전염성 강한 자기파괴 의식에 사로잡히는 10대들의 성향을 이보다 더 극적으로 보여주는 예를 찾지 못했다.

미크로네시아의 자살 유행은 세간의 높은 관심을 받은 한 자살 사건, 그러니까 카리스마 넘치는 명문가 젊은이의 삼각관계와 장례식장에서 벌어진 극적인 장면에서 시작되었다. 곧 다른 소년들이 정확히 같은 방식으로, 그리고 말도 안 되게 사소해 보이는 이유들로 자살을 저질렀다. 나는 최근 서구의 10대 흡연 증가가 이러한 유행의 서구식 형태라고 생각했다.

하지만 실은 둘 사이의 유사성은 정확하지 않았다. 미크로네시아의 10대들은 완전히 그들의 문화에만 있는 무언가를 했다. 어른의 관행을 흉내 내거나 어른이 부과한 무언가에 반응한 게 아니었다. 10대는 마치 어른의 말과 행동은 보지 못하는 것처럼 그냥 그들 문화의 내부 규칙들을 따랐다.

10대의 흡연은 이와는 완전히 다르다. 흡연은 애초에 성인이 하는 행위이기 때문에 10대가 멋있게 생각하는, 성인의 관행이다. 또한 흡연의 해악을 늘어놓는 성인의 설교에 대한 반발로 담배를 피우는 경우도 있다. 전자는 고립된 유행이다. 후자는 반응적 유행이다. 나는 서구의 10대 사이에는 첫 번째 유형의 유행이 일어날 수 없다고 생각했다. 그런데 내가 틀렸다. 이제 우리는 학교 총기난사라는 유행을 겪고 있다.

1999년 4월 20일에 리틀턴의 콜럼바인고등학교에서 학살극이 벌어졌다. 그 뒤 22개월 동안 미국 전역에서 열아홉 건의 학교 폭력 사건이 일어났는데(다행히 그중 열 건은 사상자가 나오기 전에 저지되었다) 각각 사건은 으스스할 정도로 콜럼바인 총기사건을 모방했다.

1999년 12월, 9밀리 반자동 권총을 꺼내 급우들에게 열다섯 발을 발사한 오클라호마주 포트깁슨의 7학년 학생 세스 트리커리는 콜럼바인 총기사건에 너무 심취해 있어서 이 사건을 벌이기 전에 심리상담을 받았다.

캘리포니아주 밀브레이의 열일곱 살짜리 학생은 학교에서 "콜럼바인 사건을 저지르겠다"라고 협박하다가 체포되었다. 경찰은 그의 집에서 권총과 라이플 열다섯 정을 발견했다.

캘리포니아주 쿠퍼티노에 살던 조지프 드구즈만은 2001년 1월에 학교를 공격할 목표를 세웠고, 나중에 경찰에게 콜럼바인의 총잡이들이 "유일한 진짜다"라고 말했다.

다음 달에는 캔자스주에서 세 명의 소년이 체포되었는데, 경찰은 이들의 집에서 콜럼바인의 총잡이들이 입었던 것과 똑같은 검정색 트렌치코트 세 벌을 포함해 폭탄 제조에 필요한 재료들, 라이플총, 탄약을 발견했다.

경찰은 이틀 뒤 콜로라도주 포트 콜린스에서 또 다른 탄약과 총들을 발견했다. 이 사건은 연루된 소년들이 "콜럼바인을 재현할" 모의를 하는 것을 누군가가 우연히 엿들으면서 발각되었다.

이러한 총격사건과 미수범이 늘어난 것에 대해, 언론은 광범위하게 급증한 폭력 현상으로 보도했다. 하지만 그렇지 않다. 1992년부터 1993년까지 미국의 공립학교에서 폭력으로 인한 사망자가 쉰네 명이었고 2000년에는 열여섯 명이었다. 콜럼바인 사건은 교내 폭력이 증가했을 때가 아니라 줄어들었던 시기에 일어났다.

이런 사건들에 연루된 아이들의 사회적 환경에 대해서도 많은 관심이 쏠렸다. 앤디 윌리엄스는 종종 따돌림을 당하던 외로운 아이였고 부모의 이혼과 방치가 낳은 결과물이었다. 〈타임〉은 윌리엄스가 속한 세계를 "'버블검 크로닉' 같은 초강력 마리화나에 취하는 것이 일부 사람들에게는 일상 행위이고, 학교를 빼먹고 스케이트보드장에서 아리안 형제단과 어울리는 것이 평범한 삶의 선택인 곳"이라고 요약했다.

하지만 아이들이 불만과 외로움 속에 자라는 것이 새로운 현상은 아니다. 앤디 윌리엄스와 똑같이 정신적으로 피폐한 채 자라는 수백만 명의 아이들이 어느 날 아침 학교에 가서 총을 쏴대지는 않는다.

차이는 콜럼바인이다.

앤디 윌리엄스는 미크로네시아의 자살이 최초의 극적인 삼각관계에 영향을 받았던 것과 마찬가지로 에릭 해리스와 딜런 클리볼드의 사례에 영향을 받았다. 외부 세계의 영향을 탓하면서 이런 유형의 행동을 이해하려 노력하는 건 잘못이다. 이런 행동들은 고립된 유행이며 10대들이 사는 폐쇄적 세계에서만 통하는 설명하기 힘든 내부 방식을 따른다.

이런 유형의 유행과 가장 유사한 예가 1999년 여름에 벨기에의 몇몇 공립학교를 휩쓴 식중독 사태다. 이 사태는 벨기에의 보르넴에서 마흔두 명의 아이들이 코카콜라를 마신 뒤 병이 나 병원에 입원하면서 시작되었다. 이틀 뒤 브뤼헤에서 또 다른 여덟 명의 학생이 앓아누웠고 다음 날 하렐베커에서 열세 명, 그 다음날은 로크리스티에서 마흔두 명의 환자가 나왔다.

사태는 계속 확장되어 결국 100명 이상의 학생이 메스꺼움과 현기증, 두통을 호소하며 병원을 찾았고 코카콜라는 113년 역사상 최대의 제품 리콜을 해야 했다. 조사를 해보자 명백한 범인이 밝혀졌다. 앤트워프에 있는 코카콜라 공장에서, 콜라에 들어가는 유명한 시럽 일회분을 탄산염화하는 공정 과정에서 오염된 이산화탄소가 사용된 것이다.

하지만 그 뒤 사건은 더욱 까다로워졌다. 검토 결과 이산화탄소 내의 오염물질은 농도 5-17ppb의 황화합물로 밝혀졌다. 그런데 이 황화합물은 그보다 1천 배 높은 농도에서만 질병을 일으킬 수 있다.

17ppb에서는 썩은 달걀 같은 나쁜 냄새만 풍길 뿐이다.

이 말은 벨기에에서 코를 찡긋거리는 가벼운 유행만 일어났어야 한다는 뜻이다. 더 당황스러운 점은 불량 코카콜라가 병을 일으켰다고 하는 다섯 학교 중 네 곳에서, 병이 난 아이들의 절반이 그날 코카콜라를 전혀 마시지 않았다는 사실이었다. 다시 말해, 벨기에에서 일어난 사건은 코카콜라로 인한 중독이 아닐 것이다.

그렇다면 대체 뭘까? 이 사건은 초등학생들 사이에 드물지 않게 일어나는 현상인 일종의 집단 히스테리였다. 런던 킹스칼리지 의과대학의 정신의학자 사이먼 웨슬리는 10년 동안 이런 유형의 히스테리 보고를 수집하여 수백 건의 사례를 모았다. 랭커셔의 방적공장 직원들이 오염된 면에 중독되고 있다는 이야기를 들은 뒤 갑자기 몸이 아팠던 1787년까지 거슬러 올라간다.

웨슬리 교수에 따르면 거의 모든 사례가 패턴에 들어맞는다. 누군가가 이웃이 병에 걸린 것을 보고 자신이 보이지 않는 악에 오염되고 있다고 확신한다. 과거에는 그 악이 악마와 유령이었고 지금은 독과 가스인 것이다. 그리고 두려움이 그를 불안하게 만든다. 불안 때문에 메스껍고 욕지기가 나온다. 숨이 가빠지기 시작하고, 쓰러진다.

같은 의혹에 관해 듣고 "피해자"가 기절하는 것을 목격한 다른 사람들도 불안해지기 시작한다. 메스껍고 숨이 가빠지다가 쓰러진다. 순식간에 방 안의 모든 사람이 숨이 가빠지고 쓰러진다.

웨슬리는 이런 증상들이 완벽하게 진짜라고 강조한다. 완전한 상상 속 공포가 발현된 것뿐이다. "이런 일은 극히 흔합니다." 웨슬리가 말한다. "그리고 거의 정상적입니다. 정신질환이 있거나 미친 게 아닙니다."

벨기에에서 일어났던 일은 더 표준적인 전염성 불안의 상당히 전형적인 예이며, 아마 당시 다이옥신에 오염된 동물 사료에 대한 벨기에 사람들의 공포 때문에 불안이 더 고조되었을 것이다. 예를 들어 코카콜라에서 나는 썩은 달걀 냄새에 대한 학생들의 불안은 히스테리 교본의 내용 그대로다.

웨슬리는 "이런 사건들의 대다수는 비정상적이지만 무해한 냄새, 에어컨에서 나는 야릇한 냄새처럼 이상한 무언가에 의해 촉발됩니다"라고 말한다. 학교에서 병이 발생한 점 역시 히스테리 사례의 전형적 특징이다. "전형적인 히스테리 사건들은 항상 초등학생과 관련되어 있습니다."

웨슬리가 설명을 이어갔다. "1980년에 영국 노팅엄셔의 재즈 축제에서 수백 명의 여학생들이 쓰러진 유명한 사건이 있습니다. 사람들은 살충제를 뿌린 지역 농부를 탓했죠. 지난 300년 동안 학교에서 일어난 히스테리 사건은 기록된 것만 해도 115건이 넘습니다."

벨기에의 코카콜라 불안 같은 히스테리의 발발을 너무 심각하게 생각하는 게 잘못일까? 전혀 그렇지 않다. 그런 현상은 어느 정도는 더 심각한 근본적 불안을 보여주는 증상이기 때문이다. 게다가 아프다고 느낀 아이들이 꾀병을 부린 것이 아니었다.

아이들은 정말로 아팠다. 다만 아이들 사이에 유행하는 행위에는 때때로 식별 가능한 이성적 원인이 없다는 것을 깨닫는 것이 중요하다. 아이들이 아팠던 것은 다른 아이들이 아팠기 때문이다.

콜럼바인 사건 이후 학교 총격 사건들이 발생한 것도 이런 의미에서 다를 바 없다. 그 사건들은 콜럼바인 사건이 일어났기 때문에 발생했고, 자살이건, 흡연이건, 학교에 총을 들고 가건 혹은 무해한 코카콜라를 마신 뒤 기절하건 10대들 사이에 의식화된 극적인 자기 파괴 행위에는 엄청난 전염력이 있다.

내가 느끼기엔 지난 10년간 청소년 사회가 변화해온 방식이 이런 유형의 소외 발생 가능성을 증가시켰다. 우리는 10대들에게 예전보다 더 많은 용돈을 주어왔고 그리하여 아이들이 그들만의 사회적·물질적 세계를 더 쉽게 구축할 수 있다. 우리는 10대들에게 그들끼리 보낼 시간을 더 많이 주었고 어른들과 함께하는 시간은 줄었다. 또 이메일과 삐삐와 무엇보다 휴대전화 덕분에 한때는 어른들의 목소리로 채워졌을지도 모르는 하루의 모든 자투리 시간을 친구들의 목소리로 채울 수 있다.

그 세계는 입소문의 논리, 10대들끼리 전달하는 전염성 있는 메시지에 의해 지배되는 세계다. 콜럼바인 사건은 현재 10대들 사이에서 가장 눈에 띄는 소외의 유행이다. 그리고 그게 마지막이 아닐 것이다.

면역력 강화에 주의하라

내가 《티핑 포인트》에서 많이 이야기하지는 않았지만 몇 번이고 받은 질문들 중 하나가 인터넷, 특히 이메일이 입소문에 대한 내 생각에 미치는 영향이다. 분명히 이메일은 어쨌거나 커넥터의 역할을 쓸모없게 만들거나 적어도 극적으로 변화시키는 것처럼 보인다. 이메일은 거의 누구라도 수많은 사람과 계속 연락을 유지할 수 있게 해준다. 실제로 저렴한 비용으로도 효과적으로 전혀 모르는 사람들이나 고객들과 접촉할 수 있게 해주는 도구다.

예를 들어 신경제 전문가들 중 한 명인 케빈 켈리는 이런 주장의 한 형태인 "팩스 효과fax effect"라는 개념에 대해 썼다. 최초의 팩시밀리를 개발하기까지는 수백만 달러가 들었고, 소매가가 약 2천 달러였다.

하지만 팩스를 주고받을 다른 팩시밀리가 없었기 때문에 이 팩시밀리는 아무 가치가 없었다. 두 번째 팩시밀리가 제작되면서 첫 번째 팩시밀리의 가치가 높아졌고 세 번째 팩시밀리가 첫 두 팩시밀리를 더 가치 있게 만들었다.

켈리는 "팩시밀리는 네트워크로 연결되어 있고, 팩시밀리가 추가로 출하될 때마다 그 이전에 작동되고 있던 모든 팩시밀리의 가치가 상승한다"라고 썼다. 따라서 팩시밀리를 구매하면 사실은 팩스망 전체에 대한 접근권을 구매하는 것이고, 이는 기계 자체보다 무한히 더 큰 가치를 지닌다.

켈리는 이를 "팩스 효과" 혹은 풍족의 법칙이라고 부르고, 대단히 급진적인 개념이라고 생각한다. 어쨌거나 전통적인 경제에서는 가치가 희소성에서 나왔다. 전통적인 "부의 상징"인 다이아몬드와 금이 가치 있던 이유는 희귀했기 때문이다. 그리고 1980년대와 1990년대의 석유처럼 희귀하던 무언가가 풍족해지면 가치를 잃는다.

하지만 네트워크의 논리는 정반대다. 힘과 가치의 풍부함에서 나온다. 당신이 개발한 소프트웨어의 사본을 더 많이 만들수록 당신의 네트워크에 더 많은 사람이 연결되고 더 강력해진다. 이메일이 그토록 강력하다고 생각되는 것은 이 때문이다. 이메일은 이런 유형의 개인 네트워크를 쉽게 개발하기 위한 최고의 도구다.

하지만 정말 그런가? 유행도 네트워크를 형성한다. 바이러스는 한 사람에게서 다른 사람에게로 옮아가 공동체에 퍼진다. 바이러스가 더 많은 사람을 감염시킬수록 유행이 더 "강력해진다."

하지만 이 점은 유행에 그토록 자주 급제동이 걸리는 이유이기도 하다. 일단 특정 유형의 독감이나 홍역에 걸리면 그 바이러스에 대한 면역력이 생긴다. 그리고 너무 많은 사람이 특정 바이러스에 면역력이 생기면 유행이 끝난다. 나는 우리가 사회적 유행에 대해 이야기할 때 면역 문제에 너무 관심을 기울이지 않는다고 생각한다.

예를 들어 1970년대 말에 기업들은 전화가 잠재 고객들과 접촉하는 아주 저렴하고 효과적인 방법이라는 것을 깨닫기 시작했고, 그 이후 타깃 가구들에 대한 텔레마케팅 통화 건수가 열 배나 증가했다.

이는 켈리가 말한 것, 그러니까 우리 모두가 속해 있는 통신 네트워크가 지닌 엄청난 경제적 잠재력의 아주 좋은 예처럼 보인다. 중요한 특정 측면에서는 전화 사용의 폭발적 증가가 풍족함의 법칙처럼 보이지 않는다는 점만 제외하면 말이다.

모든 사람이 전화기를 가지고 있다는 사실은 이론적으로는 전화망을 매우 강력하게 만든다. 하지만 사실 지난 25년 정도 동안 텔레마케팅의 효과는 약 50퍼센트 하락했다. 잡지 구독처럼 25~30달러 범위의 특정한 저가 품목들은 전화로 마케팅하기에 더 이상 경제적이지 않다.

대규모 네트워크에 속한다는 건 멋진 일이고, 이론적으로 네트워크는 클수록 더 강력하다. 그러나 네트워크의 규모가 커지면서 네트워크의 각 구성원이 부담하는 시간 소비와 성가심도 커진다. 사람들이 더 이상 텔레마케터와 이야기를 나누지 않고 우리 대부분이 전화를 받을지 말지 가려내는 자동응답기와 발신자 표시 장치를 갖춘 건 이 때문이다.

전화망은 너무나 크고 통제하기 어렵기 때문에 우리는 점점 더 전화를 선택적으로만 사용하려 한다. 우리는 전화기에 면역력이 생기고 있다.

이메일이라고 다를 게 있는가? 나는 1990년대 중반에 난생처음 이메일을 받았을 때를 기억한다. 나는 엄청난 기대에 부풀어 집으로 달려가서 4800보드 모뎀으로 전화를 걸어 네 명의 아주 좋은 친구들에게서 네 통의 메시지를 받았다. 그런 뒤 내가 뭘 했을까? 나는 곧바로 길고 우아한 답장을 보냈다.

지금은 당연히 아침에 일어나 컴퓨터로 간다. 예순네 통의 메시지가 와 있다. 한때 내가 느꼈던 기대는 두려움으로 바뀌었다. 나는 원하지 않는 스팸메일을 받았고 전혀 관심 없는 이야기와 농담을 전달받았다. 또 내가 특별히 관심 없는 사람들이 내가 원하지 않는 일들을 부탁하러 이메일을 보냈다.

그래서 나는 어떻게 반응할까? 나는 좀처럼 두 줄을 넘지 않는 아주, 아주 짧은 이메일을 작성한다. 종종 2~3일 지나서 답장을 하고, 답을 하지 않는 이메일도 많다. 전 세계의 다른 이메일 사용자들도 나와 같지 않을까 생각한다. 더 많은 이메일을 받을수록 응답이 더 짧아지고 더 선택적이 되며 더 지체된다. 이런 현상들이 면역의 징후다.

이메일에 그렇게 쉽게 면역력이 생기는 건 처음에 케빈 켈리 같은 사람들에게 이메일이 그토록 매력적으로 보이게 만들었던 바로 그 이유 때문이다. 이메일은 사람들과 접촉하기 위한 얼마나 쉽고 저렴한 방법인가.

예를 들어 최근의 한 연구에서 심리학자들은 전자적 방식으로 소통하는 집단이 얼굴을 보면서 만나는 집단과는 아주 다른 방식으로 반대의견을 다룬다는 것을 발견했다. 연구자들은 반대의견을 가진 사람들이 온라인으로 의견을 주고받을 때 자기주장을 가장 "자주, 그리고 끈질기게" 표현한다는 결론을 내렸다.

"한편 소수 의견을 가진 사람들은 대면해서 소통할 때 가장 높은 긍정적 관심을 받았고 다수 의견을 가진 구성원들의 개인적 견해와 집단의 최종 결정에 가장 큰 영향을 미쳤다." 다시 말해, 직접 얼굴을 보며 반대의견을 표현하기가 사회적으로 훨씬 더 어렵다는 사실은 집단이 심사숙고를 할 때 그 의견에 훨씬 더 많은 신뢰를 부여한다. 다른 유형의 소통에서도 마찬가지다.

누구든 우리 주소를 알면 공짜로 이메일을 보낼 수 있다는 사실은 사람들이 종종, 그리고 끈질기게 우리에게 이메일을 보낸다는 뜻이다. 하지만 그렇게 하면 금세 면역이 생기고 대면 소통(이미 우리가 알고 신뢰하는 사람들과의 소통)을 한층 더 가치 있게 여기게 된다.

나는 "팩스 효과" 오류가 마케터들과 의사전달자들에 의해 거듭 반복되고 있다고 생각한다. 광고대행사들은 어떤 잡지와 텔레비전 프로그램에 광고를 배치할지를 종종 비용 기준으로 판단한다. 가능한 한 가장 광범위한 시청자들에게 노출되는 방법으로 가장 저렴한 시간대를 구매한다.

그런데 면역력 문제는? 광고대행사들의 논리는 너무 많은 기업이 텔레비전에 광고를 하는 결과를 초래해 현재 텔레비전 방송국은 그 어느 때보다도 많은 광고시간을 할당한다. 따라서 사람들이 그전만큼 유심히 광고를 본다고 생각하기 어렵다. 수백 개의 광고가 실리는 잡지나 100피트마다 서 있는 길가의 광고판들도 마찬가지다.

사람들은 정보에 압도당해 기존의 소통형태들에 면역력이 생기면 오히려 그들이 존중하고 존경하며 믿는 실생활의 인물에게 조언과 정보를 구하게 된다. 면역에 대한 치료법은 메이븐, 커넥터, 세일즈맨을 발견하는 것이다.

메이븐 발견하기

나는 포장을 뜯지 않은 아이보리 목욕비누를 볼 때마다 그걸 뒤집어 보고 웃음을 터뜨린다. 제품정보 한가운데에 이런 구절이 있기 때문이다. "질문이나 코멘트가 있다면 1-800-395-9960으로 전화 바랍니다."

도대체 누가 아이보리 비누에 대해 물어볼 게 있겠는가? 세상에 누가 당장 회사에 전화를 걸어야겠다고 느낄 만큼 아이보리 비누에 대해 중요한 질문이 있겠는가 말이다. 물론 여기에 대한 대답은 대부분의 사람들은 절대 그 번호로 전화를 걸지 않지만 아주 특이한 소수의 사람들은 때때로 물어볼 게 있어서 전화를 해야겠다고 느낀다는 것이다.

이들은 비누에 대해 열정이 있는 사람들이다. 비누 메이븐이다. 그리고 만약 비누업계 종사자라면 이 비누 메이븐을 잘 대접하는 게 좋을 것이다. 비누 메이븐은 그들의 모든 친구가 비누에 관한 조언을 구하는 사람이기 때문이다.

아이보리 비누의 수신자 부담 전화번호는 내가 메이븐 덫이라고 부르는 장치, 그러니까 특정 세상에서 누가 메이븐인지 효과적으로 알아내는 방법이다. 그리고 메이븐 덫을 놓는 방법은 현대 시장이 직면한 중요 문제들 중 하나다.

한 세기의 대부분 동안, 우리는 이 나라에서의 영향력을 지위라는 형태로 정의했다. 우리는 돈을 가장 많이 버는 사람들과 가장 많은 교육을 받은 사람들, 가장 좋은 동네에 사는 사람들이 우리의 결정에 가장 중요한 영향을 미친다고 들었다.

이 개념의 장점은 이런 유형의 사람들을 찾기 쉽다는 것이다. 실제로 마케팅 업계의 모든 연구는 편리하게 넘겨받을 수 있는 긴 목록(대학원 학위 소지자, 돈을 많이 버는 사람, 좋은 동네에 사는 사람)을 중심으로 이루어졌다. 하지만 커넥터, 메이븐, 세일즈맨은 좀 다르다.

그들은 세속적 지위와 성취가 아니라 친구들 사이에서 가지는 특별한 지위에 의해 구분된다. 사람들은 시기심이 아니라 애정으로 그들을 존경한다. 이런 유형의 사람들이 소외와 면역의 밀물을 돌파할 힘이 있는 것은 이 때문이다. 하지만 애정은 추적하기 매우 힘들다. 도대체 이런 사람들을 어떻게 발견할까?

이것이 내가 계속해서 받았던 질문이며, 이 문제에 쉬운 답은 없다. 내가 생각하기에 커넥터는 발견될 필요가 없는 사람들이다. 그들은 당신을 발견하는 것을 자기 임무로 삼는 사람들이니까. 하지만 메이븐을 발견하기는 좀 더 어렵다. 내 생각에는 메이븐을 발견할 전략, 그러니까 메이븐 덫을 생각해내는 게 그토록 중요한 이유가 여기에 있다.

렉서스의 경험을 생각해보자. 1990년에 미국에 자사의 고급차 라인을 처음 소개한 렉서스는 LS400 라인에 리콜이 필요한 두 가지 사소한 문제가 있다는 것을 알게 되었다. 어떻게 봐도 당황스러운 상황이었다. 렉서스는 처음부터 품질과 신뢰도를 주축으로 평판을 쌓아나가겠다고 결정했다.

그런데 브랜드가 론칭한 지 1년 남짓한 시기에 자사 주력 상품에 문제가 있다는 걸 인정해야 했다. 그래서 렉서스는 특별한 노력을 기울이기로 결정했다. 대부분의 리콜은 언론에 발표를 하고 차주들에게 통지서를 보내는 방법으로 처리된다.

그러나 렉서스는 그렇게 하는 대신 리콜을 발표한 날 모든 차주에게 개별적으로 전화를 걸었다. 수리 작업이 끝난 뒤 차주가 대리점에 차를 찾으러 가면 모든 차가 세차가 되어 있고 연료가 가득 채워져 있었다. 차주가 대리점에서 100마일 이상 떨어진 지역에 살 경우 딜러가 집으로 정비공을 보냈다. 기술자가 로스앤젤레스에서 앵커리지로 날아가 수리를 한 경우도 있었다.

그 정도까지 할 필요가 있었을까? 렉서스가 과잉대응을 했다는 주장도 나올 수 있다. 차에 생긴 문제는 비교적 사소했다. 그리고 렉서스가 시장에 진입한 지 얼마 되지 않은 때여서 리콜과 관련된 차량의 수도 적었다. 렉서스는 피해를 바로잡을 기회가 많은 것처럼 보였다.

중요한 사실은 리콜에 영향을 받는 사람들의 수가 아니라 리콜에 영향을 받는 사람들의 유형이었다. 어쨌거나 기꺼이 모험을 하여 새로 나온 고급 모델을 구매한 사람들이 누구겠는가? 바로 자동차 메이븐이다.

그 시점에는 불과 몇 천 명의 렉서스 차주일 수 있지만, 그들은 자동차 전문가들, 자동차를 진지하게 생각하는 사람들, 자동차에 대해 이야기하는 사람들, 친구들이 차에 대해 조언을 구하는 사람들이었다.

렉서스는 자사의 대응을 지켜볼 수밖에 없는 메이븐들을 확보했다는 것과 만약 렉서스가 특별한 노력을 더 기울이면 자사의 고객 서비스에 대한 입소문 유행을 촉진시킬 수 있다는 것을 깨달았다. 그리고 딱 그 생각대로 되었다. 렉서스는 오늘날까지도 이어지고 있는 고객 서비스에 대한 명성으로 재앙이 되었을 수도 있는 사건에서 벗어났다. 후일 자동차 관련 출판물들은 이 일을 "완벽한 리콜"이라고 불렀다.

이 사건은 때때로 특정 시간이나 장소나 상황이 완벽한 메이븐 관객을 불러 모은다는 깨달음을 이용한 완벽한 메이븐 덫이다.

《티핑 포인트》의 독자인 빌 하티건이 이메일로 내게 들려준 또 다른 예도 있다. 하티건은 1970년대 초, 당시에는 알려져 있지 않던 개인퇴직계좌IRA에 대한 마케팅이 업계 전체에 처음 허용되었던 시점에 ITT 금융 서비스에서 일하고 있었다. 이 시장은 결국 ITT가 장악했다. 그 이유가 뭘까? ITT가 메이븐 집단을 처음 발견했기 때문이다. 하티건은 다음과 같이 썼다.

최소 59.5세가 될 때까지 한 기관에 돈을 맡긴다는 개념이 당시에는 이상하고 두렵게 느껴졌습니다. 하지만 그런 IRA에 한 가지 재미있는 점이 있었습니다. 1970년대 중반까지도 세금우대조치는 부자들만 위한 것이었습니다. 그런데 IRA는 예외였어요. 이 사실을 알았던 것이 우리의 성공 열쇠였습니다.

부자들을 겨냥했냐고요? 아니요. 부자들은 많지 않고 만나기 어려운데다 IRA의 혜택이 주는 호소력이 아마 낮았을 겁니다. 하지만 아주 눈에 띄는 잠재적 표적 그룹 하나가 있었습니다. 바로 교사들이었습니다.

당시 (그리고 유감스럽게 지금도) 이 활기찬 전문직 집단은 과로와 박봉에 시달리지요. 세금우대정책과 투자에 관해 교사의 조언을 구하는 사람은 아무도 없었어요. 하지만 IRA로 교사들은 이전에는 부자들의 전유물이던 비슷한 혜택을 많이 받을 수 있었습니다. IRA는 그들의 현재와 미래에 도움이 되었죠.

뛰어난 스포츠 기자 레드 스미스는 "투사들은 싸운다"라고 썼습니다. 그렇다면 교사들은 어떨까요? 교사들은 가르칩니다.

교사들은 IRA가 그들에게 제공하는 혜택들을 금방 이해했습니다. 그리고 그만큼 빨리 교사의 천성이 발동했죠. 교사들은 돈을 어떻게 관리하는지에 관해 처음으로 학부모들에게 이야기할 수 있었습니다.

그들이 전체 시장을 얼마나 키웠는지 말도 못합니다. 제가 관여한 가장 뛰어난 마케팅 전략이었습니다.

모든 시장에서 메이븐을 발견할 방법이 있는가? 모르겠다. 하지만 나는 《티핑 포인트》에서 영감을 받아 방법을 떠올릴 독자들이 있을 것이라고 확신한다. 소외와 면역이 지배하는 세계에서는 이러한 입소문의 원칙들에 대한 이해가 그 어느 때보다 더 중요하다.

감사의 말

이 책은 내가 프리랜서일 때 〈뉴요커〉의 티나 브라운을 위해 썼던 한 기사에서부터 시작되었다. 티나는 그 기사를 실어주었을 뿐만 아니라 놀랍고 기쁘게도 나를 채용했다. 티나에게 감사한다. 티나와 후임자인 데이비드 렘닉은 감사하게도 내가 〈뉴요커〉를 몇 달 동안 떠나 이 책을 쓸 수 있도록 배려해주었다. 나와 같은 고향인 엘마이라 출신으로 현재 하버드 대학교에 있는 테리 마틴은 내 원고의 초기 초안에 훌륭한 비판을 해주었다. 마틴은 10학년 생물시간 이후 쭉 내게 지적인 영감의 원천이었다. 또한 세상을 보는 내 사고방식을 바꾸어놓은 《양육가설》의 저자 주디스 리치 해리스와, 지금도 그리고 앞으로도 항상 내가 가장 좋아하는 작가일 어머니 조이스 글래드웰에게 특별한 감사를 전한다. 주디스 슐레비츠, 로버트 맥크럼, 조 로젠펠드, 제이콥 웨이스버그, 데버라 니들먼은 시간을 내서 원고를 읽고 각자의 생각을 나누어주었다. 디디 고든(그리고 세이지), 샐리 호초는 감사하게도 내가 글을 쓸 수 있도록 몇 주 동안 집을 빌려주었다. 언젠가 신세를 갚을 수 있길 바란다. 나는 리틀 브라운에서 재능 있고 헌신적인 뛰어난 전문가들과 일하는 즐거움을 누렸다. 케이티 롱, 베티 파워, 라이언 하비지, 새라 크라이튼, 그리고 누구보다 내 편집자 빌 필립스에게 고마움을 전한다. 빌은 이 책을 외울 정도로 여러 번 읽고 매번 통찰력과 지성을 발휘해 더 나은 책으로 만들어 주었다. 마지막으로, 두 사람에게 깊은 감사를 전한다. 먼저 이 프로젝트를 구상하고 끝까지 도와준 내 에이전트이자 친구인 티나 베넷, 그녀는 이 프로젝트의 모든 단계에서 나를 보호해주고 이끌어주고 도와주고 영감을 주었다. 그리고 그 누구와도 비교할 수 없는 〈뉴요커〉의 내 편집자 헨리 파인더, 나는 헨리에게 말로 표현할 수 없을 정도로 많은 빚을 졌다. 모두에게 감사의 마음을 전한다.

주

들어가며 | 왜 어떤 것은 뜨고 어떤 것은 사라지는가

1 뉴욕시의 범죄 통계를 잘 정리한 자료를 보고 싶으면 Michael Massing, "The Blue Revolution." in the *New York Review of Books*, November 19, 1998, pp. 32-34 참조. William Bratton and William Andrews, "What We've Learned About Policing." in *City Journal*, Spring 1999, p. 25에도 뉴욕시의 이례적인 범죄 감소에 대한 훌륭한 논의가 나온다.

2 하품에 관한 연구의 선도자는 메릴랜드 대학교의 로버트 프로빈이다. 이 주제에 관한 프로빈의 다음 논문들 참조.

Robert Provine, "Yawning as a Stereotyped Action Pattern and Releasing Stimulus." *Ethology* (1983), vol. 72, pp. 109-122.

Robert Provine, "Contagious Yawning and Infant Imitation." *Bulletin of the Psychonomic Society*(1989), vol.27, no.2, pp.125-126

3 티핑 포인트를 이해하는 가장 좋은 방법은 가상의 독감이 발생한 상황을 상상해보는 것이다. 예를 들어 어느 여름, 치료가 불가능한 24시간 바이러스 변종 보균자 캐나다인 관광객 1천 명이 맨해튼을 방문했다. 이 독감 변종의 감염률은 2퍼센트다. 이 바이러스 보균자와 밀접 접촉한 사람 50명 중 1명꼴로 감염이 된다는 뜻이다. 평균적인 맨해튼 주민이 지하철을 타고 직장에서 동료들과 어울리는 과정에서 매일 접촉하는 사람의 수가 정확히 50명이라고 해보자. 그러면 질병이 균형 상태에 놓인다. 그 1천 명의 캐나다인 관광객들은

맨해튼에 도착한 날 1천 명에게 바이러스를 옮긴다. 그리고 새로 감염된 그 1천 명이 다음 날 또 다른 1천 명에게 바이러스를 옮기는데, 전염병을 발생시킨 1천 명의 관광객들은 이 시점에 건강을 회복하고 있다. 병에 걸린 사람들과 회복한 사람들이 완벽한 균형을 이루면서 독감은 남은 여름과 가을 동안 꾸준하지만 특별할 것 없는 속도로 느리게 진행된다.

그러다 크리스마스 시즌이 된다. 지하철과 버스가 관광객과 쇼핑객으로 더 많이 붐비고 평균적인 맨해튼 주민들은 이제 하루에 50명과 마주치는 게 아니라 하루에 55명과 밀접 접촉한다. 갑자기 균형상태가 붕괴된다. 1천 명의 독감 바이러스 보균자가 이제 하루에 5만 5천 명과 마주치고 감염률이 2퍼센트이니 다음 날 1,100명의 환자가 발생한다. 그리고 이 1,100명이 5만 5천 명에게 바이러스를 옮겨 셋째 날에는 독감에 걸린 맨해튼 주민이 1,210명, 넷째 날에는 1,331명, 주말에는 거의 2천 명에 이른다. 이렇게 기하급수적으로 환자가 늘어나다가 크리스마스에는 맨해튼에 유행성 독감이 본격적으로 퍼진다. 평균적인 독감 바이러스 보균자가 하루에 50명을 만나다가 55명을 만나게 된 그 시점이 바로 티핑 포인트다. 약한 수준의 독감 발생이라는 일반적이고 안정적이던 현상이 공공보건의 위기로 바뀌는 지점이다. 캐나다 유행성 독감의 추이를 그래프로 그렸을 때 직선이 갑자기 상승하는 지점이 티핑 포인트일 것이다.

티핑 포인트는 엄청나게 민감한 순간이다. 티핑 포인트에서 이루어지는 변화는 어마어마한 결과를 낳을 수 있다. 캐나다 독감은 독감 바이러스 보균자와 마주치는 뉴욕 시민의 수가 50명에서 55명으로 뛰어올랐을 때 유행병이 되었다. 하지만 동일한 작은 변화가 반대방향으로 일어났다면, 그러니까 바이러스 보균자가 만나는 사람의 수가 50명에서 45명으로 줄었다면 그 변화는 독감 환자의 수를 일주일에 478명으로 끌어내렸을 것이고, 그 속도라면 몇 주 내에 캐나다 독감이 맨해튼에서 완전히 사라질 것이다. 노출된 사람의 수가 70명에서 65명으로, 65명에서 60명으로, 60명에서 55명으로 줄어도 유행병을 끝내기에 충분하지 않을 것이다. 하지만 50명에서 45명이라는 티핑 포인트에서의 변화는 유행병을 종식시킬 것이다.

티핑 포인트 모형은 몇몇 사회학 고전에서 설명되어왔다. 다음 저서들을 추천한다.

Mark Granovetter, "Threshold Models of Collective Behavior." *American Journal of Sociology*(1978), vol. 83, pp. 1420-1443.

Mark Granovetter and R. Soong, "Threshold Models of Diffusion and Collective Behavior." *Journal of Mathematical Sociology*(1983), vol. 9, pp. 165-179.

Thomas Schelling, "Dynamic Models of Segregation." *Journal of Mathematical Sociology*(1971), vol. 1, pp. 143-186.

Thomas Schelling, *Micromotives and Macrobehavior*(New York: W.W. Norton, 1978).

Jonathan Crane, "The Epidemic Theory of Ghettos and Neighborhood Effects on Dropping Out and Teenage Childbearing." *American Journal of Sociology*(1989), vol. 95, no. 5, pp. 1226-1259.

01 | 소수의 사람과 짧은 메시지와 극적인 상황

1 질병 유행의 역할을 비전문가들도 이해할 수 있게 다룬 가장 뛰어난 저서들 중 하나는 Gabriel Rotello, *Sexual Ecology: AIDS and the Destiny of Gay Men*(New York: Penguin Books, 1997)이다.

볼티모어의 매독 유행에 대한 질병통제센터의 설명 : *Mortality and Morbidity Weekly Report*, "Outbreak of Primary and Secondary Syphilis —Baltimore City, Maryland, 1995." March 1, 1996.

2 Richard Koch, *The 80/20 Principle: The Art of Achieving More with Less* (New York: Bantam, 1998).

John Potteratt, "Gonorrhea as a social disease." *Sexually Transmitted Disease*(1985), vol. 12, no. 25.

3 Randy Shilts, *And the Band Played On*(New York: St. Martin's Press, 1987).

4 Jaap Goudsmit, *Viral Sex: The Nature of AIDS*(New York: Oxford Press, 1997), pp. 25-37.

5 Richard Kluger, *Ashes to Ashes*(New York: Alfred A. Knopf, 1996), pp. 158-159

6 A. M. Rosenthal, *Thirty-Eight Witnesses*(New York: McGraw-Hill, 1964).

7 John Darley and Bibb Latane, "Bystander Intervention in Emergencies: Diffusion of Responsibility." *Journal of Personality and Social Psychology*(1968), vol. 8, pp. 377-383.

02 | 커넥터와 메이븐과 세일즈맨

1 폴 리비어에 관한 모든 논의의 출처는 데이비드 해킷 피셔의 뛰어난 저서 *Paul Revere's Ride* (New York: Oxford University Press, 1994)이다.

2 Stanley Milgram, "The Small World Problem." *Psychology Today* (1967), vol. 1, pp. 60-67. '좁은 세상' 문제를 (매우) 이론적으로 다룬 저서는 Manfred Kochen(ed.), *The Small World*(Norwood, New Jersey: Ablex Publishing Corp., 1989) 참조

3 Carol Werner and Pat Parmelee, "Similarity of Activity Preferences Among Friends: Those Who Play Together Stay Together." *Social Psychology Quarterly*(1979), vol. 42, no. 1, pp. 62-66

4 현재 버지니아 대학교 컴퓨터공학부가 관리하는 브렛 제이든의 프로젝트는 베이컨의 계시Oracle of Bacon at Virginia라고 불리며, www.cs.virginia.edu/oracle에서 볼 수 있다.

5 Mark Granovetter, *Getting a Job*(Chicago: University of Chicago Press, 1995).

6 슈퍼마켓의 판매촉진 작업 : J. Jeffrey Inman, Leigh McAlister, and Wayne D. Hoyer, "Promotion Signal: Proxy for a Price Cut?" *Journal of Consumer Research*(1990), vol. 17, pp. 74-81

7 린다 프라이스와 동료들은 마켓 메이븐 현상에 관한 많은 연구보고서를 썼다.

Lawrence F. Feick and Linda L. Price, "The Market Maven: A Diffuser of Marketplace Information." *Journal of Marketing* (January 1987), vol. 51, pp. 83-97.

Robin A. Higie, Lawrence F. Feick, and Linda L. Price, "Types and Amount of Word-of-Mouth Communications About Retailers." *Journal of Retailing* (Fall 1987), vol. 63, no. 3, pp. 260-278.

Linda L. Price, Lawrence F. Feick, and Audrey Guskey, "Everyday Market Helping Behavior." *Journal of Public Policy and Marketing* (Fall 1995), vol. 14, no. 2, pp. 255-266.

8 Brian Mullen et al., "Newscasters' facial expressions and voting behavior of viewers: Can a smile elect a President?" *Journal of Personality and Social Psychology* (1986), vol. 51, pp. 291-295.

9 Gary L. Wells and Richard E. Petty, "The Effects of Overt Head Movements on Persuasion." *Basic and Applied Social Psychology* (1980), vol. 1, no. 3, pp. 219-230.

10 William S. Condon, "Cultural Microrhythms." in M. Davis (ed.), *Interaction Rhythms: Periodicity in Communicative Behavior* (New York: Human Sciences Press, 1982), pp. 53-76.

11 Elaine Hatfield, John T. Cacioppo, and Richard L. Rapson, *Emotional Contagion* (Cambridge: Cambridge University Press, 1994).

12 Howard Friedman et al., "Understanding and Assessing Nonverbal Expressiveness: The Affective Communication Test." *Journal of Personality and Social Psychology* (1980), vol. 39, no. 2, pp. 333-351

Howard Friedman and Ronald Riggio, "Effect of Individual Differences in Nonverbal Expressiveness on Transmission of Emotion." *Journal of Nonverbal Behavior* (Winter 1981), vol. 6, pp. 96-104.

03 | 〈세서미 스트리트〉와 〈블루스 클루스〉

1 〈세서미 스트리트〉의 역사를 가장 잘 서술한 책은 아마 Gerald Lesser, *Children and Television: Lessons from Sesame Street*(New York: Vintage Books,1975)일 것이다.

Jim Henson, *The Works: The Art, the Magic, the Imagination*(New York: Random House, 1993)도 참조.

2 〈세서미 스트리트〉는 역사상 어떤 텔레비전 프로그램보다 더 많은 학문적 검토를 받았다. 〈세서미 스트리트〉는 거의 항상 시청자의 독해 능력과 학습 기술을 향상시킨 것으로 입증되었다. 최근 매사추세츠 대학교와 캔자스 대학교의 연구자들이 1980년대에 미취학 아동이었던 텔레비전을 시청한 600명에 가까운 사람들을 다시 접촉했다.

이들은 지금은 모두 고등학생이며, 연구자들은 놀랍게도 네다섯 살 때 〈세서미 스트리트〉를 가장 많이 보았던 아이들이 그렇지 않았던 아이들보다 여전히 학업 성적이 더 좋다는 것을 발견했다. 부모의 학력, 가족 규모, 취학 전 어휘 수준 같은 요소들을 보정한 뒤에도 〈세서미 스트리트〉 시청자들은 고등학교에서 영어, 수학, 과학 성적이 더 좋았고 이 프로그램을 보지 않았거나 덜 보았던 사람들보다 여가시간에 독서를 할 가능성이 훨씬 더 높았다.

이 연구에 따르면 일주일에 〈세서미 스트리트〉를 시청한 시간이 1시간 더 많을 때마다 고등학교 평균 평점이 0.52 높아졌다. 이것은 다섯 살 때 〈세서미 스트리트〉를 일주일에 5시간 보았던 아이가 이 프로그램을 보지 않은 비슷한 배경의 아이보다 평균 약 0.25점 높은 평점을 받았다는 뜻이다. 고작 2, 3년 시청한 한 시간짜리 텔레비전 프로그램 하나가 12~15년 뒤에도 여전히 차이를 만들어내고 있었다.

이 연구는 "Effects of Early Childhood Media Use on Adolescent Achievement" by the "Recontact" Project of the University of Massachusetts at Amherst and the University of Kansas, Lawrence (1995)에 요약되어 있다. John C. Wright and Aletha C. Huston, "Effects of educational TV viewing of lower income preschoolers on academic skills, school readiness, and school adjustment one to three years later." *A Report to Children's Television Workshop,* University of Kansas(1995)도 참조.

3 레스터 P. 원더맨은 컬럼비아 레코드와 관련된 이야기와 다른 다이렉트 마케팅과 관련된 많은 이야기를 들려주는 완벽하게 훌륭한 자서전을 썼다.
Lester Wunderman, *Being Direct: Making Advertising Pay*(New York: Random House, 1996), 10, 11장

4 Howard Levanthal, Robert Singer, and Susan Jones, "Effects on Fear and Specificity of Recommendation Upon Attitudes and Behavior." *Journal of Personality and Social Psychology*(1965), vol. 2, no. 1, pp. 20-29.

5 '능동적' 텔레비전 시청 이론에 관한 가장 훌륭한 요약서는 Daniel Anderson and Elizabeth Lorch, "Looking at Television: Action or Reaction?" in *Children's Understanding of Television: Research on Attention and Comprehension*(New York: Academic Press, 1983)이다.

6 파머의 작업은 많은 곳에 서술되어 있다. Edward Palmer, "Formative Research in Educational Television Production: The Experience of CTW." in W. Schramm(ed.), *Quality in Instructional Television*(Honolulu: University Press of Hawaii, 1972), pp. 165-187.

7 '오스카의 낱말조합'이나 '허그'에 대한 바버라 플래그의 안구운동 연구는 Barbara N. Flagg, "Formative Evaluation of Sesame Street Using Eye Movement Photography." in J. Baggaley(ed.), *Experimental Research in Televised Instruction*, vol. 5(Montreal, Canada: Concordia Research, 1982)에 요약되어 있다.

8 Ellen Markman, *Categorization and Naming in Children*(Cambridge: MIT Press, 1989).

9 Nelson, Katherine(ed.), *Narratives from the Crib*(Cambridge: Harvard University Press, 1989). Bruner and Lucariello, and Feldman의 논문도 참조

04 | 괴츠와 뉴욕의 범죄

1 괴츠의 총격에 관한 가장 훌륭한 설명은 George P. Fletcher, *A Crime of Self Defense*(New York: Free Press, 1988)에서 볼 수 있다.

Lillian Rubin, *Quiet Rage: Bernie Goetz in a Time of Madness*(New York: Farrar, Straus and Giroux, 1986)도 참조.

2 뉴욕시의 범죄 통계를 잘 정리한 자료를 보려면 Michael Massing, "The Blue Revolution." *in New York Review of Books*, November 19, 1998, pp. 32-34 참조.

William Bratton, *Turnaround: How America's Top Cop Reversed the Crime Epidemic*(New York: Random House, 1998), p.141

3 Malcolm Gladwell, "The Tipping Point." The New Yorker, June 3, 1996, pp. 32-39. 뉴욕의 이례적인 범죄감소에 대한 또 다른 훌륭한 논의는 William Bratton and William Andrews, "What We've Learned About Policing." in *City Journal*, Spring 1999, p. 25 참조.

4 George L. Kelling and Catherine M. Coles, *Fixing Broken Windows*(New York: Touchstone, 1996), p. 20.

5 짐바르도의 실험에 관한 설명 : Craig Haney, Curtis Banks, and Philip Zimbardo, "Interpersonal Dynamics in a Simulated Prison." *International Journal of Criminology and Penology*(1973), no. 1, p. 73. 간수들과 짐바르도의 진술 : *CBS 60 Minutes*, August 30, 1998, "The Stanford Prison Experiment."

6 학생들의 부정행위에 대한 실험들을 잘 요약한 자료는 Hugh Hartshorne and Mark May, "Studies in the Organization of Character." in H. Munsinger(ed.), *Readings in Child Development*(New York: Holt, Rinehart and Winston, 1971), pp. 190-197 참조.

이들의 전체 연구 결과는 Hugh Hartshorne and Mark May, *Studies in the Nature of Character*, vol. 1, *Studies in Deceit* (New York: Macmillan, 1928)에서 볼 수 있다.

7 버빗원숭이와 카드게임 연구 : Robin Dunbar, *The Trouble with Science* (Cambridge: Harvard University Press, 1995), 6, 7장.

8 기본적 귀인오류는 Richard E. Nisbett and Lee Ross, *The Person and the Situation*(Philadelphia: Temple University Press, 1991)에 요약되어 있다. 퀴즈 게임 실험 : "Lee D. Ross, Teresa M. Amabile, and Julia L. Steinmetz, "Social Roles, Social Control, and Biases in Social-Perception Process." *Journal of Personality and Social Psychology*(1977), vol. 35, no. 7, pp. 485-494.

9 출생순서에 관한 통념은 Judith Rich Harris, *The Nurture Assumption*(New York: Free Press, 1998), p. 365에 훌륭하게 분석되어 있다.

10 Walter Mischel, "Continuity and Change in Personality." *American Psychologist*(1969), vol. 24, pp. 1012-1017.

11 John Darley and Daniel Batson, "From Jerusalem to Jericho: A study of situational and dispositional variables in helping behavior." *Journal of Personality and Social Psychology*(1973), vol. 27, pp. 100-119.

12 Myra Friedman, "My Neighbor Bernie Goetz." *New York*, February 18, 1985, pp. 35-41.

05 | 던바와 150

1 George A. Miller, "The Magical Number Seven." *Psychological Review*(March 1956), vol. 63, no. 2.
C. J. Buys and K. L. Larsen, "Human Sympathy Groups." *Psychology Reports*(1979), vol. 45, pp. 547-553.

2 S. L. Washburn and R. Moore, *Ape into Man*(Boston: Little, Brown, 1973).

3 던바의 이론은 많은 곳에 설명되어 있다. 가장 훌륭한 학술적 요약은 아마 R. I. M. Dunbar, "Neocortex size as a constraint on group size in primates." *Journal of Human Evolution*(1992), vol. 20, pp. 469-493일 것이다.

4 던바는 또한 대중과학에 관한 훌륭한 저서를 썼다. Robin Dunbar, *Groom-*

ing, Gossip, and the Evolution of Language(Cambridge: Harvard University Press, 1996).

5 Daniel Wegner, "Transactive Memory in Close Relationships." *Journal of Personality and Social Psychology*(1991), vol. 61, no. 6, pp. 923-929.

이 문제에 대한 또 다른 훌륭한 논의 : Daniel Wegner, "Transactive Memory: A Contemporary Analysis of the Group Mind." in Brian Mullen and George Goethals(eds.), *Theories of Group Behavior*(New York: Springer-Verlag, 1987), pp. 200-201.

06 | 루머와 에어워크

1 Bruce Ryan and Neal Gross, "The Diffusion of Hybrid Seed Corn in Two Iowa Communities." *Rural Sociology*(1943), vol. 8, pp. 15-24.

이 연구는 (확산 이론에 관한 다른 저서와 함께) Everett Rogers, *Diffusion of Innovations*(New York: Free Press, 1995)에 훌륭하게 설명되어 있다.

2 Geoffrey Moore, *Crossing the Chasm*(New York: HarperCollins,1991), pp. 9-14.

3 Gordon Allport and Leo Postman, *The Psychology of Rumor* (New York: Henry Holt, 1947), pp. 135-158.

4 Thomas Valente, Robert K. Foreman, and Benjamin Junge, "Satellite Exchange in the Baltimore Needle Exchange Program." *Public Health Reports*, in press.

07 | 자살과 흡연

1 시마의 이야기는 인류학자 도널드 H. 루빈스타인이 여러 논문에서 훌륭하게 설명했다. 그중에서도 "Love and Suffering: Adolescent Socialization and Suicide in Micronesia." *Contemporary Pacific*(Spring 1995), vol. 7, no. 1, pp. 21-53 참조.

Donald H. Rubinstein, "Epidemic Suicide Among Micronesian Adolescents." *Social Science and Medicine*(1983), vol. 17, p. 664.

2 W. Kip Viscusi, *Smoking: Making the Risky Decision*(New York: Oxford University Press, 1992), pp. 61-78.

3 10대 흡연의 증가에 대한 이 통계들은 출처가 여러 곳이며 '신규 흡연자'를 측정하는 방식에 따라 차이가 난다. 예를 들어 1998년 10월에 발표된 질병 통제센터의 연구에 따르면 일상 습관으로 흡연을 하는 18세 이하의 미국인의 수가 1988년의 70만 8천 명에서 1996년에 120만 명으로 73퍼센트 늘어났다. 10대들이 흡연자가 되는 비율 역시 증가했다. 1996년에는 담배를 피우지 않던 10대들 중 1천 명당 77명이 흡연습관을 들였다. 1988년에는 이 비율이 1천 명당 51명이었다. 이전의 최고 기록은 1977년의 1천 명당 67명, 최저 기록은 1983년의 1천 명당 44명이었다('새로운 10대 흡연자 73퍼센트 증가' *Associated Press*, 1998. 10. 9). 또한 조금 더 높은 연령 집단인 대학생들 사이의 흡연 역시 증가세이다. 1998년 11월 18일에 〈미국 의학협회 저널〉에 발표된 하버드 대학교 보건대학원의 연구에서 사용된 통계는 지난 30일 동안 적어도 한 대의 담배를 피운 대학생의 비율이었다. 이 비율은 1993년에는 22.3퍼센트이었고 1997년에 28.5퍼센트로 증가했다.

4 유명인의 자살 보도 이후의 자살률에 대한 데이비드 필립스의 첫 논문: D. P. Phillips, "The Influence of Suggestion on Suicide: Substantive and Theoretical Implications of the Werther Effect." *American Sociological Review*(1974), vol. 39, pp. 340-354. 이 논문의 훌륭한 요약본과 마릴린 먼로 관련 통계자료가 교통사고에 관한 필립스의 논문 David P. Phillips, "Suicide, Motor Vehicle Fatalities, and the Mass Media: Evidence toward a Theory of Suggestion." *American Journal of Sociology*(1979), vol. 84, no. 5, pp. 1150-1174 초반부에 나와 있다.

5 V. R. Ashton and S. Donnan, "Suicide by burning as an epidemic phenomenon: An analysis of 82 deaths and inquests in England and Wales in 1978-79, *Psychological Medicine*(1981), vol. 11, pp. 735-739.

6 Norman Kreitman, Peter Smith, and Eng-Seong Tan, "Attempted Suicide

as Language: An Empirical Study." *British Journal of Psychiatry*(1970), vol. 116, pp. 465-473.

7 H.J. Eysenck. *Smoking, Health and Personality*(New York: Basic Books, 1965), p. 80. David Krogh's *Smoking: The Artificial Passion*, p. 107에 여기에 대한 언급이 나온다.

8 흡연과 성 경험에 대한 통계: H. J. Eysenck, *Smoking, Personality and Stress*(New York: Springer-Verlag, 1991), p. 27.

9 David Krogh, *Smoking: The Artificial Passion*(New York: W. H. Freeman, 1991).

10 Ovide Pomerleau, Cynthia Pomerleau, Rebecca Namenek, "Early Experiences with Tobacco among Women Smokers, Ex-smokers, and Neversmokers." *Addiction*(1998), vol. 93, no. 4, pp. 595-601.

11 Saul Shiffman, Jean A. Paty, Jon D. Kassel, Maryann Gnys, and Monica Zettler-Segal, "Smoking Behavior and Smoking History of Tobacco Chippers." *Experimental and Clinical Psychopharmacology*(1994), vol. 2, no. 2, p. 139.

12 Judith Rich Harris, *The Nurture Assumption*.

13 David C. Rowe, *The Limits of Family Influence*(New York: Guilford Press, 1994). 로는 쌍둥이와 입양 연구에 관한 매우 훌륭한 요약서를 썼다.

14 Alexander H. Glassman, F. Stetner, B. T. Walsh et al., "Heavy smokers, smoking cessation, and clonidine: results of a double-blind, randomized trial." *Journal of the American Medical Association*(1988), vol. 259, pp. 2863-2866.

15 Alexander H. Glassman, John E. Helzer, Lirio Covey et al., "Smoking, Smoking Cessation, and Major Depression." *Journal of the American Medical Association*(1990), vol. 264, pp. 1546-1549.

16 Wendy Fidler, Lynn Michell, Gillian Raab, Anne Charlton, "Smoking: A Special Need?" *British Journal of Addiction*(1992), vol. 87, pp.

1583-1591.

17 닐 베노위츠와 잭 헤닝필드의 전략은 두 곳에 설명되어 있다. Neal L. Benowitz and Jack Henningfield, "Establishing a nicotine threshold for addiction." *New England Journal of Medicine*(1994), vol. 331, pp. 123-125와 Jack Henningfield, Neal Benowitz, and John Slade, "Report to the American Medical Association: Reducing Illness and Death Caused by Cigarettes by Reducing Their Nicotine Content"(1997).

18 약물 사용과 중독에 관한 이용가능한 통계의 훌륭한 요약본을 Dirk Chase Eldredge, *Ending the War on Drugs* (Bridgehampton, New York: Bridge Works Publishing, 1998), pp. 1-17에서 볼 수 있다.

Rubinstein, "Epidemic Suicide Among Micronesian Adolescents." p. 664.

찾아보기

추천의 글

—— 패션 트렌드, 질병, 범죄 행동 등 사회적 유행이 어떻게 작동하는지에 관한 훌륭한 탐구서다. 글래드웰의 책에서 가장 흥미로운 면들 중 하나는, 우리의 삶에 아무리 많은 기술을 도입한다 해도, 인간이 다른 인간과 영향을 주고받는 지극히 사회적인 존재임을 재확인시켜준다는 점이다. _데어드레이 도나휴, 〈USA 투데이〉

—— 눈을 뗄 수 없게 흥미롭고 대단히 가치 있는 책. _〈시애틀 타임스〉

—— 사회적 유행이라는 거의 알려지지 않은 현상에 대한 놀랄 만큼 새로운 연구를 담은 흥미진진한 책. _〈데일리 텔레그래프〉

—— 올해 가장 기대되는 논픽션 도서. 《티핑 포인트》의 추진력은 저자의 왕성하지만 사랑스러운 호기심이다. 글래드웰은 명확하고 우아한 문장으로 복잡한 이론들을 전하는 빼어난 솜씨의 보유자이며 카리스마 넘치는 여행 가이드다.
_크리스토퍼 호손, 〈샌프란시스코 크로니클〉

—— 《티핑 포인트》는 교묘한 조작의 과학에 관한 새로운 이론들이 빼곡히 담겨 있는 정말로 뛰어난 비즈니스 입문서다. _애런 젤, 〈타임아웃〉

—— 《티핑 포인트》는 모든 일에 대한 당신의 사고방식을 변화시키는 흔치 않은 책들 중 하나다. 이 책은 인간들이 왜 지금처럼 행동하는지 설명하는 데 착수했고, 놀랍게도 말콤 글래드웰은 영리하고도 관록 있게 이 시도를 성공시킨다.
_제프리 토빈, 《거대한 음모A Vast Conspiracy》의 저자

—— 글래드웰은 신중하게 구상하여 능숙하게 실행된 사소한 변화가 개인과 조직, 공동체에 중대한 결과를 불러올 수 있다는 주장을 열정적이고도 유창하게 풀어놓는다.
_배리 글래스너, 〈LA타임스 북리뷰〉

—— 글래드웰은 지적이다. 자신의 생각을 명확하게 표현한다. 박식하고 많은 생각을 불러일으킨다. 《티핑 포인트》는 흥미로운 내용들로 가득 차 있다. _〈옵서버〉(영국)

—— 글래드웰의 이론에 설득당하지 않기는 힘들다. 그는 폴 리비어가 미친 영향부터 미크로네시아에서 기승을 부린 자살 문제에 이르기까지 자신의 이론을 뒷받침할 사실들을 흥미롭게 조합할 뿐 아니라 모든 사실을 인간 행동에 대한 일관성 있는 설명으로 엮어낸다. _다이앤 브래디, 〈비즈니스 위크〉

—— 이 책을 읽으면서 나는 내 일에 관해 깊이 생각했고 이제 소규모의 대면 커뮤니케이션 활동에서 훨씬 더 큰 가치를 발견할 수 있게 되었다. 마케터들과 인간의 본성을 공부하는 학생들 모두 읽어볼 만한 가치가 있는 책이다. _필 파일리, 〈마케팅〉(영국)

—— 글래드웰은 인류학과 비즈니스의 상이한 분야들의 연구를 흥미롭게 살펴보면서 150이라는 마법의 수가 있고 150명을 넘어서면 집단이 제대로 기능하지 않는다는 설득력 있는 주장을 펼친다. _게리 켄튼, 〈뉴스 앤드 레코드〉

—— 글래드웰의 생각의 나래가 당신의 상상력을 사로잡는다.

_존 게르릭, 〈보스턴 피닉스〉

—— 놀랍고 설득력 있는 책. 글래드웰은 신발 판매부터 도시계획에 이르기까지 모든 일에 대한 우리의 사고방식을 흔들어놓을 수 있는 지적인 유행병을 일으킬지 모른다. 멋지지 않은가? 그는 주목할 만한 일화들과 사실들의 집합을 영리하고 최대한 효율적으로 조직하여, 대중 동향과 포커스그룹 마케팅에 대한 일반적 지식과 달리, 몇몇 개인이나 하나의 우연한 사건이 문화에 지대한 변화를 불러오는 사회적 유행병을 일으킬 수 있다는 설득력 있는 주장을 제시한다. **_리즈 시모어, 〈애티셰이〉**

—— 대단히 흥미로운 책이다. 《티핑 포인트》는 유행병학, 심리학, 집단역학에서 이루어져 온 과학적 연구를 대중화시킨 책이며, 이 지식들을 종합적으로 다루어 상이한 분야들로부터 얻은 통찰력을 결합시키고 당대의 인상적인 사회적 행위들과 문화적 트렌드에 적용시킨다는 점에서 가치가 높다. 그러한 지식은 적절하게 적용되면 엄청난 잠재력을 발휘할 수 있다. **_폴라 제이, 〈시카고 트리뷴〉**

—— 잘 쓰여지고 활기 넘치는 책이다. 《티핑 포인트》는 왜 유행병이 사회생활에 대한 우리의 사고를 형성하는 데 유용한 은유인지 보여주는 영리한 시도다.

_마셀러스 앤드루스, 〈이머지〉

—— 유행에 관심이 있는 사람이라면 누구라도 이 책을 읽어야 한다. 겉으로 사소해 보이는 아이디어가 어떻게 세상을 바꿀 수 있는지를 다룬 야심만만하고 잘 쓰여진 책이다. **_카멜라 사이러루, 〈어스〉**

—— 아주 재미있는 책이다. 글래드웰은 티핑포인트를 촉발시킨 사람들의 일화뿐 아니라 거의 알려지지 않은 재미있는 이야기들로 우리의 관심을 사로잡는다. 많은 생각을 하게 하는 책이다. **_블레이크 엘리자베스 뉴마크, 〈예루살렘 포스트〉**

―― 강한 흥미를 불러일으키는 책. 글래드웰은 다수의 흥미로운 관련 자료들을 수집하여 이해하기 쉽고 깊이 각인시키는 데 성공했다.
_빌 듀리에, 〈상트페테르부르크 타임스〉

―― 《티핑 포인트》는 이 책이 설명하는 생각들과 닮았다. 간결하고 우아하지만 사회적 힘으로 꽉꽉 채워져 있다. 사회가 어떻게 작동하고 우리가 어떻게 더 나은 사회를 만들 수 있을지에 관심 있는 사람이라면 누구라도 읽어볼 만한 책이다.
_조지 스테파노풀러스

―― 오랜만에 읽은 유익하고 많은 생각을 하게 하는 책이다. 글래드웰의 주장과 사례들은 설득력이 강하다. 아동용 텔레비전 프로그램을 다룬 장은 눈을 떼지 못할 정도로 흥미롭다. _로버트 우스터, 〈매니지먼트 투데이〉(영국)

―― 글래드웰은 과학적 분석과 문화적 분석을 설득력 있게 조합하여 패션, 예술, 정치 분야의 트렌드가 병원균처럼 확산된다고 주장한다. 글래드웰의 스타일에서 가장 눈에 띄는 점은 글에서나 개인적으로나 주제에 대해 흥미롭게 접근한다는 점이다.
_케이시 그린필드, 〈뉴스데이〉

―― 글래드웰의 책은 일반 독자들에게도 흥미진진하지만, 자신의 아이디어들에 살짝 힘을 주어 대중적으로 폭발적 유행을 일으키는 법에 대한 영감을 찾고 있는 사업가들에게 특히 요긴하다. _〈퍼블리셔스 위클리〉

―― 누군가가 뛰어난 평론가 에드먼드 윌슨에 대해 했던 말이 말콤 글래드웰에게도 딱 들어맞는다. 그는 아이디어들에 행동 특성을 부여한다. 이번에 그는 모든 사색가들의 세상을 보는 방식에 영향을 미칠 흥미로운 아이디어를 재미있게 풀어낸 멋진 책을 내놓았다. _마이클 루이스, 《빅숏The Big Short》《블라인드 사이드The Blind Side》 저자

──── 정말로 매혹적이고 깜짝깜짝 놀라게 만드는 책이다. 《티핑 포인트》는 확산시킬 아이디어나 촉진할 캠페인을 가진 누구에게나 강력하고 실용적인 도구가 될 수 있다. 그뿐만 아니라 이 책을 읽은 당신은 앞으로 몇 주 동안 흥미로운 정보들로 친구들을 즐겁게 해줄 수 있을 것이다. _〈스코틀랜드 온 선데이〉(영국)

──── 《티핑 포인트》는 아동기의 발달, 마케팅, 사회적 유행병학의 화두들을 모아 하나의 동떨어진 개념을 다른 개념과 연결시키면서 제시한다. 굉장히 독창적인 안내서다. _리처드 라카요, 〈타임〉

──── 이 책의 주제는 겉으로는 사소해 보이는 제스처가 엄청나게 크고 신속한 결과를 불러올 수 있다는 데 있다. 《티핑 포인트》는 정치 활동가들에게 영향력 있는 책이 될 수도 있다. _티머시 노아, 〈워싱턴 먼슬리〉

**Malcolm
Gladwell**